WOLFGANG STROBL

# KARL DER GROSSE
# IM ITALIENISCHEN RENAISSANCE-HUMANISMUS

Die *Vita Caroli Magni* des Hilarion aus Verona
für Francesco Tedeschini-Piccolomini

Einleitung, Text, Übersetzung und Kommentar

WIENER STUDIEN · BEIHEFT 34
ARBEITEN ZUR MITTEL- UND NEULATEINISCHEN PHILOLOGIE 10

Herausgegeben von Christine Ratkowitsch und Kurt Smolak

**Zur Abbildung auf dem Deckblatt:** Federzeichnung aus dem Codex Latinus 858, 8$^{r}$ der Österreichischen Nationalbibliothek in Wien, geschrieben im Zisterzienserstift Rein (Steiermark), Anfang 13. Jh. – Dargestellt ist der Offenbarungstraum eines mittelalterlichen Moraltheologen, dem die *auctoritates* der jüdisch-christlichen und der paganen Antike, unter ihnen Salomon (mit ‚Judenhut') und Cicero, im Disput über wahre *virtus* erscheinen: Sie sind als die Wurzeln jenes allegorischen Baumes vorgestellt, der sich in späteren Epochen voll entfaltet.

(Dem ehem. Direktor der Handschriftensammlung der Österreichischen Nationalbibliothek, Herrn Hofrat Univ. Prof. Dr. Otto Mazal, sei für die freundliche Erteilung der Druckgenehmigung aufrichtiger Dank ausgesprochen.)

WOLFGANG STROBL

# Karl der Große im italienischen Renaissance-Humanismus

Die *Vita Caroli Magni* des Hilarion aus Verona für Francesco Tedeschini-Piccolomini

Einleitung, Text, Übersetzung und Kommentar

Verlag der
Österreichischen Akademie
der Wissenschaften

ÖAW

Wien 2010

Vorgelegt von w. M. KURT SMOLAK in der Sitzung am 17. Oktober 2008

Die verwendete Papiersorte ist aus chlorfrei gebleichtem Zellstoff hergestellt,
frei von säurebildenden Bestandteilen und alterungsbeständig.



ISBN 978-3-7001-6562-0



Satz: Stefan Hagel auf dem Classical Text Editor

Druck: Ferdinand Berger & Söhne Ges.m.b.H., 3580 Horn

http://hw.oeaw.ac.at/6562-0
http://verlag.oeaw.ac.at

Abb. 1: Brixen, Alter Kreuzgang, Karl der Große, thronend (um 1420/30)
Brixner Werkstatt

Abb. 2: Trento, Castello del Buonconsiglio, Karl der Große, thronend (um 1535)
Marcello Fogolino (1483/8 – nach 1558)

# Inhaltsverzeichnis

# Geleitwort

Der vorliegende Band 10 der Arbeiten zur mittel- und neulateinischen Philologie ist wie die von Christine Ratkowitsch erarbeiteten Bände 4 und 5 der Gestalt Karls des Großen gewidmet. Bereits in der zweiten der eben erwähnten Publikationen, die sich mit dem für den französischen König Karl VIII. im späten 15. Jahrhundert verfassten Epos Carlias des Ugolino Verino beschäftigte, stand der Gesichtspunkt der literarischen und politischen Rezeption einer frühmittelalterlichen Dichtung zur Ehre des großen Königs der Franken und ersten römischen Kaisers des Westens nach Romulus Augustulus in der Zeit des Renaissance-Humanismus im Zentrum. Gewissermaßen in der Folge dieser Recherchen legt nun Wolfgang Strobl die Erstausgabe einer Biographie Karls aus derselben europäischen Kulturepoche vor. Ihr Autor oder, richtiger, ihr Kompilator ist der Mönch Hilarion aus Verona, der auch anderweitig literarisch tätig war und die Vita Caroli auf Ersuchen des einflussreichen Kardinals Francesco Tedeschini-Piccolomini zusammenstellte. Er folgt dabei so weitgehend seinen Quellentexten, einem mittelalterlichen und einem zeitgenössischen, der seinerseits dem älteren verpflichtet ist, dass die überwiegend sprachlichen variierenden Eingriffe nicht dazu berechtigen, von einer eigenständigen literarischen Leistung zu sprechen. Wenn die Edition nach dem Leipziger Codex unicus dennoch erfolgte, so konnte ihr vordringliches Ziel nicht die Präsentation eines bisher unbekannten Stücks neulateinischer Literatur sein, sondern die Dokumentation des politischen Interesses, das auch im kulturellen Klima des italienischen Quattrocento einer historischen Persönlichkeit entgegengebracht wurde, die noch während des Mittelalters zu einem Mythos geworden war – eine Form der Rezeption, die Karl der Große mit Alexander dem Großen, in gewissem Sinn einem seiner ‚Vorgänger', teilte. Beiden Königen kam die Rolle eines idealen Vorbildes für Machthaber späterer Jahrhunderte, besonders der frühen Neuzeit, als Herrscher und Heerführer zu. In diesem Prozess politischer Applikation hatte Karl gegenüber Alexander den Vorzug des christlichen Monarchen. Als Dokument dieses Phänomens innerhalb seines kulturellen Umfeldes hat auch die kompilatorische Karlsvita des Hilarion ihre historische Verortung.

Kurt Smolak

# Einleitung

Francesco Tedeschini-Piccolomini[1] (1437/39–1503), Kardinal, Mäzen, Bücherfreund und Neffe des großen Humanistenpapstes Enea Silvio (1405–1464), widmete sich mit besonderer Hingabe dem Studium der Geschichte, auch der germanischen. Das Interesse für Deutschland hatte ihm sein Onkel und Förderer, der spätere Papst Pius II., eingepflanzt.

Als dem Kardinal in den späten 70er oder frühen 80er Jahren des 15. Jhs. eine ältere Karlsvita in die Hände fällt, liest er diese mit großer Aufmerksamkeit. Von Stil und Form aber wenig angetan, trifft er den Entschluss, einen Humanisten aus seinem Umfeld mit der Abfassung einer zeitgemäßeren Vita der großen Herrschergestalt zu betrauen. Der Humanist kommt der Aufforderung des Kardinals bald nach und schreibt, den Stilprinzipien und dem Geschmack seiner Zeit gehorchend, eine neue Karlsvita. Bis vor kurzem galt diese als verschollen. Es handelt sich dabei um die *Vita Caroli Magni* des Benediktinermönchs und Humanisten Hilarion aus Verona (ursprüngl. Nicolò Fontanelli).

Zwischen 1998 und 2008 sind von französischen, italienischen, englischen und deutschen Historikern eine größere Anzahl von Biographien bzw. biographischen Versuchen über Karl den Großen erschienen[2]. In derselben Zeit gelang es dem Verfasser, in der Leipziger Universitätsbibliothek die über 500 Jahre alte und bisher unbeachtet gebliebene Biographie Karls aufzuspüren.

Entstanden in einer Zeit hastiger Vielschreiberei, als sich ein Heer von Humanisten mit ihren literarischen Erzeugnissen um Gunst, Anerkennung und vor allem um eine feste Anstellung bei Fürsten, Päpsten und Kardinälen bemühte, wird man sich von dieser Vita weder neues Quellenmaterial noch eine kritische Auseinandersetzung mit dem karolingischen Herrscher erwarten. Vielmehr stellt das Werk ein bemerkenswertes Mosaiksteinchen im Gesamtbild der Karlsrezeption im italienischen Renaissance-

---

[1] Die korrekte Schreibung des Familiennamens des Piccolomini-Papstes Pius III. lautet wohl *Tedeschini*, auch wenn in zahlreichen wissenschaftlichen Arbeiten die Form *Todeschini* Verwendung findet. In der Grabinschrift, welche die Brüder und Erben Francescos auf Geheiß ihres Vorfahren auf dem Familiengrab in der Kirche San Lorenzo in Sarteano anbringen ließen („*Pius III pontifex Maximus maiores suos nobiles Tedeschinos hoc tumulo pientissime clausit*"), aber auch in anderen Dokumenten ist dieser Name gut bezeugt (vgl. Bandini 1950, bes. 110). Dagegen bevorzugte aber A.A. Strnad, ein ausgewiesener Kenner des Piccolomini-Papstes, die Schreibung *Todeschini*, „welche in den päpstlichen Briefen an einzelne Familienmitglieder immer wieder auftaucht (Reg. Vat.)", vgl. Strnad (1966) 110, Anm. 17.

[2] Cardini 1998; Collins 1998; Favier 1999; Gobry 1999; Becher 1999; Jarnut 1999; Barbero 2000/05/07; Barth 2000; Kerner 2000; Hägermann ²2003; Fischer-Fabian 2004; McKitterick 2008; vgl. auch Grosse 2003.

Humanismus dar, deren gründlichere Erforschung eine ebenso dringliche wie lohnende Aufgabe für berufene ForscherInnen wäre.

Diese Untersuchung steckt sich bescheidenere Ziele: Hilarions Karlsvita soll erstmals ediert sowie quellenkritisch und historisch untersucht werden. Dabei wird deutlich werden, welche geistigen und weltlichen(?) Interessen den Auftraggeber Kardinal Francesco Tedeschini-Piccolomini leiteten, welche inhaltlichen und formalen Veränderungen der Verfasser an seinen Quellen vornahm und in welchen literarischen und wirkungsgeschichtlichen Kontext die Vita einzuordnen ist.

* * *

Die bereits im Jahre 2002 veröffentlichte Vorrede[3] wurde in diese Untersuchung in überarbeiteter Form wieder aufgenommen. Für die Durchsicht des Manuskripts und wertvolle Hilfestellungen schulde ich Christine Ratkowitsch (Wien) sowie Kurt Smolak (Wien) und Wolfgang Speyer (Salzburg) meinen aufrichtigen Dank; für hilfreiche Hinweise zur Handschrift habe ich dem Stellvertretenden Leiter des Bereichs Sondersammlungen an der Universitätsbibliothek Leipzig, Christoph Mackert, für geduldiges Korrekturlesen Norbert Seeber (Pfalzen) herzlichst zu danken. Bei der Drucklegung des Werkes (und weit darüber hinaus) standen mir Frau Hildegund Müller (Wien, South Bend/Indiana), Dorothea Weber (Wien) und Stefan Hagel (Wien) in sachkundiger und liebenswürdiger Weise zur Seite. Ihnen sei besonders innig gedankt!

Gewidmet ist dieses Buch meinen Eltern.

3 Strobl 2002a; die Handschrift der Leipziger Universitätsbibliothek trägt die Signatur Rep. II 73b und nicht – wie in diesem Titel irrigerweise verzeichnet – Lips. Univ. 426.

# 1. Editio princeps

## 1.1 Überlieferung: Beschreibung und Geschichte der Handschrift

Die *Vita Caroli Magni* des Hilarion aus Verona scheint lediglich in einer einzigen Handschrift überliefert zu sein.

a) Diese Handschrift mit den Maßen 295 x 220 mm befindet sich in der Universitätsbibliothek von Leipzig und trägt die Signatur Rep. II 73b. Der schmale Faszikel war ursprünglich Bestandteil eines umfangreicheren Kodex, wurde dann aus diesem ausgelöst und im 17. oder 18. Jh. mit dem heutigen Einband versehen.

Die Papierhandschrift zählt 18 Blatt. Incipit und Explicit sind mit roter Tinte geschrieben, ebenso die Vermerke an den Seitenrändern, wo die zentralen Aussagen des Textes stichwortartig zusammengefasst sind. Die Foliierung ist jeweils auf der Rectoseite mit Bleistift an den rechten oberen Foliorand gesetzt und stammt aus dem 19. oder 20. Jahrhundert. Folio $17^v$ blieb unbeschrieben, auf Folio $18^r$ wurde nachträglich das Vogel-Wasserzeichen durchgezeichnet. Die Handschrift ist eine Abschrift in eleganter Humanistenkursive und wurde mit größter Sicherheit in Oberitalien geschrieben. Schriftcharakter und Vogel-Wasserzeichen[1] lassen vermuten, dass die Abschrift noch im 3. Viertel des 15. Jahrhunderts oder kurz darauf entstanden ist[2].

b) Die Handschrift (oder vielmehr ihre Vorlage) gehörte ursprünglich mit Sicherheit zur Privatbibliothek Francesco Piccolominis, deren Bestände heute auf Bibliotheken und Privatsammlungen in aller Welt verstreut sind[3]. Über welche Pfade die Abschrift nach Deutschland gelangte, darüber lassen sich nur Vermutungen anstellen. Wahrscheinlich hat Piccolomini die in Auftrag gegebene Schrift einem seiner deutschen Freunde, vielleicht auch diesmal Johannes Tröster, geschickt[4] oder – da ein Begleitbrief nicht oder nicht mehr vorliegt – eher übergeben, zumal wir von J. Tröster wissen, dass er öfter in Italien weilte und von dort Handschriften nach Deutschland brachte, die er dann wiederum Universitäten und Klöstern überließ[5]. Wie für andere

---

1 Ähnliche Belege liegen aus Como und Venedig von 1475 vor, vgl. Piccard–online Wasserzeichendatenbank, Nr. 42179 und 42181.

2 Siehe auch Kap. 2.5 „Datierung des Werkes".

3 Piccolomini 1899; Avesani 1964b; Strnad 1968a.

4 Piccolomini hat seinem ehemaligen Lehrer in Deutschland am 2. Dezember 1470 auch den *Index* des Raymundus de Marigliano übermittelt, vgl. Schlecht 1914, 5, Anm. 3.

5 Schlecht 1914, 17, Anm. 3 und Lehmann 1940; zu den vielfältigen kulturellen Beziehungen zwischen den Ländern im Allgemeinen vgl. Guthmüller 2000, für den kurialen Bereich im Besonderen Schuchard 1994.

Fälle belegt[6], könnte das Werk jedoch auch von einem geschichtsinteressierten Deutschen anlässlich eines Italien-Aufenthalts erworben und in die Heimat mitgebracht worden sein.

c) 1698 lenkte der deutsche Journalist und Polyhistor Wilhelm Ernst Tentzel (1659–1707) in seinen *Monatlichen Unterredungen* die Aufmerksamkeit seines Leserkreises auf die Ratsbibliothek in Leipzig[7]. Unter den Manuskripten, die „vornehmlich zu aestimieren" seien, verweist er auf eine vom Veroneser Mönch Hilarion herausgebene „Vita Caroli Magni"[8].

Ein halbes Jahrhundert später greift der gelehrte Benediktinermönch Magnoald Ziegelbauer (1689–1750) diesen Hinweis in seiner *Historia rei literariae ordinis S. Benedicti* auf, die sein Schüler Oliver Legipont (1698–1758) ergänzt und 1754 herausgegeben hat[9]. Im Abschnitt über „Verfasser von Viten berühmter Männer und Frauen aus dem weltlichen und geistlichen Stande" gibt er den Hinweis auf eine *Vita Caroli M.*[*agni*] Hilarions[10].

1838 führt der Leipziger Gymnasiallehrer und Philologe Emil Wilhelm Robert Naumann (1810–1880) die Handschrift in dem von ihm bearbeiteten Katalog der Leipziger Senatsbibliothek in der Abteilung *Codices historici* an. Er gibt eine kurze Beschreibung der Handschrift sowie Incipit und Explicit von *praefatio* und vom historischen Werk[11]. Die im Jahre 1677 für die Bürger von Leipzig gestiftete und ständig erweiterte Senatsbibliothek, die 1831 in „Leipziger Stadtbibliothek" umbenannt wurde, nennt einen kostbaren Handschriften- und Inkunabelbestand ihr Eigen[12]. Diese wertvolle Sammlung gelangte 1962 als Dauerleihgabe in die Obhut der Leipziger Universitätsbibliothek.

Die früheren Geschicke der Handschrift liegen jedoch völlig im Dunkel, jeglicher Hinweis auf einen Vorbesitzer fehlt. Wiewohl wir wissen, dass viele Gönner, deren Namen oft auch bekannt sind[13], ihre Bücherbestände der Stadtbibliothek überließen, verfügen wir zu dieser Handschrift über keine näheren Angaben.

---

6 STRNAD 1968a, 375–376.

7 TENTZEL 1698, 933.

8 TENTZEL 1698, 935, Nr. 11 „Vita Caroli Magni ab Hilarione monacho Veronensi edita ad reverendiss. patrem F. Cardinalem Senensem".

9 ZIEGELBAUER/LEGIPONT 1754.

10 ZIEGELBAUER/LEGIPONT 1754, IV, 480.

11 NAUMANN 1838, 136, Nr. 426.

12 Zur Geschichte vgl. WUSTMANN 1906; HOFMANN 1927.

13 NAUMANN 1838, XIX–XXII.

# 1.2 Text und Übersetzung

## Zur Gestaltung der Ausgabe

Gängige Kürzel wurden ausnahmslos aufgelöst, für die Renaissance typische Schreibungen (*ch* für *c*, *y* fur *ı*, *tı* für *ci*, *ff* für *f*, *ae* für *e*, *e* für *ae*, *e* für *oe*, *oe* für *e*, *n* für *m*, anlautendes *h*) durchgehend beibehalten. In der mitunter auftretenden Verdoppelung von Konsonanten wurde behutsam vereinheitlicht und die orthographisch richtige Variante in den Text gesetzt. Groß- und Kleinschreibung wurde der in den gängigen Editionen üblichen Form angeglichen; in der Zeichensetzung kommen moderne Kriterien zur Anwendung, um Lesung und Verständnis des Textes zu erleichtern. Der überlieferte Text musste an zahlreichen Stellen korrigiert werden. Die Korruptelen, welche die Handschrift aufweist, wurden im kritischen Apparat aufgelistet und im Text korrigiert.

Als problematisch erweist sich mitunter die Schreibung der Personen- und Ortsnamen. Obwohl diesbezügliche Versehen und Fehler nicht eindeutig dem Autor oder Schreiber zugeordnet werden können, liegt die Vermutung nahe, dass manche Missverständnisse dem Autor selbst zuzuschreiben sind. So formt dieser beispielsweise in völliger Unkenntnis des Toponyms das in seiner Quelle vorgefundene *Aquisgrani* (Aachen) in *Grani profluentem* (Kap. 13, Z. 339) um. In diesem Fall wurde die falsche Variante im Text belassen, in den meisten anderen Fällen aber behutsam korrigiert.

Für Einhard habe ich die immer noch maßgebliche Ausgabe von *Georg Heinrich Pertz* und *Georg Waitz* in der neueren Bearbeitung von *Oswald Holder-Egger* [1911] verwendet, für Donato Acciaiuoli jene von *Daniela Gatti* [1981] und als notwendiges Korrektiv die Handschriften Berlin, Staatsbibliothek Phillipps 1905, Mailand, Biblioteca Trivulziana MS 781, Palermo, Bibl. Naz. I B 6, Vatikanstadt, Reg.lat. 768 und Urb.lat. 448, Wien, ÖNB, Cod. ser.n. 12710 sowie die frühe Druckausgabe von *Johann Burckhard Mencke* [1728] (siehe Literaturverz.).

## Verzeichnis der Abkürzungen

| | |
|---|---|
| **L** | Leipzig, Univ. Bibl., Rep. II 73b (letztes Viertel des XV. Jh.) |
| **Acc. p.** | D. Acciaiuoli, Vita Caroli Magni<br>(D. Gatti, La *Vita Caroli* di Donato Acciaiuoli. La leggenda di Carlo Magno in funzione di una *Historia* di gesta, Bologna 1981) |
| **Einh., Vita** | Einhard, Vita Karoli Magni<br>(Einhardi Vita Karoli Magni. Post G.H. Pertz recensuit G. Waitz. Editio sexta. Curavit O. Holder-Egger, Hannover 1911, Ndr. 1965) |

| | | | |
|---|---|---|---|
| *add.* | addidit | *om.* | omisit |
| *i. e.* | id est | *v.* | vide |
| *iter.* | iteravit | *var. l.* | varia lectio |

## Prefatio

fol. 1[r] Aggressus sum, Francisce Cardinalis Senensis, hortatu tuo Caroli Gallorum regis et imperatoris christianissimi vitam, mores et praeclara gesta describere, rem sane ut viribus meis imparem atque difficilem, ita te homine clarissimo ac principe summo Romane rei p⟨ublicae⟩, ad quem non nisi praeclara quaeque et grandia demandare pertinet, dignissimam.

At vero Carolus ipse tibi quantum debebit, qui eius facta tanto iam tempore sepulta atque obruta et nimia pene vetustate obsoleta in lucem extuleris posteritatique legenda transmiseris, mihi tantum ignoscat necesse erit, si parem monumentis eius eloquentiam et gravitatem orationis non attulero, nisi forte hoc quoque mihi maiori petulantiae et temeritati dabitur a lectoribus historiae meae, qui ineptiarum mearum maluerim scribendo veniam deprecari quam eas tacendo supprimere. Sed quicquid mihi vitio invertetur, id omne tuo quam probissime defendetur imperio, cuius summa beneficia et amorem erga me negare quippiam nefas fuit. Mihi quoque non tantum molestiae allaturas censorum meorum calumnias puto, quantum voluptatis et gaudii laudes tuas, quas apud eos potissimum consequere, qui rerum omnium prudentissimi iudices ex hac cura tua et diligentia, quam in perlustrandis regum, imperatorum et fol. 1[v] principum gestis prae te fers, facile intelligent te neque inter tot | negotia et privata et publica, quot tibi pro christiana re p.⟨ublica⟩ adire quotidie necesse est, otium illud honestissimum ac suavissimum Musarum et studiorum intermisisse neque Epicureorum dogmate in deliciis voluptatibusque corporeis, sed Stoica disciplina in virtute sola summum bonum vel certe optimum constituisse. Quod, inquam, eo erit in te magis mirum, quo rarior etate nostra virorum huiuscemodi copia est et eorum quam maxima, quos cavillo suo Diogenes carpere solitus erat, cum diceret „divites sine litteris oves esse inaurati velleris". „Natura etenim nostra", ut comica sententia est, „a labore, quem virtus in arduo sita exigit, prona est ad libidinem" et iuxta Platonis eulogium „plurima laude dignum est in multa peccandi licentia iuste et cum virtute vixisse".

Nam contemplanti mihi divi Cesaris triumphos innumeros non tam admirandus videtur imperator ille magnificus, qui Galliam omnem ductu auspicioque suo Romano

---

*tit.:* Caroli Magni ab Hilarione monacho Veronensi edita ad reverendissimum patrem F. Cardinalem Senensem

4 quaequae **L** **12 sq.** summis beneficiis et amori **L**

---

**2 Acc. prol. p. 99** vitam, mores et res egregie gestas perscribere **3 Liv. 26,25,10** viribus impar (*saepius*) **7 Liv. 6,1,1** cum vetustate nimia obscuras **9 Cic. de orat. 2,334** vim orationis et gravitatem (*saepius*) **13 sq.** Cf. **Cic. rep. 1,7** … neque tantum molestiae quantum gloriae maioremque laetitiam ex desiderio bonorum percepimus quam ex laetitia inproborum dolorem **18 sq. Cic. fam. 7,33,2** honestissimo otio perfrui **19 sq. Cic. Ac.Post. 106** Epicuri dogmata **20 Cic. Rab. 26** deliciarum causa et voluptatis **20 sq. Cic. Lael. 20** qui autem in virtute summum bonum ponunt (*saepius*) **23 sq. Diog. Laert. 6,47** τὸν ἀμαθῆ πλούσιον πρόβατον εἶπε (scil. Διογένης) χρυσόμαλλον

## Vorrede

Auf deine Aufforderung hin, Francesco, Kardinal von Siena, habe ich mich ans Werk gemacht, das Leben, den Charakter und die berühmten Taten des allerchristlichsten Kaisers und Frankenkönigs Karl zu beschreiben. Gewiss ein Vorhaben, das im selben Maße meine Kräfte übersteigt und schwierig ist, wie es dir, einem äußerst berühmten Mann und hohen Fürsten der römischen Kirche, an den man nur Herrliches und Bedeutendes übermitteln soll, in höchstem Maße ansteht.

Wie sehr aber Karl selbst bei dir in der Schuld stehen wird, der du seine schon derart lange Zeit begrabenen und verschütteten und durch das allzu große Alter beinahe verkümmerten Taten ans Licht gebracht und der Nachwelt zum Lesen weitergegeben hast, so sehr wird er mir verzeihen müssen, wenn ich seinen Denkmalern nicht ebenbürtige Beredsamkeit und Gewichtigkeit der Rede entgegenbringe, sofern nicht gerade dies mir von den Lesern meines Geschichtswerkes als größere Anmaßung und Verwegenheit ausgelegt werden wird, dass ich es vorgezogen habe, für meine Torheiten schreibend um Nachsicht zu bitten statt diese schweigend zu unterdrücken. Aber was auch immer mir zum Vorwurf gemacht werden wird, das werde ich mit dem Hinweis auf deinen Auftrag verteidigen, dessen außerordentliche Wohltaten und Wertschätzung für mich zu leugnen geradezu schon ein Frevel wäre. Auch werden mir, glaube ich, die Verleumdungen meiner Kritiker nicht so viel Ärger bereiten, wie mir dein Lob Vergnügen und Freude bereitet; ein Lob, das du bei jenen in besonderer Weise erhalten wirst, die als besonnenste Richter von allem wegen dieser deiner Sorgfalt und Umsicht, die du bei der Erforschung der Taten von Königen, Kaisern und Fürsten an den Tag legst, leicht erkennen werden, dass du trotz deiner zahlreichen öffentlichen und privaten Aufgaben, denen du für das christliche Gemeinwesen täglich nachkommen musst, weder das höchst ehrenvolle und angenehme *otium* für die Musen und Studien aufgegeben hast noch das höchste oder gewiss beste Gut nicht nach der Lehrmeinung der Epikureer in den körperlichen Annehmlichkeiten und Freuden, sondern nach der stoischen Lehre allein in der Tugendhaftigkeit festgesetzt hast. Das wird, meine ich, an dir umso bewundernswerter sein, je spärlicher in unserer Zeit die Anzahl solcher Männer ist und jener hingegen besonders zahlreich, die Diogenes in seiner bissigen Art zu kritisieren gewohnt war, wenn er meinte „Reiche ohne Bildung sind Schafe mit einem vergoldeten Fell". „Denn unsere Natur enteilt", wie ein Zitat aus den Komikern festhält, „von der Anstrengung, welche die an einer steilen Stelle angesiedelte *virtus* einfordert, gerne zur Zügellosigkeit." Und gemäß einer Lobrede bei Platon „verdient größtes Lob, wer trotz der großen Freiheit zur Sünde gerecht und tugendhaft gelebt hat."

Denn wenn ich die zahllosen Triumphe des göttlichen Caesar betrachte, scheint mir nicht so sehr jener großartige Feldherr bewundernswert, der ganz Gallien durch seine Führung und seinen Oberbefehl der römischen Herrschaft unterworfen hat, der

imperio subiugaverit, qui ex Aegypto, ex Ponto, ex Affrica, ex Hispania victor triumphansque in urbem curru invectus sit, qui epulum et omnis generis spectacula Rome dederit, quam quod victorias omnes, quibuscumque potitus est, et singulas quasque expeditiones, urbium expugnationes, excidia, conflictus, incendia et quicquid denique in re militari memoratu dignum gessit, miro voluerit potueritque cudere eloquio et monumentis perpetuo duraturis commendare. Illa enim tum sua, tum virtute militum, hoc non nisi solus egit, ut – quod de Scipione dictum est –, numquam fuisse minus otiosus, quam cum otio fungeretur, visus sit. Et Alexander, qui ex magnis virtutibus Magni cognomentum tulit quique debere se magis Aristoteli praeceptori quam Philippo patri, saepius in conventu | fol. 2r suorum profitebatur, quod ille vivendi principium, hic bene vivendi rationem, quam vitae etiam preferendam arbitraretur, tradidisset, nunquam in tanto bellorum tumultu et gerendarum rerum cura fuit, ut domestici illius otii et quietis solitariae, qua genio Musisque vacare solitus erat, oblivisceretur. Quod sane cum multis declararetur argumentis, hoc potissimum exemplo pre se tulit: nam cum superato Dario victoria et regis opibus pariter potitus esset et in his scrin[n]ium mirae pulcritudinis auro gemmis margaritisque ornatissimum invenisset, monstrantibus amicis varios eius usus „immo“, inquit, „Homeri nostri libros rhapsodiasque servabit“ – fuerat enim Homericae poeseos semper studiosissimus – tuebiturque opus ditissimum humani animi opera pretiosissima. Idem et cum in Sigaeum ad Achillis sepulcrum venisset, et ducem strenuissimum et poetam praestantissimum pari laude complexus est, dum ad suos conversus Peliden se dixit felicissimum existimare non tam ob gesta fortissima, quam quia eorum Homerum preconem habuisset. Et Hadrianus item imperator Hierosolymitani excidii instaurator et Iudeorum perfidorum ferus exterminator ita bella gessit, ut numquam tamen litterarum studia intermitteret. Quibus tanta cura et diligentia vacabat, cum a militari cura vacuus erat, ut, in quo habitus fuerit excellentior, difficillimum iudicare sit. Fuit enim vir summo ingenio exquisitaque

---

**35** quod] quid **L** **36** fungaretur **L** **39** rationes **L**

---

**24sq. Ter. Andr. 77–8** ita ut ingeniumst omnium / hominum ab labore proclive ad lubidinem **27–34** Cf. **Suet. Iul. 37–39** **27 Cic. rep. 6,16** mihi contemplanti **35sq. Cic. off. 3,1** P. Scipionem ... dicere solitum scripsit Cato ... numquam se minus otiosum esse, quam cum otiosus, nec minus solus, quam cum solus esset **37sq. Plut. Alex. 8** [sc. ʼΑλέξανδρος] ʼΑριστοτέλην δὲ θαυμάζων ἐν ἀρχῇ καὶ ἀγαπῶν οὐχ ἧττον, ὡς αὐτὸς ἔλεγε, τοῦ πατρός, ὡς δι᾽ ἐκεῖνον μὲν ζῶν, διὰ τοῦτον δὲ καλῶς ζῶν... **40sq. Cic. leg.agr. 2,9** otium domesticum **41 Mart. 4,41,19** vacare Musis (*saepius*) **43–47 Plin. nat. 7,108** Itaque Alexander Magnus ... inter spolia Darei Persarum regis unguentorum scrinio capto, quod erat auro margaritis gemmisque pretiosum, varios eius usus amicis demonstrantibus, quando taedebat unguenti bellatorem et militia sordidum: ‚Immo Hercule‘, inquit, ‚librorum Homeri custodiae detur‘, ut pretiossimum humani animi opus quam maxime diviti opere servaretur. **47–50 Cic. Arch. 10,24** Atque is tamen, cum in Sigeo ad Achillis tumulum astitisset: ‚o fortunate‘, inquit ‚adulescens, qui tuae virtutis Homerum praeconem inveneris!‘ (cf. **Cic. fam. 5,12,7**) **53** cura[1] ... vacabat] **Cic. invent. 1,30** magna cum cura et diligentia (*saepius*) **54sq. Cic. fin. 1,1** summis ingeniis exquisitaque doctrina

als Sieger und Triumphator über Ägypten, über Pontus, über Afrika, über Spanien auf dem Wagen in die Stadt eingezogen ist, der in Rom Festmähler und Schauspiele jeglicher Art veranstaltet hat, als vielmehr, dass er alle Siege, die er errang, die einzelnen Feldzüge, Eroberungen von Städten, Zerstörungen, Kämpfe, Feuerbrände und was er insgesamt militärisch Erinnerungswürdiges geleistet hat, in eine wunderbare Sprache gießen und ewig bleibenden schriftlichen Denkmälern überantworten wollte und konnte. Denn jenes vollbrachte er sowohl mit seiner eigenen als auch mit der Tüchtigkeit seiner Soldaten, dies aber ganz allein, so dass er – was von Scipio gesagt worden ist – niemals weniger müßig zu sein schien, als wenn er sich der Muße verschrieb. Und Alexander, der wegen seiner großen Leistungen den Beinamen „der Große“ erhielt und der im Kreis der Seinen öfters bekannte, er verdanke seinem Lehrer Aristoteles mehr als seinem Vater Philipp, weil jener den Anfang des Lebens, dieser die Lehre vom guten Leben, welche seiner Meinung nach auch dem Leben vorzuziehen sei, gegeben hätte, stand niemals in einem so großen Kampfgetümmel und in einer so großen Sorge um die Staatsgeschäfte, dass er jene häusliche Muße und einsame Ruhe vergaß, in der er sich gewöhnlich der geistigen Arbeit und den Musen hingab. Obwohl dies gewiss anhand von vielen Gegenständen gezeigt werden könnte, beweist er es im folgenden Beispiel am eindringlichsten: Als er nämlich nach dem Triumph über Dareios den Sieg und die Reichtümer des Königs zugleich davongetragen und unter diesen einen Schrein von außergewöhnlicher Schönheit, mit Gold, Edelsteinen und Perlen kostbar verziert, vorgefunden hatte, meinte er, als ihn Freunde auf die verschiedenen Gebrauchsmöglichkeiten von diesem hinwiesen: „Im Gegenteil, er wird die Bücher und Gesänge unseres Homer bergen (denn er war immer ein sehr großer Freund der homerischen Dichtung gewesen) und das äußerst wertvolle Werk wird die kostbarsten Werke des menschlichen Geistes bewahren.“ Als dieser auch nach Sigeum zu dem Grab des Achill gekommen war, bedachte er sowohl den tüchtigsten Feldherrn als auch den herausragendsten Dichter mit gleichem Lob, indem er, zu den Seinen gewandt, sagte, er halte den Sohn des Peleus für den Glücklichsten, nicht so sehr wegen seiner Heldentaten als vielmehr, weil er Homer als Künder derselben gehabt hätte. Und in gleicher Weise führte Kaiser Hadrian, der Urheber der Zerstörung Jerusalems und der wilde Vernichter der treulosen Juden, auf diese Weise Kriege, dass er dennoch niemals die Beschäftigung mit der Literatur unterbrach. Dieser widmete er sich, wenn er von militärischen Verpflichtungen frei war, mit so großer Hingabe und Gewissenhaftigkeit, dass man nur sehr schwer beurteilen kann, in welchem (Bereich) er als herausragender galt. Er war nämlich ein Mann von höchster Begabung und von außergewöhnlicher Gelehrsamkeit, der oft zu ein und derselben Zeit schrieb, diktierte,

doctrina, qui uno saepe eodemque tempore scriberet, dictaret, audiret et cum amicis confabularetur, poematum et omnium bonarum artium peritissimus.

Non dubito, quin haec et alia plaeraque huiuscemodi maiorum instituta exemplaque percurrens ad ea imitanda mirifice inflam⟨m⟩eris, quae tamen si deessent, abunde
fol. 2v satis avunculi tui Pii ponti|ficis maximi domesticis imaginibus et monumentis non dicam excitari, sed institui formarique posses. De quo quidem pontifice non facile ab hominibus nostri seculi diiudicari potest, utrumne maius decus ornamentumque pontificatui dederit an ipse ab eo acceperit. Nam cum caeteras eius virtutes omittam, prudentiam, iustitiam, fortitudinem, temperantiam, consilia, quae – ⟨ut⟩ scribit Homerus de Ulysse – „e sensato ac setoso pectore“ semper trahebat, id mirum maxime est, quo modo inter pontificalis gradus non dicam negotia, sed procellas tempestatesque litterarum studia et bonarum artium disciplinas tanta sedulitate pater piissimus excolere potuerit. Qui ut ex multis accepi, ex Donato praesertim monacho, olim eius cubiculario intimo mihique familiarissimo, eam sibi diem deperisse putabat, qua nihil vel legisset vel scripsisset, potiusque genium quam Musas defraudabat nec invitus cum Aemylio Paulo viro senatorio consulatu se abdicasset, ut ad quietam vitam et liberale otium transire potuisset. Qua de re si qui dubitant, ex eius operibus eruditissimis, quae plurima post se reliquit, non solum coniicere, verum etiam scire quam optime possunt. Quae non tantum legenda, sed etiam ediscenda a studiosis quibuscumque animis mihi videntur: tanta illis inest orationis elegantia, sententiarum gravitas, verborum copia et vetustarum firma rerum cognitio. Quae nequicquam scriptum iri potuisse⟨n⟩t, nisi frequenti diuturnaque lectione ea prius excogitata perlectaque fuissent. Audita est etiam a totius pene orbis populis in concilio Mantuano ipsa Pallas sua plaerumque verba resonare tanta pronuntiationis venustate, immo maiestate, sermonis suavitate, gestarum rerum memoria, ut in primo Hortensium, in altero Theophrastum, in tertio
fol. 3r Mithrida|tem contemplari posses.

Sed non est praefatiunculae meae pontificis tanti laudes exponere, quibus possunt volumina non parva compleri. Illas omnes pro mea in indigentem veneratione atque in te observantia scribere aggrederer, nisi cumulantissime a Campano et Platyna, viris

---

**61** utrum ne **L** **63** ut *supplevit Müller* **75** vetustis firmarum **L** | ne quicquam (*pro* nequaquam) **L** potuisset **L** **76** excogitata *correxi*; exagitata **L** **82** compleri *correxi*; complecti **L**

---

**55sq. Spart. Hadr. 20,11** uno tempore scripsit, dictavit, audivit et cum amicis fabulatus est. **57sq. Cic. Manil. 60** contra exempla atque instituta maiorum **60 Sen. epist. 112,1** formari, ut desideras, et institui **63 Cic. invent. 2,53** prudentiam, iustitiam, fortitudinem, temperantiam **64 Hom. A 189** στήθεσσιν λασίοισιν **Γ 221** ὄπα τε μεγάλην ἐκ στήθεος εἵη (*de Ulixe*) **65sq. Cic. off. 2,6** procellas tempestates **66 Gell. 10,11,2** bonarum artium disciplinis **70sq. Cic. Sest. 138** hanc vitam quietam atque otiosam secuti sumus; **Prob. Vit. Verg. 1** vixit pluribus annis liberali in otio **73 Quint. 10,1,105** legendum vel ediscendum potius **74 Cic. orat. 20** sententiarum gravitate et maiestate verborum; cf. **Cic. de or. 2,98** verborum gravitate et elegantia et copia **78 Cic. Brut. 235** plenus … venustatis, vocis et suavitatis **79 Cic. orat. 1,11,49** Theophrastus … in dicendo suavis atque ornatus; **Cic. Acad. 9,33** Theophrastus, vir et oratione suavis (*saepius*)

zuhörte und mit Freunden plauderte, ein hervorragender Kenner der Dichtung und aller schönen Künste.

Ich zweifle nicht, dass du, wenn du diese und zahlreiche andere derartige Einrichtungen und Beispiele unserer Vorfahren durchgehst, zu deren Nachahmung auf erstaunliche Weise entflammt wirst; wenn diese jedoch fehlten, könntest du reichlich genug durch die häuslichen Ahnenbilder und (literarischen) Denkmäler deines Onkels, Papst Pius', ich will nicht sagen angespornt, aber gewiss unterwiesen und gebildet werden. Bei diesem Papst freilich kann von den Menschen unseres Jahrhunderts nicht leicht entschieden werden, ob er dem Papsttum größeren Glanz und größere Zierde gegeben oder selbst solches von diesem empfangen hat. Denn um die übrigen Tugenden beiseitezulassen, Besonnenheit, Gerechtigkeit, Tapferkeit, Mäßigung, klugen Ratschluss, welche er, wie Homer über Odysseus schreibt, „aus der verständigen und behaarten Brust zog", ist es ganz besonders bewundernswert, wie während der ich will nicht sagen Amtsgeschäfte, sondern besser Stürme und Unwetter seines päpstlichen Amtes der allerfrömmste Vater dem Studium der Literatur und Disziplinen der schönen Künste mit derartigem Eifer nachgehen konnte. Dieser meinte, wie ich von vielen, ganz besonders von dem Mönch Donatus, einst sein Geheimkämmerer und mit mir engstens verbunden, erfahren habe, dieser Tag sei ihm verloren gegangen, an dem er nichts gelesen oder geschrieben hatte. Lieber ließ er seinen Lebensgenuss als seine Musen Schaden nehmen und nicht ungern hätte er sich mit Aemilius Paulus, dem Mann aus dem Senatorenstand, vom höchsten Amt verabschiedet, um zu einem ruhigen Leben und zur gelehrten Muße übergehen zu können. Wenn manche dies bezweifeln, können sie es aus seinen äußerst gelehrten Werken, von denen er sehr viele hinterließ, nicht nur erahnen, sondern auch sehr gut erfahren. Diese müssen, wie mir scheint, von allen Lernhungrigen und Wissensdurstigen nicht nur gelesen, sondern auswendig gelernt werden: so reich sind sie an sprachlicher Schönheit, an gewichtigen Aussagen, an Wortfülle und an sicherer Kenntnis der Altertümer. Diese Werke hätten niemals geschrieben werden können, wenn sie nicht durch häufige und tägliche Lektüre vorher gründlich überlegt und genau gelesen worden wären. Von beinahe allen Völkern der Welt wurde auf dem Kongress von Mantua auch seine Gelehrsamkeit häufig gehört, wie zumeist ihre eigenen Worte widerhallten, mit einer so großen Anmut, ja Erhabenheit im Vortrag, Lieblichkeit der Rede, mit einer so großen Erinnerung an die Taten, dass man im ersten Hortensius, im zweiten Theophrast und im dritten Mithridates erkennen konnte.

Aber es ist nicht die Aufgabe meiner kümmerlichen Vorrede, die Vorzüge eines derart bedeutenden Papstes aufzuführen, mit denen nicht gerade schmale Bände gefüllt werden können. Jene alle aufzuschreiben würde ich unternehmen aufgrund meiner Verehrung für einen, der es nötig hätte und aufgrund meiner Ehrerbietung dir

utrisque disertissimis totiusque Ausoniae hominibus clarissimis, miro ordine parique facundia perscriptae essent. Quorum ego scriptis non aliter ac Plato Socratis Platonisque Speusip⟨p⟩us assurgere semper consuevi. Haec autem sunt a me diffusius tractata non tam incitandi tui studio quam confirmandi gratia. Tua enim sponte satis incitatus es iamque optime calles virtute ipsa et liberalibus disciplinis nihil esse posse apud mortales prestantius. Quarum altera, ut ait Cicero, a viro dicta est, alterae liberales appellatae, quia hominem ab omni voluptate et turpitudine liberum faciant redigantque ad sapientiam, qua Deo optimo atque maximo coniuncti esse cernimur.

Ad Caroli gesta te transmitto, in quibus legendis si te censorem magis gesseris quam laudatorem, nihil erit, quod mihi possis vel gratius vel iocundius facere. Is enim ipse es, a quo pro tua singulari prudentia et doctrina sicut interdum laudari non sperno, ita doceri semper appeto.

**85** scriptum **L** **86** Speusipus **L** **95** appeto] Explicit prefatio

**88 sq. Sen. epist. 67,12** nihil est virtute praestantius **89 Cic. Tusc. 2,18,43** appellata est enim ex viro virtus **89–91 Sen. epist. 88,2** Quare liberalia studia dicta sint vides … Ceterum unum studium vere liberale est quod liberum facit **94 Cic. fam. 13,16,4** pro tua singulari prudentia (*saepius*)

gegenüber, wenn sie nicht ganz vollständig von Campano und Platina, den beiden beredtsten und berühmtesten Männern ganz Italiens, in wunderbarer Ordnung und angemessenem Stil aufgezeichnet worden wären. Vor deren Schriften war ich immer schon gewohnt mich zu erheben, wie Plato vor denen des Sokrates und Speusippos vor denen Platons. All das aber habe ich eingehender behandelt nicht so sehr aus dem Ehrgeiz heraus dich anzuspornen als vielmehr um dich (in deinem Eifer) zu bestärken. Denn du bist durch dich selbst genug angespornt und weißt bereits am besten, dass es bei den Menschen nichts Vortrefflicheres geben kann als die *virtus* und die Freien Künste (*disciplinae liberales*). Von diesen ist die eine, wie Cicero sagt, nach dem *vir* (Mann) benannt, die anderen werden *liberales* geheißen, weil sie den Menschen von jeder sinnlichen Lust und Schändlichkeit frei machen und zur Weisheit hinführen, durch die wir sichtbar mit dem besten und höchsten Gott verbunden sind.

Ich überlasse dich nun den Taten Karls; wenn du dich bei ihrer Lektüre mehr als strenger Beurteiler denn als Lobredner zeigst, so wirst du mir nichts Willkommeneres oder Angenehmeres anstellen können. Denn du selbst bist ein Mensch, von dem aufgrund deiner einzigartigen Klugheit und Gelehrsamkeit manchmal gelobt zu werden ich nicht geringschätze, von dem belehrt zu werden ich aber immer verlange.

## ⟨Vita Caroli Magni⟩

**prol.** Non credo me perperam facturum, si Caroli Gallorum regis vitam scripturus ipsius Gallie primordia altius repetam totiusque provinciae fines epilogo brevi dimetiar. Hinc enim puto historiae meae plus fidei, lectoribus autem plus voluptatis accessurum.

fol. $3^{v}$ **1.** Gallia omnis Laemano | lacu et Gebennicis montibus in duo latera scinditur atque altero Tuscum pelagus attingit, altero Oceanum, hinc a Varo flumine, illinc a Rheno ad Pyrenaeum usque permissa. Pars mari apposita aliquando Braccata, nunc Narbonensis dicitur. Que quo excultior est et magis consita, eo etiam laetior redditur. Urbes in ea opulentissime quales Vasco Vocontiorum, Vienna A⟨l⟩lobrogum, Avenio Cavarum, Arecomicorum Nemausus, Tolosa Tectosagum, Secundanorum ⟨Arausio⟩ et aliae plurime.

Regionis huius tria diversorum populorum nomina sunt eaque fluminibus ingentibus terminantur. A Pyrenaeo enim ad Garunnam Aquitania, ab ea ad Sequanam Celtae, inde ad Rhenum pertinent Belgae. Aquitanorum clarissimi sunt Ausci, Celtarum Edui, Belgarum Treveri.

**2.** Galliam primum omnium habitasse et in ea regnum habuisse tradunt Priamum quendam, Priami eiusdem nominis filium, qui capta Troia et incensa socium Antenori se addiderat et post fundata oppidula apud Henetos ad Hadriaticum sinum relicto Antenore novi regni cupiditate motus in hanc provinciam comitatu multo concessit, ubi a Gallis receptus sua virtute et probitate haud multo post in regem assumptus est. Galli autem, ut plaerique asserunt, a corporum pulcritudine atque albedine, quod γάλα apud Grecos lac significet, vel, ut magis Livio assentiar, ab eorum superbia atque insolentia, qua gallis cohortalibus comparantur, appellati sunt perpetuo usque ad Valentiniani imperatoris Augusti tempora. A quo ob devictos Halanos Romano imperio infestos cum Romanorum vectigales essent, decennali immunitate donati sunt, ne

---

**96–tit., 1** *tit.*: Explicit prefatio Caroli Magni incipit iam vita eius **L**
**6** Tuhuscum **L** **9** Alobrogum **L** **10** Avenio Canarum **L** | Tecosegum **L** **12** religionis **L** **13** Equitania **L** **14** Equitanorum **L** | Austi **L** **16** Prianum **L** **17** Priani **L**

---

**5–8 Mela 2,74** *Gallia Lemanno lacu et Cebennicis montibus in duo latera divisa, atque altero Tuscum pelagus attingens, altero oceanum, hic a Varo, illic a Rheno ad Pyrenaeum usque permittitur. Pars Nostro mari apposita (fuit aliquando Bracata, nunc Narbonensis) est magis culta et magis consita, ideoque etiam laetior.* **9–11 Mela 2,75** *Urbium quas habet opulentissimae sunt Vasio* [vassco **V**] *Vocontiorum, Vienna Allobrogum, Avennio Cavarum, Arecomicorum Nemausus, Tolosa Tectosagum, Secundanorum Arausio ...* **12–15 Mela 3,20** *populorum tria summa nomina sunt terminanturque fluviis ingentibus. namque a Pyrenaeo ad Garunnam Aquitani[a]* [aquitania **V**]*, ab eo ad Sequanam Celtae, inde ad Rhenum pertinent Belgae. Aquitanorum clarissimi sunt Ausci, Celtarum Haedui, Belgarum Treveri ...* **16–32** Cf. **G. Villani, Nuova Cronica I 18** **17sq. Verg. Aen. 6,169/70** Dardanio Aeneae sese fortissimus heros / addiderat socium **21sq. Isidor, orig. 14,4,25** *Gallia a candore populi nuncu-*

## ⟨Lebensbeschreibung Karls des Großen⟩

**Prol.** Ich glaube nicht, dass ich falsch handeln werde, wenn ich mit dem Vorsatz, das Leben des Frankenkönigs Karl zu beschreiben, hinsichtlich der Anfänge Galliens weiter aushole und die Grenzen der gesamten Region in einem zusätzlichen Abschnitt kurz abstecke. Hieraus wird nämlich, glaube ich, meinem Geschichtswerk mehr Glaubwürdigkeit, meinen Lesern aber mehr Vergnügen zuteil werden.

**1.** Gallien ist als Ganzes durch den Genfer See und die Sevennen in zwei Teile geteilt und grenzt an der einen Seite an das Etrurische Meer, an der anderen an den Ozean, wobei es sich auf unserer Seite vom Fluss Varus, auf der anderen vom Rhein bis an die Pyrenäen erstreckt. Der am Mittelmeer gelegene Teil hieß einst *Braccata*, jetzt aber *Narbonensis*. Je sorgfältiger bebaut und je reichlicher dieser bepflanzt wird, desto ertragreicher ist er. In diesem befinden sich äußerst reiche Städte wie Vasio im Vocontierland (Vaison-la-Romaine), Vienna im Allobrogerland (Vienne), Avennio im Caverland (Avignon), Nemausus im Arecomikerland (Nîmes), Tolosa im Tectosagerland (Toulouse), Arausio im Secundanerland (Orange) und sehr viele andere.

In diesem Gebiet gibt es drei Bezeichnungen verschiedener Völker und diese werden durch große Flüsse begrenzt. Im Gebiet von den Pyrenäen bis zur Garonne ist Aquitanien, von der Garonne bis zur Seine leben die Kelten, von dort bis zum Rhein die Belger. Von den Aquitaniern sind die Ausker die bedeutendsten, von den Kelten die Häduer, von den Belgern die Treverer.

**2.** Gallien habe als Erster von allen – so ist es überliefert – ein gewisser Priamos (III.) bewohnt und dort auch die Herrschaft innegehabt. Dieser war ein Sohn des gleichnamigen Priamos (II.) und hatte sich nach der Eroberung und Brandschatzung Trojas Antenor als Begleiter angeschlossen. Nach der Gründung von kleineren Städten bei den Venetern am Adriatischen Meer trennte er sich von Antenor und begab sich aus Verlangen nach einem neuen Königreich mit zahlreicher Gefolgschaft in dieses Gebiet. Dort wurde er von den Galliern aufgenommen und wegen seiner Tüchtigkeit und Rechtschaffenheit nicht viel später zum König erhoben. Gallier aber wurden sie, wie sehr viele Quellen mitteilen, wegen ihrer schönen weißen Hautfarbe genannt, denn γάλα bedeutet bei den Griechen so viel wie Milch, oder, um Livius mehr Glauben zu schenken, wegen ihres Hochmuts und ihrer Keckheit, aufgrund derer sie mit Haushähnen verglichen werden, und dies ununterbrochen bis in die Zeit des Kaisers Valentinian. Dieser belohnte sie, die den Römern noch tributpflichtig waren, nach einem Sieg über die dem römischen Reich feindlichen Alanen mit einer zehn Jahre währenden Steuerfreiheit, dass sie die üblichen Abgaben nicht mehr leisten mussten.

---

*pata est; γάλα enim Graece lac dicitur. Montes enim et rigor coeli ab ea parte solis ardorem excludunt, quo fit ut candor corporum non coloretur.*

solita tributa pensitarent. Hinc enim primum eorum lingua Francos ab hac scilicet | fol. 4r libertate appellari coeptos aiunt. Sed haec vel nihil vel parum ad rem nostram.

Priamo successit in regnum M. Maena filius, qui multa foelicitate annos fere duos de triginta regnavit, vir bello impiger et strenuus plenusque consiliorum. Huic Ferramontes tertius fuit haud patri dissimilis, qui bello et pace uti non ignoraret. Cuius fortitudine Gallicum imperium Romanis omne sublatum est et in pristinam libertatem redactum.

**3.** Tandem post multam regum et imperatorum seriem ad Pipinum Caroli patrem regnum pervenit, qui primus omnium regni libertate potitus est, cum superiores Gallorum reges nomine potius et inani titulo quam regia potestate gauderent. Nam regni opes atque potentia a praefectis regiae (sic enim eos appellabant) omnis administrabatur. Et quicquid hi egissent domi atque militiae, consensu omnium mirifice laudabatur. Ad hos etiam pertinebat populum regere, magistratus et officia impertiri, leges condere, praemia et penas statuere, lites diiudicare et omnia denique summa potestate decernere. Reges vero ab omni munere liberi regio tantum nomine et potestate potiebantur, ita ut ex commentario, quod dici solet, imperare viderentur. Hi solio elati legatis convenientibus dabant responsa nec qualia ipsi iudicassent, sed qualia praefecti regiae antea praecepissent. Si quando egredi vel libuit vel necessarium fuit, vehiculo circumferebantur nec pedes ire aliquando fas fuit. Illis propinquum rus dabatur, a quo ipsi obsonium, panem et vinum haberent et quaecumque denique ad alendam familiam parce magis ac tenuiter quam splendide aut opipare necessaria forent. Hoc regium fol. 4v ius erat maiestate potius quadam et nomine quam potentia | ulla diffinitum. Cetera omnia praefectorum aule erant, quibus tum munera nulla deputabantur, nisi qui genus suum a regia stirpe duxissent.

---

**28** Priano **L** | M. Maena **L** *pro* Marcomene *positum* **29** strennuus **L** **48** quibus tum munera nulla *conieci*; qui tum ei muneri nulli **L**

---

**33–40 Acc. p. 101** Carolo Francorum regi [...] patrem fuisse tradunt Pipinum regem, qui primus in Francos – sicuti quidam scriptores memoriae prodidere – liberam dominandi potestatem habuit, cum superiores Francorum reges [...] ea lege viverent, ut magis nomine et inani titulo quam dignitate regia potirentur. Nam opes ac potentia regni et omnium rerum administratio ad praefectos regiae domus – sic enim eos vocitabant – communi consensu deferreatur. Ii domi militiaeque summam potestatem habentes populos pro suo arbitratu regebant, de omnibus controversiis decernebant, praemia poenasque constituebant. Quibus fiebat, ut posthabitis regibus ii soli essent, qui in summo honore haberentur. **40–47 Einh. Vita 1** *Neque regi aliud relinquebatur, quam ut regio tantum nomine contentus* [...] *solio resideret ac speciem dominantis effingeret, legatos undecumque venientes audiret eisque abeuntibus responsa, quae erat edoctus vel etiam iussus, ex sua velut potestate redderet* [...] *nihil aliud proprii possideret quam unam et eam praeparvi reditus villam, in qua domum et ex qua famulos sibi necessaria ministrantes atque obsequium exhibentes paucae numerositatis habebat. Quocumque eundum erat, carpento ibat, quod bubus iunctis et bubulco rustico more agente trahebatur.* [...] *At regni administrationem et omnia quae vel domi vel foris agenda ac disponenda erant praefectus aulae procurabat.* **48 sq. Einh. Vita 2** *Qui honor non aliis a populo dari consueverat quam his qui et claritate generis et opum amplitudine ceteris eminebant.*

Denn von da an – so heißt es – begann man, sie mit einem Wort aus ihrer eigenen Sprache, offensichtlich wegen dieser Freiheit, Franken zu nennen. Aber dies trägt nichts oder nur wenig zu unserem Thema bei.

Auf Priamos folgte in der Herrschaft sein Sohn Marcomenes, der mit großem Erfolg etwa achtundzwanzig Jahre regierte, ein im Krieg einsatzfreudiger, tüchtiger Mann, voll kluger Pläne. Auf diesen folgte als dritter Ferramontes, seinem Vater nicht unähnlich, weil er Krieg und Frieden zu nutzen wusste. Durch seine Tüchtigkeit wurde das gesamte gallische Reich den Römern entrissen und in die alte Freiheit zurückgeführt.

**3.** Nach einer langen Reihe von Königen und Regenten gelangte das Königtum schließlich zu Pippin, dem Vater Karls, der sich als Allererster einer unabhängigen Herrschaft bemächtigt hatte, während sich die vorausgehenden Könige der Gallier mehr über den Namen und den bloßen Titel freuen konnten als über die tatsächliche Königsherrschaft. Denn Macht und Herrschaft über das Reich lag gänzlich in den Händen der Hausmeier (so nannten sie diese nämlich). Und was auch immer diese in Krieg und Frieden taten, es wurde durch allgemeine Zustimmung aufs Höchste gelobt. Diesen oblag es auch, das Volk zu regieren, Ämter und Aufgaben zu verteilen, Gesetze zu geben, Belohnungen und Bestrafungen festzusetzen, Streitfälle zu schlichten und schließlich alles kraft höchster Amtsgewalt zu entscheiden. Die Könige aber waren von jeglicher Verpflichtung befreit und verfügten allein über den Namen „König" und über die Herrschaft, so dass sie nach dem Protokoll, wie man zu sagen pflegt, zu regieren schienen. Auf einem hohen Thron sitzend gaben sie eintreffenden Gesandten Bescheide, aber nicht, wie sie selbst die Angelegenheiten beurteilt hätten, sondern wie die Hausmeier sie zuvor angewiesen hatten. Wenn es ihnen einmal beliebte oder notwendig war, in die Öffentlichkeit zu gehen, wurden sie mit einem Wagen herumgefahren; es war nicht zulässig, einmal zu Fuß zu gehen. Ihnen wurde ein nahegelegenes Landgut zugewiesen, von dem sie Zukost, Brot und Wein bekommen sollten und schließlich alles, was sonst noch für die eher maßvolle und dürftige als reichliche und üppige Ernährung eines Hausstandes notwendig war. Dieses königliche Recht war mehr durch eine gewisse Erhabenheit des Namens gekennzeichnet als durch wirkliche Herrschergewalt. Alles andere war Sache der Hausmeier – ein Amt, dessen Aufgaben damals niemandem übertragen wurden, der sein Geschlecht nicht von königlichem Stamm herleiten konnte.

Huic cum esset vel officio vel dignitati prefectus Pipinus, utpote hereditariae et a patre Carolo sibi relictae, ita se in ea gessit tanta prudentia et humanitate, ut summam apud omnes benivolentiam pariter et laudem consequeretur. Cum postea Hildericum Galli auctoritate apostolica Stephani, tunc Romani pontificis, a regno tanquam ineptum inutilemque submovissent et solitudini magis idoneum quam imperio accommodatum monachum fecissent, Pipinus omnibus perdignus visus est, qui in imperium subrogaretur, cuius prudentia in agendis rebus, in perficiendis alacritas, in communi omnium consuetudine humanitas et mansuetudo antea perspecta esset ab omnibus et cognita. Adiuverunt eum etiam [non parum] ad hanc dignitatem non parum paterna merita in Gallicam rem p.⟨ublicam⟩ collata, qui tyrannos totius Galliae dominatum sibi vindicare adortos virtute sua oppresserat et Sarracenos Galliam occupare aggressos duobus magnis praeliis, uno in Aquitania apud Pictavium civitatem, altero iuxta Narbonam propter Byrrham flumen, fuderat.

Quintum decimum igitur annum vel eo amplius in dignitate regia et potestate multa felicitate peregit Pipinus nulli maiorum suorum pacis bellique gloria aut impar aut inferior. Cui post perfectum bellum Aquitanicum, quod per annos novem continuos adversum Vaifarium ducem gesserat, apud Parisium intercutis ⟨aquae⟩ morbo decedenti Carolus et Carolomannus filii ac germani fratres successere regno aequa divisione ac fraterna concordia inter se partito. At non | (fol. 5r) multo post Carolomanno humanis rebus excedente regnum omne Gallorum consensu ad Carolum delatum est, eum, cuius vitam ac praeclara gesta litteris mandare aggressi sumus.

**4.** Bellorum igitur omnium, quae Carolus gessit, cui a magnis rebus gestis – ut Alexandro ac Pompeio – Magno cognomen fuit, Aquitanicum primum occupavit. Nam Pipino et Vaifario sub idem pene tempus vita functis Hinuldus, vir non impo-

---

**50** utpote] ut pote **L** **60** vendicare **L** **61** Aquitania] Equitania **L** **65** prefectum **L** **71** magnis] magis **L** **72** Aquitanicum] Equitaniam **L**

---

**50–56 Acc. p. 102** Pipinus igitur hac dignitate, quam veluti hereditariam a patribus suis acceperat, multis annis egregie functus, maximam sibi apud omnis generis homines tum famam, tum benivolentiam comparavit; quibus postea factum est, ut cum Franci ac Romanus pontifex Hildericum regem a dominatione veluti inutilem semovissent, hunc potissimum deligendum putarent, cui communi sententia regnum decernerent. [...] auctoritate pontificis et Francorum decreto ... **58–62 Einh. Vita 2** *Nam pater eius Karolus, qui tyrannos per totam Franciam dominatum sibi vindicantes oppressit et Sarracenos Galliam occupare temptantes duobus magnis proeliis, uno in Aquitania apud Pictavium civitatem, altero iuxta Narbonam apud Birram fluvium, ita devicit, ut in Hispaniam eos redire conpelleret ...* **63–65 Acc. p. 102** Regnavit (sc. Pipinus) annos quindecim, cuilibet superiorum regum belli pacisque artibus et gloria par. **63–70 Einh. Vita 3** *Pippinus autem* [...] *cum per annos XV aut eo amplius Francis solus imperaret, finito Aquitanico bello, quod contra Waifarium ducem Aquitaniae ab eo susceptum per continuos novem annos gerebatur, apud Parisios morbo aquae intercutis diem obiit, superstitibus liberis Karlo et Karlomanno, ad quos successio regni divino nutu pervenerat.* [...] *Mansitque ista* [...] *concordia* [...] *Karolus autem fratre defuncto consensu omnium Francorum rex constituitur* **Acc. p. 102** Huic successere superstites filii duo, Carolus et Carolomannus, eque regno inter se partito. Sed non multo post defuncto Carolomanno Franci eam regni partem, quam ille possederat, Carolo fratri

Als mit diesem Amt beziehungsweise diesem Rang Pippin betraut wurde, da ihn ihm sein Vater Karl erblich hinterlassen hatte, verhielt er sich dabei derart besonnen und menschlich, dass er bei allen höchstes Wohlwollen und zugleich höchstes Lob erlangte. Als später die Franken gemeinsam mit der apostolischen Autorität des damaligen römischen Papstes Stephan Hilderich als einen unnützen Dummkopf von der Herrschaft entfernt und, da er mehr für ein Leben in Zurückgezogenheit geeignet als der Herrschaft gewachsen war, zum Mönch gemacht hatten, schien allen Pippin sehr würdig, zum Nachfolger im Herrscheramt gewählt zu werden; seine Besonnenheit im Ausführen von Handlungen, seinen Eifer im Vollenden, seine Menschlichkeit und Freundlichkeit im Umgang mit allen hatte bereits vorher jeder deutlich gesehen und erkannt. Auch die väterlichen Verdienste für das fränkische Gemeinwesen verhalfen ihm in nicht geringem Maße zu diesem Amt: Dieser hatte Usurpatoren, die sich die Alleinherschaft über das ganze Frankenland anzueignen trachteten, durch seine Tapferkeit bezwungen und die Sarazenen, welche sich an die Besetzung des Landes machten, in zwei großen Schlachten, eine in Aquitanien bei der Stadt Poitiers, die andere in der Nähe von Narbonne am Fluss Berra, geschlagen.

Pippin verbrachte also mit großem Erfolg fünfzehn oder mehr Jahre in königlicher Würde und Macht, wobei er keinem seiner Vorfahren an Ruhm in Friedens- und Kriegszeiten nachstand oder unterlegen war. Als er nach der Beendigung des aquitanischen Krieges, den er neun Jahre lang ununterbrochen gegen Herzog Waifar geführt hatte, in Paris an Wassersucht starb, folgten ihm seine Söhne, die Brüder Karl und Karlmann, nach, die sich das Reich durch eine gerechte Teilung in brüderlicher Eintracht untereinander aufgeteilt hatten. Als aber nicht lange Zeit später Karlmann aus dem Leben schied, wurde das gesamte Reich mit Zustimmung der Franken jenem Karl übertragen, dessen Leben und herausragende Taten der Nachwelt zu überliefern wir in Angriff genommen haben.

**4.** Von allen Kriegen also, die Karl – er trug wegen seiner großen Taten wie Alexander und Pompeius den Beinamen „der Große" – führte, nahm er zunächst den in Aquitanien auf. Da nämlich Pippin und Waifar nahezu gleichzeitig starben, kam sich

---

detulerunt. Cuius vitam et mores et res egregie gestas litteris mandare constitui [...] **71sq. Einh. Vita 5** *Omnium bellorum, quae gessit, primo Aquitanicum suscepit* [...] **71sq. Acc. p. 101** Carolo [...] cui postea ex magnitudine rerum gestarum Magno fuit cognomen [...] **73–85 Acc. p. 102–103** Deinde Pipino Vaifarioque sub unum prope tempus defunctis Hunuldus, vir potens ex eorum morte, ut plerumque fit, occasionem nactus bellum, quod antea pene confectum videbatur, renovaverat iamque fere Aquitaniam totam ad defectionem compulerat. Carolus vero, ubi haec, quae in Aquitania gerebantur, cognovit, nullam moram interponendam ratus ingenti celeritate exercitu comparato obviam Hunuldo progreditur. Primo adventu conatus illius facile reprimuntur nec multo postea commisso proelio Carolus hostem superat, exercitum fundit, fusum persequitur nec prius victorie modum imponit, quam Hunuldum ex omni Aquitania pulsum in proximam regionem, quam nunc Vasconiam vocant, compelleret. [...] Verum Carolus [...] traiecto Garunna flumine ac exercitu propius admoto, legatos ad Lupum misit, qui dicerent, ut nisi Hunuldum, hominem infestum

tens, horum morte sibi ipsi potentior et maior factus videri bellumque nuper affectum ac nondum omnino confectum impatiens toge excitavit totamque pene Aquitaniam ad defectionem Gallorum inclinavit. Quae ubi Carolo nuntiata sunt, non ignarus in mora periculum esse, conducto milite tumultuario ad invadendum hostem progreditur primoque congressu Hinuldi conatus ita fregit, ut eum cogeret relicta omni Aquitania in proximam regionem, quam Vasconiam vocant, concedere. Quibus terminis nondum contentus Carolus victoriae nullum modum imposuit, sed magis magisque fugitantem hostem insectatus Garunnam superat et ⟨ad⟩ Lupum, Vasconiae principem, legatos mittit, qui nuntient: nisi Hinuldum hostem actutum reddiderit apud se delitescentem, in eum omnem belli molem convertendam. Lupus mandatis his et si graviter commotus, saniori tamen usus consilio, et Hinuldum reddidit et ad maiorem regis gratiam aucupandam se cum familia omnique provincia sua Carolo permisit.

**5.** Compositis in Aquitania rebus eoque bello confecto alterum contra Longobardorum regem Desiderium, Romani imperii invasorem et libertatis ecclesiasticae fol. 5$^{v}$ oppressorem, precibus Hadriani Romani pontificis exorsus | est. Quod sane bellum invito pene omni exercitu ac pugnam omnino detractante minitanteque insuper eum deserturum et solitarium facturum, suscepit plus fidei in religione ac pietate quam in minis militum timoris habens.

Ad hoc enim eum non tam Hadriani pontificis maximi preces aut Christiane ecclesie periculum, quod imminebat, inclinabant, quam paterna domesticaque exempla, Pipini scilicet et Caroli Martelli memoria repetita, qui olim etiam gentem hanc insolentissimam multis praeliis partim straverant, partim ex Italia fugaverant, ne, si auxilium tot precibus efflagitatum ferre recusaret, a maioribus suis degenerare et Christiani nominis inimicos perpetuos fovere ac tueri videretur. Stata igitur de ferenda ope

---

**75** Aquitaniam] Equitaniam **L** **78** Aquitania] Equitania **L** **81** ad *om.* **L** **86** Aquitania] Equitania **L** **89** imitanteque **L** **96** affligitatum **L**

---

nomini Francorum, quam primum ad se adduxerit, se eum hostis loco habiturum. Lupus his mandatis vehementer commotus ac veritus, ne potentissimum regem totamque belli molem, quam sustinere non potuisset, in se unum converteret, salutare sibi ac gratum Carolo consilium cepit. [...] Hinuldum simul et se ipsum una cum provincia Caroli potestati permisit, cf. **Einh. Vita 5** *Sed Lupus saniori usus consilio non solum Hunoldum reddidit, sed etiam se ipsum cum provincia cui praeerat eius potestati permisit.* **86–91 Acc. p. 103** Sic igitur Carolus in Aquitania compositis rebus belloque citius omnium opinione confecto [...] Adrianus Romane ecclesie pontifex a Desiderio Langobardorum rege vehementius quam vires suae paterentur, oppressus [...] cf. **Einh. Vita 6** *Compositis in Aquitania rebus eoque bello finito* [...] *precibus Hadriani Romanae urbis episcopi exoratus bellum contra Langobardos suscepit* [...] *quia quidam e primoribus Francorum, cum quibus consultare solebat, adeo voluntati eius renisi sunt, ut se regem deserturos domumque redituros libera voce proclamarent.* **92–105 Acc. p. 103–104** Adrianus [...] oratores ad Carolum misit, qui multis precibus eum rogarent, ut Romane ecclesie in summo periculo constitute opem et auxilium ferret ac Pipini patris Carolique Martelli, qui olim in Italia adversus hanc nationem egregie pugnaverant, memoriam renovaret. Carolum multe res hortabantur, quare pontificis defensionem suscipiendam et Langobardorum audaciae quacunque ratione occurrendum putaret, in primis, quod non ignorabat caput Christianae fidei rem Romanam

Hinuld, ein mächtiger Mann, nach dem Tod der beiden noch mächtiger und stärker vor, und nicht willens, den Frieden zu ertragen, entfesselte er von Neuem einen Krieg, der erst vor Kurzem begonnen und noch nicht gänzlich ausgefochten war, und stachelte beinahe ganz Aquitanien zum Abfall von den Franken an. Sobald dies Karl gemeldet wurde, zog er im Wissen, dass Gefahr im Verzug sei, ein in größter Eile aufgestelltes Heer zusammen und rückte zum Angriff auf den Feind vor. Schon beim ersten Zusammenstoß machte er das Streben Hinulds derart zunichte, dass er ihn zwang, ganz Aquitanien zu verlassen und sich in die Nachbarregion, die Vaskonien genannt wird, zurückzuziehen. Mit diesen Grenzen noch nicht zufrieden, beendete Karl seinen Siegeszug nicht, sondern verfolgte den fliehenden Feind immer weiter, überschritt die Garonne und schickte Gesandte zu Lupus, dem Fürsten Vaskoniens, die melden sollten: Wenn Lupus den Feind, der sich bei ihm versteckt hielt, nicht sofort ausliefere, werde er den gesamten Kriegsapparat gegen ihn wenden. Auch wenn Lupus wegen dieser Botschaft heftig erzürnt war, wählte er dennoch den klügeren Ausweg und lieferte Hinuld aus, und um beim König größere Gunst zu erlangen, unterwarf er sich Karl mitsamt Haus und Hof und der gesamten Provinz.

**5.** Nachdem die Angelegenheiten in Aquitanien geordnet und dieser Krieg beendet war, begann er auf Bitten des römischen Papstes Hadrian einen weiteren gegen den Langobardenkönig Desiderius, den Eindringling in römisches Reichsgebiet und Unterdrücker der Unabhängigkeit der Kirche. Diesen Krieg erklärte er allerdings gegen den Willen nahezu des gesamten Heeres, das den Kampf gänzlich verweigerte und obendrein die Drohung aussprach, zu desertieren und ihn allein zurückzulassen, wobei er selbst mehr Vertrauen in Religion und Frömmigkeit hatte als Angst vor den Drohungen der Soldaten.

Denn zu diesen Unternehmungen bewogen ihn nicht so sehr die Bitten Papst Hadrians und die Gefahr, die der christlichen Kirche drohte, als vielmehr das Vorbild des Vaters und seines Geschlechts, weil er sich nämlich an Pippin und Karl Martell erinnerte, die einst ebenso dieses höchst anmaßende Volk in zahlreichen Kämpfen teils besiegt, teils aus Italien vertrieben hatten; er wollte nicht den Eindruck erwecken, sich seiner Vorfahren unwürdig zu erweisen und beharrliche Feinde des Christentums zu hegen und zu beschützen, falls er sich weigere, die durch so viele Bitten eingeforderte

---

esse eique tam gravi bello laboranti non subvenire, turpe simul ac periculosum esse censebat. [...] quam primum occurrendum ratus legatos ad Desiderium mittit, qui eum hortentur, ut finem iniuriis faciat ab armisque discedat ac omnia oppida, quae aut vi occupata essent aut sponte ad eum defecissent, pontifici Romano restituat. Haec si fecerit, sibi perpetuam gratiam atque amicitiam cum eo fore polliceantur. Sin vero – quod facturus videbatur – mandata neglexerit, ei suo nomine bellum indicant. Dum legati proficiscuntur, interim Carolus non segnius quam si hostes in Gallia essent, exercitum parat nullam proficiscendi moram facturus, si Desiderium regem perseverare in bello cognoverit.

deliberatione protinus caduceatores ad Desiderium premittit eosque huiuscemodi orationem nuntiare iubet: adhortari se Desiderium atque rogare tot iniuriis tandem parcere atque armis abstinere quaeque oppida Romani imperii vel vi occupasset vel sponte recepisset, reddere; haec si agat, perpetuum fedus amicitiamque ineundam, sin secus, aeternis odiis utrinque, dum alter succubuerit, decertandum, bellumque ut indicant, imperat. Dimissis legatis cum huiuscemodi mandatis et nuntiis ipse exercitum non segnius armat, acsi hostes Galliae imminerent, nullam moram ad confligendum facturus, si Desiderium bellorum cupiditate flagrare sentiret. In hanc expeditionem, ubi iam vulgari coepit, omnis pene Gallia confluebat vociferans contra perfidissimam gentem omnem belli apparatum convertendum, nunquam ab inferendis iniuriis finitimis populis cessaturam, nisi nomen eius penitus deleretur. Hoc clamore fol. 6r confluentis | multitudinis incensus inflammatusque est novellus Caroli exercitus, qui uno pene praelii conflictu, Aquitanici scilicet, ita vel territus vel fatigatus videbatur, ut vacationem posceret et pugnam alteram detrectaret.

Sic erectis Gallorum animis et ad arma inclinatioribus quam ad pacem, rediere legati responsa belli, non pacis condiciones referentes: „regem scilicet Desiderium maius hoc tempore quam antehac unquam bellum moliri omniaque hostilia esse et ad arma spectare nullumque bellis eum finem facturum, nisi cum vires et arma ad inferendam iniuriam defuerint.“ Maturandum itaque ratus Carolus, ne ante Christiana res opprimeretur, quam auxilium ferret, quaecumque ad belli usum oportuna erant et necessaria quam celerrime comparatis, in Italiam transmigraturus iter aggreditur. At non parum maturatio tanta retardata est, hinc montium altitudine, hinc locorum angustiis, hinc pene inviis saltibus, qui armato milite et exercitus impedimentis haud facile adiri poterant. Accedebat maior difficultas, quia Alpium iuga hostium presidiis tenebantur. Miserat enim Desiderius, qui preoccupatis Alpium angustiis et tutioribus locis obsessis Gallorum transitum totis viribus prohiberent. Hoc ubi cognovit Carolus,

---

**99** ad hortari **L** **103** imperant **L** **105** hac **L** **110** Equitanici **L**

---

**105–125 Acc. p. 104** Hec expeditio per omnem Galliam vulgata adeo grata cunctis Francorum populis erat, ut iam palam vociferarentur maturandum in Italiam esse, totiens a se victam Langobardorum gentem vires resumere, conditiones acceptas negligere, semper bella ex bellis serere; itaque nunquam quieturam, nisi eorum nomen penitus deleatur. Sic igitur omnium animis in expectationem belli erectis legati a Desiderio redeunt nuntiantes omnia ibi hostilia esse: regem maius quam antea bellum moliri et, quantum coniectura assequi possunt, nunquam iniuriis finem facturum, nisi cum sibi vires et arma ad inferendam iniuriam desint. Carolus his rebus vehementer commotus maturandum sibi existimavit, ne ante Romanus pontifex opprimeretur, quam ei ferre subsidium posset. Itaque re frumentaria ceterisque ad bellum necessariis quam celerrime potuit comparatis magnis itineribus in Italiam contendit. Sed multa huic suae festinationi adversabantur: montium altitudo, locorum angustiae et pene invii saltus, per quos miles onustus armis et impedimenta exercitus ducenda erant. Accedebat quod Alpium iuga praesidiis hostium tenebantur. Miserat enim Desiderius, qui occupatis opportunis locis quantum possent Francorum transitum prohiberent. Hec cum ita essent, Carolus tamen non ignarus res preclaras, labores maximos maxima quoque pericula sequi, suos hortatur, ut

Hilfe zu leisten. Als nun der Entschluss, Hilfe zu leisten, feststand, schickte er sofort Unterhändler zu Desiderius voraus und hieß sie, eine Mitteilung in folgendem Sinn zu überbringen: Er fordere Desiderius auf und lade ihn ein, endlich die zahlreichen Rechtsverletzungen zu unterlassen, sich der Waffen zu enthalten und die Städte des römischen Reichsgebietes, die er entweder mit Gewalt besetzt hatte oder die ihm ohne eigenes Zutun zugefallen waren, zurückzugeben; wenn er dies tue, werde man ein dauerhaftes Freundschaftsbündnis schließen, wenn aber nicht, werde man mit ewigem Hass auf beiden Seiten kämpfen, bis einer unterliege; und er befahl ihnen, dann den Krieg zu erklären. Er schickte die Gesandten mit derartigen Weisungen und Nachrichten fort und stattete selbst in großer Eile ein Heer mit Waffen aus, wie wenn die Feinde das Frankenland schon bedrohten; er wollte keine Zeit für den Kampf verlieren, falls er das Gefühl haben sollte, dass Desiderius vor Kriegsbegeisterung glühe. Sobald dies allgemein bekannt wurde, strömte zu diesem Unternehmen beinahe das ganze Frankenland zusammen und schrie laut, man müsse den gesamten Kriegsapparat gegen das gottlose Volk richten, das niemals aufhören werde, benachbarten Völkern Unrecht zuzufügen, bevor nicht auch sein Name gänzlich vernichtet werde. Durch dieses Kriegsgeschrei der zusammenströmenden Menge wurde das eben ausgehobene Heer Karls angeheizt und entflammt, das nach so gut wie einem einzigen kriegerischen Zusammenstoß, nämlich dem aquitanischen, so verschreckt oder ermüdet schien, dass es Ruhepause verlangte und einen weiteren Kampf verweigerte.

Als die Franken auf diese Weise ermutigt, einem Waffengang geneigter waren als dem Frieden, kehrten die Gesandten zurück und brachten eine Kriegserklärung, nicht Friedensbedingungen heim: König Desiderius nämlich strebe zu dieser Zeit einen größeren Krieg an als jemals zuvor; alles sei feindlich und spreche für eine bewaffnete Auseinandersetzung; er würde mit dem Kriegführen erst dann aufhören, wenn ihm Truppen und Waffen zur Vollbringung von Gewalttaten ausgingen. Deshalb meinte Karl, er müsse sich beeilen, damit nicht eher das Christentum in Bedrängnis gerate, als er Hilfe brächte; nachdem er alles, was für den Kriegsgebrauch dienlich und notwendig war, möglichst schnell beschafft hatte, brach er auf, um nach Italien zu ziehen. Aber sein Eilmarsch wurde nicht wenig verzögert, bald auf Grund hoher Berge, bald auf Grund von Engstellen, bald durch nahezu ungangbare Schluchten, die mit bewaffneten Soldaten und dem Tross eines Heeres nicht einfach begangen werden konnten. Es kam eine noch größere Schwierigkeit dazu: dass nämlich die Alpenpässe von feindlichen Truppen gehalten wurden. Desiderius hatte nämlich Leute ausgesandt, welche Engpässe in den Alpen rechtzeitig besetzen, sichere Stellen einnehmen und mit aller Kraft den Durchzug der Franken verhindern sollten. Sobald Karl dies erfuhr, ermun-

---

quoad locorum angustie patiantur, servatis ordinibus ire ad hostem pergant. Appropinquanti Alpium iugis nuntiatum est hostes relictis angustiis se in planum recepisse seu metu perterritos seu quia tutius faciliusque esse arbitrarentur descendenti ab Alpibus Carolo cum omnibus copiis confestim occurrere.

ita suos oratione animavit ad superanda montium iuga, ut intelligere⟨n⟩t magna non nisi magnis periculis et laboribus adiri posse. Propius autem admotis castris Alpium iugis nuntiatum est hostes in latam planitiem descendisse, hoc sane consilio, quia escensu descensuque Alpium defatigatos Gallos putabant se facilius adoriri posse ac superare. Carolus superatis Alpibus Taurino in agro constitit eo ipso loco, ubi Hannibalem in Italiam descendentem | fol. 6v fama est constitisse. Ibi refecti sunt milites et recreati a Carolo per dies aliquot, ut postea recentiores essent ad confligendum cum hoste vicino. Nam Desiderius tunc apud Vercellas castra metatus erat praestolabaturque Gallorum adventum. Quod ubi Carolus per exploratores rescivit, nil differendum certamen ratus ex Taurinis se movit et continuatis castris Vercellensem in agrum contendit. Carolus autem ut militum virtute et rei militaris peritia praestabat, ita numero ac gentium multitudine Desiderio inferior erat. Collatis igitur signis factaque utrinque bellandi potestate proelium commisere. Superati eo proelio Longobardi sunt et partim cesi, partim in fugam acti. Desiderius cum paucis admodum militibus, qui superfuerant, Papiam, quae regni caput erat, venit. Quem persecutus Carolus, ne se palantes milites reciperent et exercitum instaurarent, nullis datis indutiis aut intermissa mora hostili agmine usque in Ticinum agrum premere regiamque urbem protinus adortus, an primo impetu expugnari capique posset tentare. Ubi se frustra niti animadvertit, ab oppugnanda urbe ad obsidendam consilium transfert castrisque ad moenia positis dispositisque circumquaque praesidiis, ne qua oppidanorum eruptio fieret, maxime portis vigilias apposuit.

Verum ubi apparuit Desiderium potius extrema passurum quam deditionem facturum, Carolus exercitus parte ad obsidionem relicta ipse cum reliquo ad Transpadanos contendit. Cuius adventu audito a convicinis gentibus plurime se se sponte dediderunt, motae potius Caroli virtute et benivolentia quam belli terrore.

---

**124** intelligeret **L** **138** pallantes **L** **141** impitu **L**

---

**125–148 Acc. p. 104–105** Vix ad Desiderium perlatum erat Francorum exercitum post paucos dies in Italia fore, cum Carolus superatis iam Alpibus in agrum Taurinum descendit, ubi primum Hannibalem Carthaginiensem Alpes transgressum cum omnibus copiis constitisse tradunt. Eo in loco Carolus paucis diebus refecto milite, cum per exploratores premissos certior factus esset Desiderium regem prope Vercellas castra habere ac ibi cum ingenti exercitu adventum hostium expectare, nihil ultra differendum ratus ex Taurinis movit atque continuatis castris in agrum Vercellensem pervenit. Erat Carolus virtute militum et rei militaris peritia longe superior, multitudine vero ac numero hominum a Desiderio vincebatur. Cum prope in conspectu exercitus essent, facta utrinque potestate pugnandi prelium commisere. In ea pugna superati Langobardi in fugam vertuntur, magna parte suorum amissa. Desiderius postquam suos passim fusos fugatosque conspexit, citato gradu Papiam, quae caput regni erat, cum paucis militibus petit. Nec segnius Carolus, priusquam se hostes ex terrore fugaque reciperent, regem persecutus, in agrum Ticinium exercitum ducit extemploque omnibus copiis ad menia regie urbis admotis tentat, si primo impetu capi posset. Ubi id parum processit, consiliis ab oppugnanda urbe ad obsidendam versis sub ipsis menibus castra locat subsidiaque firma, ne qua eruptio fieri possit, portis opponit. Ceterum cum satis constaret Desiderium regem, prius-

terte er die Seinen in der Weise durch eine Rede, die Bergjoche zu überwinden, dass sie erkannten, dass Großes nur unter großen Gefahren und Anstrengungen bewerkstelligt werden könne. Als er sein Lager näher an die Gebirgskette der Alpen verlegt hatte, traf die Meldung ein, die Feinde seien in die weite Ebene hinabgestiegen, und das in voller Absicht, weil sie nämlich annahmen, die durch den Auf- und Abstieg in den Alpen erschöpften Franken leichter angreifen und bezwingen zu können. Nach der Überwindung der Alpen machte Karl im Gebiet von Turin genau an dieser Stelle Halt, an der einer Tradition zufolge Hannibal Halt gemacht hatte, als er nach Italien hinabstieg. Dort gab Karl seinen Soldaten einige Tage zur Erholung und zum Kräftesammeln, damit sie später frischer seien, mit dem nahen Feind zu kämpfen. Denn Desiderius hatte zu dem Zeitpunkt bei Vercelli sein Lager aufgeschlagen und erwartete die Ankunft der Franken. Sobald Karl dies durch Kundschafter erfahren hatte, meinte er, der Kampf dürfe keinesfalls hinausgezögert werden, brach aus dem Gebiet von Turin auf und eilte in das Gebiet von Vercelli, wobei er die Lager rasch wechselte. Karl war zwar, was die Tüchtigkeit seiner Soldaten und seine Kriegserfahrung betraf, überlegen, in Anzahl und Größe der Truppen Desiderius aber unterlegen. Nachdem sie also aufeinander getroffen waren und auf beiden Seiten den Befehl zum Kämpfen gegeben hatten, trugen sie die Schlacht aus. In dieser Auseinandersetzung wurden die Langobarden bezwungen und teilweise niedergemetzelt, teilweise in die Flucht geschlagen. Desiderius kam mit nur wenigen Soldaten, die übriggeblieben waren, nach Pavia, in die Hauptstadt des Reiches. Karl setzte ihm nach, damit sich die umherschweifenden Soldaten nicht in Sicherheit bringen und das Heer neu aufstellen könnten. Ohne einen Waffenstillstand zu gewähren und eine Rast einzuschieben, drängte er mit seinem feindlichen Heereszug bis in das Gebiet von Pavia, griff die Königsstadt geradewegs an und versuchte, sie im ersten Ansturm zu erobern und einzunehmen. Als er die Vergeblichkeit seines Bemühens bemerkte, änderte er seinen Plan und ging von der beabsichtigten Eroberung zur Belagerung der Stadt über. Er errichtete vor den Stadtmauern ein Lager und verteilte überall Wachposten; damit die Bewohner keinen Ausfall macht könnten, stellte er des Nachts Wächter vor allem bei den Toren auf.

Sobald allerdings deutlich wurde, dass Desiderius eher bereit war, das Äußerste zu erdulden als zu kapitulieren, ließ Karl einen Teil seines Heeres zur Belagerung zurück, er selbst eilte mit dem Rest über den Po. Als die Bewohner der Gegend von seiner Ankunft gehört hatten, ergaben sich sehr viele freiwillig, wobei sie sich eher von der Tüchtigkeit und der Milde Karls dazu leiten ließen als von Kriegsangst.

---

quam deditionem faceret, paratum esse etiam ultima experiri, Carolus parte copiarum ad obsidionem relicta ipse cum reliquo exercitu ad Transpadanos contendit. Ibi civitates permultae audita fama virtutum suarum rebusque prospere gestis certatim ad eum deficiunt.

fol. 7r Id maxime pergratum Carolo tunc contigit, quod | Carolomanni fratris germani filios post mortem patris maternam temeritatem et levitatem secutos ad Desiderium, saniori consilio reduces inopinato in castris suis conspicatus est, veniam erroris paenitentiamque comprecantes. Quos ille solita benignitate et clementia susceptos et cum lachrymis deosculatos honore summo affecit ac semper in posterum filiorum loco complexus est.

Post haec traditur Carolus salutandi studio Romani pontificis et visendi desiderio celeberrimum templum divi Petri apostoli Romam esse profectus et ab Hadriano pontifice summo cum honore susceptus, utpote qui Chrystianam rem p.⟨ublicam⟩ laborantem adiuverat, labentem erexerat afflictisque rebus omnibus opem attulerat, post paucos quoque dies ad obsidionem regie urbis rediisse. Cepit autem oppidanos annone charitas et inopia nimis urgere, ita ut de salute sua desperarent. At deditionem vel proditionem urbis alii fide, alii benivolentia, alii Desiderii metu differebant famem diram tolerantes, quam tamen sexto mense quam obsideri urbs coepta est, facere coacti sunt. Capitur igitur Desiderius una cum uxore et liberis, Carolique triumphus fit. Quem postremum Longobardorum regem Italia regnantem vidit erectaque tunc primum Caroli munere et beneficio, quae longo tempore preter dignitatem tam nobilis provinciae toti orbi dominantis barbarorum inmanitate oppressa iacuerat.

Capto itaque Desiderio et restitutis, quascumque abstulerat Romano pontifici, urbibus belli finis fuit. Hadrianus autem pontifex, ne tanti beneficii vel ingratus vel inmemor videretur, concilium celebravit frequentissimo ⟨episcoporum⟩ et cardinalium fol. 7v coetu, in quo Carolo | actae relataeque gratie debite sunt et innumeris privilegiis ornatus in Galliam reditum parans dimissus est.

**6.** Quo cum venisset, actis letitiae diebus aliquot pro parta victoria continuo Saxonicum bellum, quod nimia pietate et religione, ut Christianis rebus subveniret, inter-

---

**159** cepit] *i. e.* coepit **164** postremo **L** **167** quascunque **L** **169** episcoporum *om.* **L**

---

**149–166 Acc. p. 105–106** Sed quod in primis ei gratissimum fuit, filii Carolomanni, qui extemplo post mortem patris malo consilio temeritatem matris secuti ad Desiderium regem perfugerant, sponte in sua castra venerunt ac se suaque omnia potestati Caroli permiserunt; a quo benigne excepti magnoque affecti honore etiam in posterum filiorum loco habiti sunt. Post hec Carolum cum studio salutandi pontificem, tum desiderio visendi celeberrimum beati Petri templum Romam profectum ac incredibili honore ab Adriano susceptum, post paucos dies ad obsidionem rediisse comperio. Erat obsidio vehemens et frumenti cum summa caritate inopia sedendoque expugnaturos se urbem spem Franci habebant, oppidani e contra infessis omnibus viis, per quas commeatus ex proximis locis subvehebantur, diffidebant inopiam diutius ferre posse, rem tamen quantum poterant producebant, benivolentia alii, alii metu Desiderii regis compulsi. Postremo spe quoque, non solum cibo deficiente cum famem ulterius tolerare non possent, sexto mense quam obsideri sunt cepti, deditionem faciunt. Capitur Desiderius una cum uxore ac liberis, quem ultimum Langobardorum regum in Italia regnasse tradunt. Tunc enim summo beneficio Caroli Italia se primum erexit, quae antea diutius quam victricem omnium gentium provinciam decuit, barbarorum immanitate oppressa iacuerat. [...] **167–171 Acc. p. 107–108** Quo debellato [...] Carolus Magnus [...] omnes civitates, quae ad Deside-

Ganz besonders willkommen war Karl damals der Umstand, dass die Söhne seines Bruders Karlmann, die nach dem Tod ihres Vaters ihrer unbesonnenen, leichtfertigen Mutter zu Desiderius gefolgt waren, zur Vernunft kamen, zurückkehrten und er sie wider Erwarten in seinem Lager erblickte, wobei sie für ihren Fehler um Verzeihung baten und um Buße flehten. Er nahm sie mit gewohnter Güte und Milde auf, küsste sie unter Tränen, versah sie mit höchsten Ehren und hielt sie in Hinkunft immer an Sohnes statt.

Danach brach, so heißt es, Karl in dem Verlangen, dem Papst in Rom die Aufwartung zu machen und die hochberühmte Kirche des heiligen Apostels Petrus zu besuchen, nach Rom auf; dort wurde er von Papst Hadrian mit höchsten Ehren empfangen, weil er ja dem christlichen Gemeinwesen in Not geholfen, als es schwankte, es aufgerichtet und ihm Unterstützung gebracht hatte, als alles in großer Bedrängnis war. Nach wenigen Tagen sei er zur Belagerung der Königsstadt zurückgekehrt. Den Stadtbewohnern begann aber die Teuerung und der Mangel an Grundnahrungsmitteln so sehr zuzusetzen, dass sie keine Hoffnung auf einen guten Ausgang mehr hatten. Aber die Auslieferung beziehungsweise den Verrat der Stadt zögerten die einen aus Treue, die anderen aus Wohlwollen, wieder andere aus Angst vor Desiderius hinaus und ertrugen lieber den furchtbaren Hunger; dennoch wurden sie im sechsten Monat nach Beginn der Belagerung der Stadt zur Aufgabe gezwungen. Desiderius wurde nun mit seiner Frau und seinen Kindern gefangen genommen und Karl war ein triumphaler Sieg über ihn beschieden. In Desiderius sah Italien den letzten regierenden König der Langobarden; damals wurde Italien erstmals durch die Hilfe und den Beistand Karls wieder aufgerichtet, nachdem es entgegen der Würde eines so berühmten Landes, das den ganzen Erdkreis beherrschte, durch die Rohheit der Barbaren bezwungen darnieder gelegen war.

Als er nun Desiderius gefangengesetzt und die Städte, welche er dem römischen Papst weggenommen hatte, zurückgegeben hatte, war der Krieg beendet. Um aber nicht den Eindruck zu erwecken, einer derartigen Wohltat gegenüber undankbar oder dieser uneingedenk zu sein, berief Papst Hadrian ein Konzil ein, an dem sehr viele Bischöfe und Kardinäle teilnahmen. In diesem wurde Karl gebührender Dank erwiesen und erstattet und er wurde mit zahllosen Privilegien bedacht; dann bereitete er die Rückkehr ins Frankenland vor und wurde entlassen.

**6.** Nach seiner Rückkehr feierte man einige Tage lang den errungenen Sieg. Im Anschluss daran nahm er den Kampf gegen die Sachsen wieder auf, den er wegen

---

rium proximo bello defecerant, recuperatas pontifici Romano restituit [...] Quibus meritis Adrianus pontifex, cum nullum maius grati animi indicium posset ostendere, convocato frequenti episcoporum cetu eximioque celebrato concilio multis ac maximis privilegiis eum ornavit. Carolus [...] nullam moram interponendam putavit, quin in Galliam confestim rediret.

miserat, remoliri cepit. Saxonum gentes innumere erant et Germanorum omnium bellicosissime asperrimeque, quia Gallis finitime eos quotidie iniuriis lacessebant armata iuventute inmissa eorum agros vastantes, limites ac fines legitimos corrumpentes incursionibusque crebris ad Martem provocantes. Accedebant et aliae odiorum inimicitiarumque causae, religionis scilicet ac cultus dissimilitudo, cum illi falsorum deorum, immo demonum cultui et venerationi dediti, nihil pensi habeant, quid fas, quid iura sinant, ignorent et Christum nostrum eiusque cultores ludibrio summo atque odio habeant. Qui, et si a Gallis multis praeliis essent antea superati condicionesque pacis accepissent atque obsides dedissent, nunquam tamen otii impatientes diutius a bello temperare potuerunt, quasi ad tractanda arma gerendaque bella geniti solum videantur. Nec ante Carolum inventus quispiam est, qui gentem insolentissimam, asperrimam, ferocissimam reprimere, emollire ac mitigare potuerit. Divino consilio hac victoria – ut reor – Carolo reservata Carolus itaque tempus instare ratus, quo efferatos animos non solum reprimeret, sed etiam omnino extingueret eorumque regnum et nomen tolleret ac deleret, exercitum ingentem equitum peditumque quanta potest
fol. 8r cura et diligentia comparat. Ad hoc vel maxime suorum clamore incitatus | et motus, qui mira cupiditate unanimes flagrabant hostes suos inmanissimos et perpetuos pacis turbatores e medio tollere, quod se facere posse non tam sperabant quam confidebant freti nimium regis sui prudentia et disciplina militari. Quae quanta esset, ex rebus eius gestis et proxima Longobardorum victoria vero metiebantur, ita ut eius ductu et auspicio non solum Saxonum populos, sed etiam totum terrarum orbem se superare posse ⟨…⟩, si vellent. Ingentibus igitur animis ingens bellum adoriuntur et renovant, quo nullum unquam a Carolo vel prolixius vel difficilius vel crudelius gestum memoratur.

---

**174** cepit] *i. e.* coepit **180** sumo **L** **194sq.** *lacunam proposui*; *supplendum e. g.* confiderent

---

**181–188** Saxonicum quippe intermissum bellum eum domum revocabat, quod ego biennio antequam Carolus ad liberandum Romanum pontificem in Italiam veniret, et inceptum simul […] comperio […] rem suam neglexerit, ut Italiam ecclesiamque Romanam, qua omnium Christianorum salus continebatur, ab immanitate barbarorum liberaret. Saxonum gens longe maxima erat ac etiam bellicosissima pene Germanorum omnium. (cf. **Einh. Vita 7**) **Einh. Vita 7** […] *cultui daemonum dediti nostraeque religioni contrarii* […] *Suberant et causae, quae cotidie pacem conturbare poterant, termini videlicet nostri et illorum poene ubique in plano contigui, praeter pauca loca, in quibus vel silvae maiores vel montium iuga interiecta utrorumque agros certo limite disterminant, in quibus caedes et rapinae et incendia vicissim fieri non cessabant.* **Acc. p. 108** Hi falsos colentes deos, cum neque divini neque humani iuris quicquam pensi haberent, nihil eque ac religionem nostram hominesque ei deditos oderant. Proximi erant Francis, cum quibus continenter bella gerebant. Saepe preliis victi conditiones acceperant, obsides dederant, sed nondum apud Francos erat inventus, qui domita penitus eorum perfidia plenissimam esset victoriam consecutus. Haec palma cum Carolo Magno quasi divino numine reservata videretur, non solum consilio principes, sed passim omnes clamoribus agunt, ut adversus perpetuos Francorum hostes totis viribus arma sumantur. Carolus vero tempus venisse ratus, in quo non modo barbarorum hominum audaciam frangere, sed etiam eorum regnum, quod multo ante animo agitaverat, funditus evertere possit, ingentem exercitum parat […] **181–189** **Acc. p. 108** Nunquam alias maiore alacritate contentioneque animorum suscepta a Francis

seiner großen Frömmigkeit und Gottesfurcht unterbrochen hatte, um der Sache der Christen zu Hilfe zu eilen. Die Stämme der Sachsen waren zahlreich und von allen Germanen die kriegerischsten und wildesten, weil sie als Nachbarn der Franken diese täglich durch Rechtsbrüche reizten, indem sie mit bewaffneter Jugend einfielen und deren Äcker verwüsteten, ihre rechtmäßigen Grenzlinien und -gebiete verletzten und sie durch häufige Einfälle zu Kriegen herausforderten. Es kamen noch weitere Gründe für Hass und Feindseligkeiten dazu, nämlich die Unterschiedlichkeit von Religion und Kult, da jene, dem Kult und der Verehrung falscher Götter, ja von Teufeln, ergeben, sich nicht darum kümmerten, was das Recht erlaubt, und nicht beachteten, was die Gesetze zulassen, und außerdem unseren Christus nicht kannten und seine Verehrer in schlimmer Weise verhöhnten und hassten. Auch wenn sie, von den Franken früher in vielen Kämpfen bezwungen, Friedensbedingungen angenommen und Geiseln gestellt hatten, konnten sie dennoch niemals für längere Zeit den Friedenszustand ertragen und sich vom Krieg fernhalten, als ob sie augenscheinlich allein zum Umgang mit Waffen und zum Kriegführen geboren wären. Vor Karl fand sich niemand, der dieses äußerst überhebliche, trotzige und wilde Volk hätte niederringen, zähmen und bändigen können. Dieser Sieg war, wie ich glaube, durch einen göttlichen Ratschluss Karl vorbehalten. Weil dieser die Zeit für gekommen hielt, in der er diese Wilden nicht nur niederringen, sondern überhaupt gänzlich auslöschen und ihr Reich und ihren Namen beseitigen und vernichten könnte, rüstete er mit größtmöglicher Sorgfalt und Umsicht eine gewaltige Streitmacht von Reitern und Fußsoldaten aus. Dazu wurde er zuvorderst vom Geschrei der Seinen angespornt und angetrieben, die in wundersamer Leidenschaft einmütig darauf brannten, ihre ungeheuerlichsten Feinde und ständigen Friedensbrecher zu beseitigen. Sie hofften nicht nur, dies erreichen zu können, sondern glaubten vielmehr fest daran, in höchstem Vertrauen auf die Besonnenheit und das militärische Vermögen ihres Königs. Wie groß dieses war, erkannten sie aber an seinen Taten und am jüngsten Sieg über die Langobarden, so dass sie annahmen, sie könnten unter seiner Führung und seinem Oberbefehl nicht nur die Stämme der Sachsen, sondern auch den ganzen Erdkreis bezwingen, wenn sie nur wollten. In Hochstimmung begannen und erneuerten sie also einen großen Krieg – es wird berichtet, dass dieser der längste, beschwerlichste und grausamste war, den Karl jemals führte.

---

expeditio est; hinc odium gentis, hinc spes bene gerende rei animum excitat. Sed supra omnia studium auget praesentia regis, cuius ductu auspicioque non modo Saxonum gentem, sed etiam orbem terrarum, si vellet, superare se posse credebant. […] Sic igitur renovatum est cum Saxonibus bellum, quo nec maius ullum nec gravius diuturniusque a Carolo gestum comperio. Tres enim et triginta annos cum ferocissimis gentibus certatum constat […] interemptis plerisque fortissimis viris […]

Tres enim et triginta annos armatus eo bello implicatus est, in quo duces fortissimi utrinque cecidere, ita ut neutra acies ex eo proelio laeta decesserit. Apud Rhenum flumen primo conflictum est victique Saxones Carolo se supplices dedidere acceptis quascumque dabat ille condicionibus permissisque quotquot voluisset obsidibus. Sed tanta in illis erat vel perfidia vel bellandi, immo rebellandi cupido, ut pactam totiens pacem nunquam per annum integrum stabilem firmamque tenere potuerint, ita ut his nuper devictis nihil humilius cerneres, qui se imperata queque etiam dura observaturos et Christianam fidem suscepturos pollicebantur, nihil paulo post rebellantibus insolentiusque experirere. Sed Caroli magnanimitas ac vera fortitudo, quae non tollebatur prosperis nec premebatur adversis, nulla potuit horum inconstantia perfidiaque vel vinci vel fatigari. Semper rebellionis suae dederunt poenas, nunquam impune a rege dimissi. Tandem cognitis seditionis huius auctoribus decem milia virorum ex his, qui | fol. 8$^{v}$ ripas Albis fluminis incolebant, cum uxoribus et liberis sublatos per incertas Germaniae Galliae⟨que⟩ sedes dispulit. At relictis eas leges imposuit et condiciones, ut angustia tam locorum quam libertatis septis nulla in posterum rebellandi permitteretur occasio, subductis e medio quicunque multitudinem ad defectionem provocarent. Ita protractum tam diu bellum tandem finitum est Saxonesque cum Gallis perpetua societate coniuncti idem imperium, fidem et religionem relictis falsis diis et patriis cerimoniis subiere.

Dum gereretur hoc cum Saxonibus bellum, pleraque alia a Carolo leguntur egregie fortiterque administrata. Nam bis tantum collatis signis cum Saxonibus pugnatum est: semel apud Osnegium montem, qui locus ab incolis Theomille dicitur, atque iterum non multo post iuxta Hesarum fluvium, ubi iam Saxones damno suo didicere Carolum non superari, non fatigari bello denique posse. Aiunt autem Carolum eo animo semper

---

**200** quotquot] quot quot **L** **209** sublata **L** **211** imposterum **L**

---

**198 Liv. 1,2,2** *Neutra acies laeta ex eo certamine abiit …* **200–205 Einh. Vita 7** *Difficile dictu est, quoties superati ac supplices regi se dediderunt, imperata facturos polliciti sunt, obsides qui imperabantur absque dilatione dederunt* […] **205–210 Einh. Vita 7** *Sed magnanimitas regis ac perpetua tam in adversis quam in prosperis mentis constantia nulla eorum mutabilitate vel vinci poterat vel ab his quae agere coeperat defatigari. Nam numquam eos huiuscemodi aliquid perpetrantes inpune ferre passus est, quin aut ipse per se ducto aut per comites suos misso exercitu perfidiam ulcisceretur et dignam ab eis poenam exigeret* […] *decem milia hominum ex his qui utrasque ripas Albis fluminis incolebant cum uxoribus et parvulis sublatos transtulit et huc atque illuc per Galliam et Germaniam multimoda divisione distribuit.* **207sq. Acc. p. 109** […] quin confestim debitas penas sue perfidie dederint […] **210–215 Acc. p. 109** Sic igitur […] bellum protractum […] Victis imposite leges, ut patriis cerimoniis falsisque diis posthabitis Christianam fidem profiterentur, magnum numerum obsidum darent, modicis terminis septi neque aliis iniussu Caroli bellum inferrent neque illatum propulsarent; **Einh. Vita 7** *Eaque conditione a rege proposita et ab illis suscepta tractum per tot annos bellum constat esse finitum, ut, abiecto daemonum cultu et relictis patriis caerimoniis, Christianae fidei atque religionis sacramenta susciperent et Francis adunati unus cum eis populus efficerentur.* **216–224 Acc. p. 109** Caeterum durante Saxonico bello multas interim expeditiones a Carolo susceptas ac ita egregie administratas invenio, ut per universum orbem fama manaret Francorum regem non sine divina ope bella

Denn dreiunddreißig Jahre stand er unter Waffen und war in diesen Krieg verstrickt, in dem auf beiden Seiten tapferste Heerführer fielen, so dass bei diesem Kampf kein Heerbann schadlos vom Feld ging. Am Rhein kämpfte man zum ersten Mal; die besiegten Sachsen ergaben sich bittflehend Karl, sie akzeptierten jegliche Bedingungen, die er diktierte, und überließen ihm Geiseln, wieviel er auch immer verlangte. Aber in jenen stak eine derartige Hinterhältigkeit und Lust zu kämpfen oder vielmehr sich zu empören, dass sie einen so oft ausgehandelten Friedensvertrag niemals über ein Jahr aufrecht, unveränderlich und dauerhaft halten konnten, so dass man nichts Demütigeres sehen konnte als die eben erst Besiegten, die versprachen, in Hinkunft alle Befehle, auch die strengen, zu befolgen und den christlichen Glauben anzunehmen, aber wenig später nichts Frecheres als die Aufbegehrenden. Aber die innere Größe und wahre Stärke Karls, die ihn unter glücklichen Umständen sich nicht überheben und unter unglücklichen sich nicht in die Knie zwingen ließ, konnten durch keine Unzuverlässigkeit und keine Hinterhältigkeit von ihrer Seite bezwungen oder auch nur geschwächt werden. Sie mussten für ihre aufständische Gesinnung jedesmal büßen und kamen nie ohne Bestrafung durch den König davon. Als er schließlich die Urheber dieses Rebellentums herausgefunden hatte, vertrieb er zehntausend ihrer Männer, die an den Ufern der Elbe wohnten, mit ihren Frauen und Kindern und verteilte sie über verstreute Siedlungsplätze in Germanien und im Frankenland. Aber den übrigen erlegte er solche gesetzliche Bestimmungen auf, dass ihnen, da sie ebenso durch die Enge ihrer Wohngebiete wie durch die Beschränkung ihrer Freiheit eingeschränkt waren, für die Zukunft keine Gelegenheit für einen Aufstand gelassen wurde, nachdem man alle abgeführt hatte, die die Menge zu einem Abfall hätten anstiften können. Auf diese Weise wurde der sich so lange hinziehende Krieg beendet und die Sachsen schlossen mit den Franken ein dauerhaftes Bündnis. Sie nahmen dieselbe Herrschaft, denselben Glauben, dieselbe Religion an und gaben die falschen Götter und ererbten Riten auf.

Während er diesen Krieg mit den Sachsen führte, soll Karl nach den schriftlichen Berichten sehr viel anderes vortrefflich und energisch verrichtet haben. Denn nur zweimal kämpfte man gegen die Sachsen in förmlicher Schlacht: einmal beim Berg Osning an einem Ort, der von den Einwohnern Theomille genannt wird, und ein zweites Mal nicht viel später in der Nähe des Flusses Hase, wo die Sachsen zu ihrem Nachteil erfahren mussten, dass Karl letztendlich im Krieg nicht bezwungen, nicht

---

gerere. [...] in quo quidem bello bis tantum collatis signis pugnatum tradunt, semel apud Oneggium montem, quem locum incole Theomille appellant nec multo interiecto tempore apud Hesam fluvium, ubi penitus Saxones debellati se suaque omnia potestati Caroli permisere. (cf. **Einh. Vita 8**) [...] Erat autem Carolo in bellis gerendis hic primum propositus finis, ut Christiane fidei legem, quantum in se esset, extolleret ac omnes populos, qui ei adversabantur, non solum deprimeret, sed etiam, si fieri posset, everteret.

bella gessisse, ut Christianam religionem ampliorem redderet eiusque inimicos et hostes non solum exterminaret, sed etiam, si fieri posset, omnes ad unum deleret ac tolleret. Quare nulli mirandum est religioso imperatori ac pio usque adeo fortunam arrisisse, immo Deum summum optimum semper quam praesentissimum fuisse.

**7.** Eadem tempestate in Hispaniam exercitum iam vincere assuetum duxit contra barbaras gentes et Christiano nomini inimicas, quae provinciam ipsam duro servitutis iugo oppressam tenebant. Quem miles iam non invitus sequebatur, quocunque vellet, quasi exploratam habens victoriam et ad belli premia certissima proficisceretur. Expavere admodum eius adventum | (fol. 9r) Hispaniae urbes, hae praesertim, quae Galliae finitime sunt atque contigue, falsis incertisque rumoribus excite. At ubi per Pyrenaeum saltum exercitum agere coepit, a finitimis ad barbaras nationes et rumor et timor belli translatus est tantaque in his trepidatio erat, ut quomodo se tuerentur adversus tantum regem, non consultare, non d⟨el⟩iberare scirent. Carolus vero superatis Pyrenaei iugis nihil morandum ratus trepidantes imparatosque hostes adoriri statuit imperatque militibus illico igni ferroque hostiles fines vastare et ut illis solitudinem facerent, quicquid usui esse poterat, iubet corrumpere sterile ac nudum solum facturus. Extemplo civitates plurime pavore tanto perculse, cum tempus non daretur ad paranda praesidia vel contrahenda auxilia, sponte se dedidere. Augusta et Populonia, utreque totius Hispaniae urbes opulentissimae, dum regem spernunt suis viribus fretae, vi expugnantur et in praedam militibus permittuntur temeritatis et confidentiae suae poenas dantes. Quarum altera solo aequata iacuit, altera moenibus nudata viscera sua patefecit. Hinc tantus terror cunctis Hispaniae gentibus iniectus, ut etiam quas non adiisset in deditionem venirent. Sic Hispania pene omnis imperio Gallico subiecta est.

---

**229** ad modum **L** **238** Populonia **L**; *recte* Pampilonia, *v. app. sim.*

---

**225–236 Acc. p. 109–110** Cum vero ea tempestate barbare gentes, quae nostre religioni perpetuum bellum indixerant, Hispaniam gravi servitute oppressam tenerent, Carolus rei indignitate commotus ad eam liberandam mentem convertit. [...] Nec iam miles gravatim sequebatur, quod iam diu animum induxerat, quocumque a rege Carolo duceretur ad certa belli praemia exploratamque victoriam duci. Inter haec civitates Hispaniae, quae propinquiores erant finibus Galliae, incertis rumoribus excitae aliquanto sibi suisque rebus timere inceperant. Postquam vero per Pyreneum saltum traduci exercitus ceptus est rumorque per barbaros manavit de adventu Francorum certior, ingens repente trepidatio populos omnis invasit non satis gnaros, quid adversus tantum tamque horrendum hostem sibi agendum aut parandum foret. Carolus confestim superatis Pirenei iugis cum in fines hostium pervenisset, militibus imperat, ut quam latissime possint, vagentur et quam maximum hostibus terrorem inferant. **234–236 Curt. 3,4,3** Igitur Arsames [...] salubre consilium sero exequi statuit: igni ferroque Ciliciam vastat, ut hosti solitudinem faciat: quidquid usui potest esse, corrumpit sterile ac nudum solum, quod tueri nequibat, relicturus. **236–243 Acc. p. 110** Extemplo civitates nonnullae, cum ad petenda externa auxilia non sufficeret tempus nec propriis presidiis res suas tueri possent, sponte deditionem faciunt. Augusta et Pampilonia, due opulentissime totius Hispaniae urbes, quae mandata Caroli aspernabantur, vi capte et praede militibus date, cum alteram Franci ad solum evertissent, alteram menibus nudassent, tantum terroris omnibus gentibus

aufgerieben werden konnte. Es heißt aber, Karl habe die Kriege immer in der Absicht geführt, die christliche Religion mächtiger zu machen, ihre Feinde und Gegner nicht nur auszuschalten, sondern auch, wenn es möglich wäre, alle bis auf den Letzten zu vernichten und auszulöschen. Deshalb ist es für niemanden verwunderlich, wenn dem gläubigen und frommen Herrscher das Glück fortwährend hold war, ja sogar der höchste und beste Gott immer besonders hilfreich zur Seite stand.

7. Zur selben Zeit führte er sein bereits sieggewohntes Heer nach Spanien gegen barbarische, dem Christentum feindliche Völker, die eben dieses Gebiet unter dem harten Joch der Knechtschaft niedergedrückt hielten. Die Soldaten folgten ihm nicht mehr unfreiwillig, wohin auch immer er wollte, als ob ihnen der Sieg schon gewiss wäre und sie zu ganz sicheren Siegespreisen aufbrechen würden. Über seine Ankunft erschraken die Städte Spaniens sehr; besonders jene, die an das Frankenland grenzen und ihm benachbart sind, weil sie durch falsche, unsichere Gerüchte beunruhigt wurden. Sobald er aber begann, sein Heer über den Gebirgspass der Pyrenäen zu führen, wurde das Gerücht von und die Angst vor einem Krieg von den benachbarten zu den barbarischen Völkern weitergetragen und die Furcht war bei ihnen so groß, dass sie sich nicht zu beraten, nicht zu überlegen vermochten, auf welche Weise sie sich vor einem so mächtigen König schützen sollten. Nachdem Karl aber die Pyrenäen überwunden hatte, meinte er, es sei keine Zeit mehr zu verlieren, und beschloss, die verängstigten und unvorbereiteten Feinde anzugreifen; er befahl den Soldaten, auf der Stelle mit Feuer und Schwert die feindlichen Gebiete zu verwüsten; und um ihnen das Land zur Einöde zu machen, gab er den Auftrag zu vernichten, was irgendwie von Nutzen sein konnte, in der Absicht, den Boden unfruchtbar und öde zu machen. Sehr viele Städte wurden sofort von heftigem Schrecken erschüttert; und da keine Gelegenheit war, militärischen Schutz zu organisieren beziehungsweise Hilfstruppen aufzustellen, ergaben sich viele freiwillig. Augusta [Zaragossa] und Populonia [Pamplona], die beiden reichsten Städte in ganz Spanien, wurden, weil sie im Vertrauen auf ihre eigenen Kräfte des Königs spotteten, mit Gewalt eingenommen und den Soldaten zur Plünderung überlassen, wodurch sie für ihre Verwegenheit und Überheblichkeit büßten. Eine von diesen lag, dem Erdboden gleichgemacht, darnieder, die andere legte, ihrer Stadtmauer beraubt, ihr Inneres offen. Dadurch flößte Karl allen Stämmen Spaniens so großen Schrecken ein, dass sich auch die ergaben, die er gar nicht angegriffen hatte. So wurde beinahe ganz Spanien der fränkischen Herrschaft unterworfen.

---

iniecere, ut quas adissent quasque non adissent, pariter ultime propinquis imperio parerent. Sic igitur Hispania pene omnis in Francorum potestatem devenit.

His itaque gestis in Hispania a Carolo secunda fortuna inter redeundum in Galliam insidias incidit. Nam cum perlongo et raro agmine, ut locorum cogebant angustie, iret exercitus, Vascones ad montis cacumina collocatis insidiis – est enim locus opacitate sylvarum ad id accommodatus et opportunus – desuper in extrema agmina impetum faciunt deiecto⟨s⟩que omnes in substantem vallem ad internecionem fol. 9v | pene cecidere. Galli enim hinc locorum angustiis et iniquitate, hinc hostium telis et armis oppugnabantur. Eo itaque die Carolus, ut fateri necesse est, insignem cladem accepit. Cecidisse in eo bello feruntur Anselmus Aegibardusque, duces Caroli tam belli et rei militaris peritia quam sollertia et animositate clarissimi, aliique plurimi bello fortissimi, quorum opera Carolus victorias multas paraverat. Sunt qui dicant et Rolandum, sororis Caroli filium, eo praelio post multam hostium stragem fortissime occubuisse, eum, inquam, Rolandum, quem corporis fortitudine animique prestantia sua aetas quasi inter Gigantes commemorat et longa fama tempestate quoque nostra concelebrat. Vascones insequenti nocte praeda manubiisque honusti, antequam Gallorum castra resumptis viribus reficerentur, per nota diverticula difugientes in loca tutissima se receperunt. At non longa illis fuit et diuturna laetitia: conductis enim paulo post novis copiis a Carolo in hos itum est, qui omnes suo damno cognovere, quantum apertus Gallorum Mars suis occultis insidiis anteiret.

**8.** Domuit et Britonas sub idem fere tempus, qui ad occiduas oras siti super Oceanum in extremis Galliae finibus rebellaverant, missa in eos expeditione, qua et obsides dare et condiciones accipere et imperata capessere cogerentur.

---

**248** deiectoque **L** | internectionem **L** **254** multa **L** **259** conductus **L**

---

**244sq. Acc. p. 110** Carolus rebus felicissime gestis, cum incolumem exercitum in Galliam reduceret, prope Pirenei iuga infinitimarum gentium, quas nunc Vascones vocant, insidias incidit. **244–249 Einh. Vita 9** ... *in ipso Pyrinei iugo Wasconicam perfidiam parumper in redeundo contigit experiri. Nam cum agmine longo, ut loci et angustiarum situs permittebat, porrectus iret exercitus, Wascones in summi montis vertice positis insidiis – est enim locus ex opacitate silvarum, quarum ibis est maxima copai, insidiis ponendis oportunus – extremam impedimentorum partem et eos qui novissimi agminis incedentes subsidio praecedentes tuebantur desuper incursantes in subiectam vallem deiciunt, consertoque cum eis proelio usque ad unum omnes interficiunt* [...] **249–261 Acc. p. 110–111** [...] Nam Franci [...] simul ab hostibus, simul ab iniquitate locorum oppugnabantur. [...] Itaque [...] vitare non potuerunt, quin eo die insignem cladem acciperent. Cecidere in ea pugna dolo hostium, non virtute commissa Anselmus ac Egibardus, summi in bello duces, aliique permulti fortissimi viri, quorum opera Carolus sepe in maximis certaminibus egregia usus erat. Sunt etiam qui Rolandum, Caroli ex sorore nepotem, praestantem fortitudine virum post ingentem hostium editam cedem eo proelio interiisse dicant. Hic est Rolandus, quem fama est tempestate sua corporis robore et animi magnitudine longe ceteris aliis praestitisse, cuius fortia facta per universum orbem iam clara nostris quoque temporibus celebrantur. Vascones sequenti nocte, antequam Franci vires colligerent, per nota itinera preda magis quam armis onerati se in tutum receperunt. Nec tamen illis diuturna letitia fuit, quippe paulo post ii populi ac eorum reges a Carolo domiti meritas perfidie sue debitasque poenas dedere. **262–264 Acc. p. 111** Brittones quoque, qui sub idem prope tempus Caroli mandata neglexerant, bello superati in Francorum potestatem venere. Cf. **Einh. Vita 10** *Domuit et Brittones, qui ad occiden-*

Nachdem Karl in Spanien diese Taten erfolgreich vollbracht hatte, geriet er auf dem Rückweg ins Frankenland in einen Hinterhalt. Denn als sein Heer in einem sehr langgezogenen, lockeren Zug marschierte, wie es die engen räumlichen Verhältnisse erforderten, machten die Basken, die auf den Gipfeln eines Berges einen Hinterhalt vorbereitet hatten (denn der Ort war wegen der dichten Wälder dafür vortrefflich geeignet), von oben herab einen Überfall auf die Nachhut, jagten alle in die Talsohle hinab und rieben sie beinahe zur Gänze auf. Denn den Franken setzte auf der einen Seite die Enge und Widrigkeit des Geländes zu, auf der anderen die Fern- und Nahkampfwaffen der Feinde. An diesem Tag also erlitt Karl, wie man eingestehen muss, eine große Niederlage. In dieser Schlacht sollen Anselm und Ekkehard, zwei wegen ihrer Kriegserfahrung wie auch wegen ihrer Bedachtheit und Beherztheit hochberühmte Heerführer Karls, ums Leben gekommen sein und sehr viele andere kriegserprobte Helden, durch deren Einsatz Karl sehr viele Siege errungen hatte. Manche behaupten, dass auch Roland, der Sohn von Karls Schwester, in dieser Schlacht nach einem großen Gemetzel an den Feinden auf heldenhafteste Weise umgekommen sei – diesen Roland meine ich, den sein Zeitalter wegen seiner körperlichen Kraft und geistigen Vorzüge gleichsam unter die Riesen einreiht und den sein lang andauernder Ruhm auch noch in unserer Zeit hochhält. In der darauf folgenden Nacht zerstreuten sich die Basken mit reicher Beute an Waffen und Geräten, noch bevor die Franken ihre Kräfte wieder sammeln und ihr Lager wieder in Stand setzen konnten, auf ihnen bekannten Schleichwegen in verschiedene Richtungen und zogen sich in bestens geschütztes Gelände zurück. Aber ihr Frohlocken war nicht von langer Dauer: Karl hob nämlich wenig später neue Soldaten aus und ging gegen sie vor; alle mussten zu ihrem Nachteil erkennen, wieviel ein offener Kampf der Franken ihren heimtückischen Anschlägen voraus hatte.

**8.** Er wies etwa zur selben Zeit auch die Bretonen in die Schranken, die an der Atlantikküste im entlegensten Gebiet des Frankenlandes siedelten und sich erhoben hatten. Gegen diese sandte er eine Strafexpedition aus, wodurch sie gezwungen werden sollten, Geiseln zu stellen, seine Bedingungen anzunehmen und seinen Befehlen nachzukommen.

---

*tem in extrema quadam parte Galliae super litus oceani residentes dicto audientes non erant, missa in eos expeditione, qua et obsides dare et quae imperarentur se facturos polliceri coacti sunt.*

Post hec in Italiam profectus castris apud Capuam Campanie urbem positis bellum, quod Beneventani contra Romanam rem p.⟨ublicam⟩ et pontificem maximum auctore eorum Aragiso duce moliri dicebantur, extinxit. Tantam enim trepidationem Beneventanis adventu suo prius pene conspecto quam audito iniecit, ut Aragisus fol. 10r ex⟨t⟩emplo filios suos Rumol|dum Grimoldumque cum magno auri pondere, Beneventani civium suorum nobilissimos obsides miserint pollicentes iure iurando numquam se in posterum arma sumpturos neque detrectaturos a cervicibus suis Romani imperii et dicionis ecclesiastice iugum, veniam hanc primam se deprecari. Quam Carolus promptus parcere subiectis et debellare superbos facile illis permisit, id etiam muneris Aragiso duci permittens, ne ad se adduceretur et alterum tantum filiorum obsidem daret. Verum haec tanta celeritate confecit Carolus, ut in Galliam ante perlatum sit de Beneventanorum deditione quam de regis profectione in Campaniam. His peractis Rome dies aliquot in sanctarum reliquiarum veneratione consumpsit, post quos in Galliam revocatus est.

**9.** Bavariae enim dux Tassilo, uxoris sue stimulis agitatus, que Gallos odio perpetuo insectabatur ob parentem Desiderium Longobardorum regem in triumphum a Carolo ductum, copias latenter contrahebat, ut Gallos nil tale opinantes omninoque imparatos adoriretur. Finitimas igitur gentes sollicitare, Hunnos, qui eam Bavariae partem, quae in orientem vergit, incolunt, ad societatem auxiliumque commovere. Sed Carolus prudentia magis ac celeritate ad hanc rem conficiendam opus esse quam summis viribus animadvertens copias suas, quas tunc expeditas paratasque habuit, in Bavariam traduxit persuasurus posteritati tantam fuisse semper rem Gallicam, quae et tueri sua posset et aliena aggredi auderet. Positis igitur castris ad Leucum fluvium, qui Bavarios a Germanis dividit, legatos ad Tassilonem premisit, qui illum hortarentur, experiri mallet

**265** orbem **L** **269** exemplo **L** **271** imposterum **L** **277** venatione **L** **279** Tassillo **L**

**265–272 Einh. Vita 10** *Ipse postea cum exercitu Italiam ingressus ac per Romam iter agens Capuam Campaniae urbem accessit atque ibi positis castris bellum Beneventanis, ni dederentur, comminatus est. Praevenit hoc dux gentis Aragisus: filios suos Rumoldum et Grimoldum cum magna pecunia obviam regi mittens rogat, ut filios obsides suscipiat …* **Acc. p. 111** […] ac cum omni exercitu Capuam usque progressus tantum terroris Beneventanis iniecit, ut extemplo Araysus filios suos, Beneventani vero nobilissimos civitatis obsides darent ac iureiurando adacti pollicerentur se in posterum neque iniussu Caroli arma sumpturos neque recusaturos, quominus perpetuo sub Romanae ecclesiae ditione atque imperio essent. **273 Verg. Aen. 6,853** parcere subiectis et debellare superbos **273–275 Einh. Vita 10** *Rex* […] *eique, ut ad conspectum venire non cogeretur, pro magno munere concessit; unoque ex filiis, qui minor erat, obsidatus gratia retento, maiorem patri remisit* […] **275sq. Acc. p. 111** Hec adeo mature confecta accepimus, ut eodem prope tempore in Galliam perlatum esset Carolum in Campaniam cum omni exercitu pervenisse et Beneventanos metu conterritos deditionem fecisse. **276–278 Einh. Vita 10** […] *Romam redit, consumptisque ibi in sanctorum veneratione locorum aliquot diebus in Galliam revertitur.* **279–294 Acc. p. 111–112** Verum dum haec in Italia geruntur, interim Taxillo, Bavarie dux, uxoris, ut tradunt, stimulis concitatus copias cogit, finitimas gentes sollicitat: Hunnos, qui ea parte, qua Bavaria in orientem spectat, sibi confines erant, societate et federe iungit. Haec omnia clandestinis consiliis conficere studet, ut Francos nil tale opinantes repen-

Danach brach er nach Italien auf, schlug bei Capua, einer Stadt Kampaniens, sein Lager auf und löschte die Kriegsfackel, welche die Beneventaner angeblich auf Veranlassung ihres Herzogs Aragisus gegen das römische Gemeinwesen und gegen den Papst entfachten. Sein Anmarsch jagte dadurch, dass man ihn eher erblickte als davon Nachricht erhielt, den Beneventanern so großen Schrecken ein, dass Aragisus auf der Stelle seine Söhne Rumold und Grimold mit einer großen Menge Gold, die Beneventaner ihre vornehmsten Bürger als Geiseln übermittelten und unter Eid feierlich versprachen, in Zukunft niemals mehr zu den Waffen greifen und das Joch der römischen Herrschaft und der Befehlsgewalt der Kirche nie mehr abschütteln zu wollen, wobei sie für diesen ersten Abfall um Nachsicht baten. Diese gewährte Karl ihnen ohne weiteres, er, der bereit war, „die Unterworfenen zu verschonen und die Hochmütigen niederzuwerfen", wobei er ihrem Herzog Aragisus auch das Privileg einräumte, ihm nicht vorgeführt zu werden und nur einen seiner Söhne als Geisel zu stellen. Aber Karl vollbrachte dies mit so großer Geschwindigkeit, dass im Frankenland die Kapitulation der Beneventaner früher als der Aufbruch nach Kampanien gemeldet wurde. Nach diesen Unternehmungen verbrachte er noch einige Tage in Rom mit der Verehrung heiliger Reliquien, danach wurde er ins Frankenland zurückgerufen.

**9.** Der Bayernherzog Tassilo wurde nämlich durch die Sticheleien seiner Frau aufgehetzt, – diese stellte den Franken mit immerwährendem Hass nach, weil Karl ihren Vater, den Langobardenkönig Desiderius, im Triumph abgeführt hatte –, zog heimlich Truppen zusammen, um die Franken anzugreifen, die nichts dergleichen ahnten und völlig unvorbereitet waren. Er hetzte also benachbarte Völker auf, bewegte die Hunnen, die den östlichen Teil Bayerns bewohnen, zu einem Bündnis und zu Hilfeleistung. Aber Karl erkannte, dass für die Ausführung dieses Unternehmens eher Besonnenheit und Eile vonnöten seien als größte Gewalt, und verlegte daher jene Truppen, die gerade marschbereit waren, nach Bayern. Damit wollte er die Nachwelt überzeugen, dass das Gemeinwesen der Franken immer so groß war, dass es sowohl Eigenes schützen konnte als auch Fremdes anzugreifen wagte. Er schlug daher beim Fluss Lech, der die Bayern von den Germanen trennt, sein Lager auf und sandte

---

tino bello adoriatur. Erat autem ei coniunx Desiderii regis Langobardorum filia, quae fortunam patris iniquo animo ferens [...] Carolus, quia magni interesse etiam in reliquum tempus ad opinionem gentium arbitrabatur tantas videri Galliae facultates, ut non modo sua tueri, sed etiam aliena aggredi posset, celeriter profectus, priusquam hostes cum sociis iungerentur, in fines Bavariae cum omni exercitu venit castrisque ad Lecum fluvium, qui Bavaros a Lemannis dividit, positis legatos ad Taxillonem misit hortatum, ut Francorum mansuetudinem quam arma et vim experiri mallet atque idem finitimis gentibus, quas in belli societatem traxisset, suaderet. Taxillo sive his mandatis conterritus sive sociorum auxilio destitutus, nulla tentata fortuna belli Caroli imperio sine ulla exceptione parere constituit. Itaque ei omnium rerum suarum potestate permissa deditionem fecit, obsides dedit, in his Theonem, filium suum aliosque permultos lectissimos iuvenes [...]

fol. 10v benignitatem et | mansuetudinem quam arma Gallica et id ipsum finitimis gentibus persuadere, quas ad rebellionem secum commoverat. Tassilo huiuscemodi legatione perterritus vel quod se a sociis destitutum iri formidabat, Caroli se permisit imperio et se suaque omnia pariter dedidit acceptis pacis condicionibus et datis obsidibus, inter quos et filium suum Theodonem fuisse tradunt. Tassilo quoque non multo post ad Carolum cum venisset accitus, retentus est et cui preerat provinciae spoliatus.

**10.** Sub idem fere tempus Abodriti Gallis perveteri amicitia et societate coniuncti legatos ad Carolum misere auxilium contra Velatabos flagitantes. Sinus est Oceani in extremis Germanie finibus, qui ab occasu in orientem spectat, centum – ut aiunt – prope milia passuum extensus: hunc incoluisse tunc tradunt Abodritos, Velatabos, Nortoman⟨n⟩os aliasque gentes barbaras insulasque pariter nonnullas per propinquum mare dispersas tenuisse, que inter se utpote finitime atque contigue crebra bella ciebant. Suscepti legati humaniter benigneque impetrato, quod petierant, auxilio leti dimissi sunt. Quos statim cum exercitu subsecutus Carolus hostes e finibus sociorum commisso prelio fugavit. In deditionem accepit iure iurando adactos in posterum nulli sociorum suorum iniuriam facturos; sicque id bellum praeter fidem opinionemque omnium quam celerrime confecit. Erat iam tot rebus gestis Galliae nomen celebre totque opibus rerum augebatur, ut toge atque otio vacare potius quam armis posset.

**11.** Ne tamen desidia torpesceret exercitus, bellum Hunnis, qui hostibus suis auxilia miserant, inferre decrevit sumpturus perfidiae et temeritatis illorum poenas. Hunnorum autem gentem | [fol. 11r] Scythicam fuisse tradunt, quae paulo supra Meotida paludem incoluerit, inde collecta manu mutatis sedibus in Pannoniam habitatum commigraverit eaque loca semper post hac tenuerit. Erant tunc, cum illis Carolus bellum indixit,

**290** Tassillo **L** **293** Tassillo **L** **296** Vetalabos **L** **297** ab] ob **L** **298** Vetalabos **L** **299** Nortomanos **L** **300** ut pote **L** **303** imposterum **L** **308** sumpturus] ulturus *var. l.* **L**

**293 sq. Einh. Vita 11** *Tassilo tamen postmodum ad regem evocatus neque redire permissus, neque provincia, quam tenebat, ulterius duci, sed comitibus ad regendum commissa est.* **295–306 Acc. p. 112–113** Sub idem prope tempus Abodriti, veteres Francorum socii, legatos ad Carolum mittunt, qui pro antiqua amicitia societateque olim cum Francis inita adversus Velatabos auxilium petant. Est sinus Occeani maris in extremis Germaniae finibus, qui ab occasu in orientem versus centum, ut aiunt, prope milia passuum extenditur. Circa hunc sinum ea tempestate Abodriti, Velatabi, Nortomanni alieque barbare gentes incolebant. Insulas praeterea propinquo mari frequenter sparsas tenebant, bella inter se, sicuti inter finitimos plerumque fit, continenter gerebant. […] Abodritorum legati in Galliam venerunt opem adversus suos Francorumque hostes pro iure societatis petentes, benigne hospitaliterque suscepti auxilio impetrato grata responsa domum retulerunt. Profectus deinde cum exercitu Carolus citius omnium opinione bellum confecit, barbaros ex sociorum finibus expulit, et pulsos ad deditionem compulit ac iureiurando adegit, ne in posterum Francis Francorumque sociis aliisve finitimis gentibus iniussu suo bellum inferrent. (cf. **Einh. Vita 12**) **307–318 Acc. p. 113** His rebus gestis, cum in magna gloria magnisque opibus regnum ac tota res Francorum esset, statuit Carolus adversus Hunnos, qui hostibus suis auxilia subministraverant, bellum suscipere. Hunnorum gentem Scythicam fuisse accepimus. Incoluere primo supra Meotida paludem, inde ingenti multitudine profecti mutatis sedibus in Pannoniam venere atque hunc locum sibi domicilium delegere. Ea

Botschafter zu Tassilo voraus, die ihn auffordern sollten, lieber mit dem Wohlwollen und der Milde als mit den fränkischen Waffen Bekanntschaft zu machen, und eben davon auch die Nachbarstämme zu überzeugen, die er gemeinsam mit ihm zum Aufstand aufgewiegelt hatte. Tassilo, über eine solche Botschaft erschrocken, oder aus Angst, von seinen Bundesgenossen im Stich gelassen zu werden, unterwarf sich Karls Herrschaft und lieferte sich und in gleicher Weise all das Seine aus, nachdem er die Friedensbedingungen akzeptiert und Geiseln gestellt hatte; unter diesen soll auch sein Sohn Theodo gewesen sein. Als auch Tassilo nicht viel später zu einer Vorladung bei Karl eintraf, hielt man ihn fest und nahm ihm das Gebiet, über das er gebot.

**10.** Ungefähr zur selben Zeit schickten auch die mit den Franken seit alters her in politischem Freundschaftsverhältnis verbundenen Abodriten Gesandte zu Karl, um dringende Hilfe gegen die Velataber zu erbitten. Im äußersten Teil Germaniens gibt es am Atlantik eine Bucht, die sich von Westen nach Osten erstreckt und sich beinahe 100 Meilen, wie es heißt, ausdehnt: Um diese haben laut Überlieferung Abodriten, Velataber, Normannen und andere Barbarenvölker gesiedelt und auch einige im nahen Meer verstreute Inseln gehalten, die untereinander auf Grund ihrer unmittelbaren Nachbarschaft häufig Krieg führten. Die Gesandten wurden freundlich und wohlwollend empfangen, erhielten die erbetene Hilfe und wurden zufrieden wieder entlassen. Sofort folgte ihnen Karl mit einem Heer und vertrieb in offener Schlacht die Feinde aus dem Gebiet seiner Bundesgenossen. Er nahm ihre Unterwerfung an, sobald er ihnen durch einen Eid das Versprechen abgenommen hatte, in Zukunft keinem seiner Bundesgenossen Gewalt anzutun; und auf diese Weise beendete er wider aller Erwarten diesen Krieg äußerst schnell. Aufgrund seiner so zahlreichen Taten war der Ruhm des Frankenreiches bereits weit verbreitet und wurde durch seine großen materiellen Güter auch noch gesteigert, so dass er sich mehr dem Frieden und der Muße als den Waffen widmen konnte.

**11.** Damit das Heer dennoch nicht in Untätigkeit erstarre, beschloss er, gegen die Hunnen, die seinen Feinden Hilfstruppen geschickt hatten, einen Krieg zu beginnen, um sie für ihre Hinterhältigkeit und Verwegenheit zu bestrafen. Das Volk der Hunnen aber – so ist überliefert – war ein skythisches, das wenig oberhalb des Asowschen Meeres siedelte, sich zu einer Heerschar zusammenschloss, seine Wohnsitze wechselte und nach Pannonien zog, um sich dort niederzulassen; seitdem wohnten sie in diesem Land. Sie verfügten damals, als Karl ihnen den Krieg erklärte, über die größte Zahl

---

vero tempestate, qua Carolus eis bellum indixit, abundantissimi divitiis erant et post Saxones armis virisque opulentissimi; habebant praeterea finitimos populos partim metu, partim beneficio obstrictos et iureiurando adactos, ut in omnibus bellis pro sua quisque facultate rem Hunnorum iuvarent. Quo igitur vires Hunnorum maiores erant, eo maiore studio Carolus omnia sibi, quae ad maximum bellum pertinerent, curanda agendaque censebat, ut cum virtute hostibus longe Franci prestarent, viribus quoque aut pares aut superiores essent.

florentissimi iuventute atque armis et post Saxonas divitiarum rerumque copia opulentissimi. Populi praeterea illis gentesque finitimae erant, que socia arma iungerent, ad hoc tam iure iurando quam societate et foedere coacti. Quo igitur maiores erant Hunnorum vires, eo prudentius, sollertius diligentiusque Carolus omnia ministrabat. Neque enim ignorabat maximo bello maxima opus esse potentia. Curabatque, ut quemadmodum virtute Galli hostes anteirent, ita multitudine et viribus aut pares aut superiores invenirentur. In Pannoniam igitur florentem apparatumque exercitum cunctis rebus, quae ad militarem usum pertinerent, traducit. Ubi pari pene robore et fortitudine confligentes primo, secundo atque altero prelio Hunni superantur octavo[que] anno, postquam bellum susceperant. Ita tandem fracti victique arma proiecerunt, supplices in Caroli deditionem pervenere. De stragis caedisque numero non satis apud quemquam scriptorum constat. Id maxime clarum est nullum antea prelium a Carolo gestum, in quo maiorem cladem ediderit uberioremque predam abstulerit. Tantum enim auri argentique die una a Carolo ablatum est, quantum pluribus annis ab Hunnis congestum fuerat. Ita devicta Pannonia opulentissimaque gente spoliata honustissimi auro argentoque et ceteris spoliis Galli in patriam cum victoria triumphoque rediere. Ceciderunt quoque in exercitu Gallorum duces duo strenuissimi, magna sane iactura,| fol. 11v Henricus scilicet ac Geroldus; in reliqua acie vel nihil vel parum admodum damni acceptum est.

**12.** Eodem fere tempore Adelgisum, Desiderii filium, qui ante Papiae expugnationem in Graeciam fugerat, a Gallis oppressum, dum ad repetendum Italiae regnum rediret, multi tradidere. Dicuntur et altera duo sub idem prope tempus bella exarsisse, Boemicum scilicet atque Linonicum, utraque tanta celeritate a iuniore Carolo confecta, ut facile apud omnes constaret non inferiorem patre fore filium.

---

**317** ante irent **L** **328** strennuissimi **L**

---

**318–330 Acc. p. 113–114** Summa igitur diligentia, tum ratione atque consilio omnibus comparatis castra movet atque exercitum et viris et armis peregregie instructum, in Pannoniam ducit. [...] Victi multis preliis Hunni tandem octavo anno, postquam bellum inceperat, penitus superati imperio Caroli paruere. [...] quaeve aut quantae hostium copiae in eo bello ceciderint, quia rare per ea tempora litterae fuere, difficile ad fidem est exacto affirmare numero. Illud certe constat nullum unquam bellum a Carolo gestum, in quo maior sit hostium cedes edita maiorque illata clades. In eo enim omnes auctores conveniunt, ingentem Hunnorum multitudinem et pene nobilissimum quemque eo bello absumptum, maximam quoque vim auri atque argenti multamque pretiosam suppellectilem, quam Hunni ex variis gentibus direptam in suum regnum congesserant [...] Franci devicta Pannonia ac opulentissima gente subacta graves hostium spoliis in Galliam revertuntur. Periere in eo bello Herricus ac Geroldus, duo clarissimi Francorum duces; in reliqua multitudine parum detrimenti acceptum. **331–335 Acc. p. 114** Sub idem tempus Adelgisum, Desiderii filium, qui ante expugnationem Papiae ex Transpadanis in Graeciam perfugerat, cum magna manu ad repetendum in Italiam redeuntem a Francis superatum praefectorum auspicio supplicioque affectum quidam auctores sunt. Addunt etiam non multo postea duo eodem prope tempore exarsisse bella, Boemicum scilicet et Linonicum, atque ambo a Carolo iuniore ita celeriter esse confecta, ut facile appareret praestantissimi patris non dissimilem esse filium. (cf. **Einh. Vita 13**)

Waffenfähiger in voller Jugendblüte und waren nach den Sachsen hinsichtlich der Fülle an Reichtümern und Besitz die wohlhabendsten. Außerdem gab es in ihrer Nachbarschaft Völker und Stämme, die mit ihnen ein Waffenbündnis unterhielten, wozu sie sowohl durch einen Eid als auch ein Bündnis gezwungen waren. Je größer also die Streitmacht der Hunnen war, desto besonnener, vorsichtiger und umsichtiger ging Karl in jeder Hinsicht vor. Denn er wusste sehr genau, dass für einen sehr großen Krieg sehr große Kraftanstrengung vonnöten war. Und er sorgte dafür, dass im selben Maße wie die Franken die Feinde an Tüchtigkeit übertrafen, sie auch zahlen- und kräftemäßig entweder ebenbürtig oder überlegen vorgefunden würden. Er verlegte also sein mit allem, was zu einem militärischen Einsatz gehörte, glänzend ausgestattetes Heer nach Pannonien. Dort trafen sie, an Kraft und Tapferkeit einander beinahe ebenbürtig, aufeinander. In der ersten, zweiten und einer weiteren Schlacht wurden die Hunnen schließlich im achten Jahr, nachdem sie den Krieg angenommen hatten, bezwungen. Dann erst streckten sie, gebrochen und besiegt, die Waffen und ergaben sich demütig Karl. Über die Zahl der Kriegsopfer findet sich bei keinem Schriftsteller hinreichende Auskunft. Dies aber ist jedenfalls deutlich: Keine Schlacht wurde von Karl vorher geschlagen, in der er den Feinden eine schwerere Niederlage beibrachte und reichere Kriegsbeute machte. Denn Karl schaffte an einem Tag so viel Gold und Silber fort, wie die Hunnen in mehreren Jahren angehäuft hatten. So kehrten die Franken nach der Unterwerfung Pannoniens und der Plünderung eines sehr reichen Volkes, mit Gold und Silber und anderen Beutestücken über und über beladen, siegreich und triumphierend in ihre Heimat zurück. Im Heer der Franken fielen auch zwei hervorragende Heerführer, – gewiss ein großer Verlust –, nämlich Heinrich und Gerold; in den übrigen Rängen erlitt man gar keine oder nur sehr geringe Verluste.

**12.** Viele Quellen überliefern, dass die Franken etwa zur selben Zeit Adelgisus, den Sohn des Desiderius, der vor der Eroberung Pavias nach Griechenland geflohen war, überwältigten, als er zurückkehrte, um sich erneut die Herrschaft über Italien als König anzueignen. Ungefähr gleichzeitig sollen auch zwei weitere Kriege aufgeflammt sein, nämlich der böhmische und der linonische; beide wurden von Karl dem Jüngeren so schnell beendet, dass alle ohne weiteres überzeugt waren, dass der Sohn dem Vater in nichts nachstehen werde.

**13.** Subsecutum est illico adversum Nortomannos bellum. Hi enim Abodritis superatis Gotofredo duce Galliae Germaniaeque littora piratica classe infestabant. Insolensque nimirum ac temerarius Gotofredus Frisiam, Saxoniam atque omnem denique Galliam superbo Marte ciebat minitabaturque iactanter Grani profluentem brevi sese ingentibus copiis superaturum et in Caroli regiam invasurum. At fieri iniuriam putavit Carolus amicitiaeque societatique, si ulterius insolentissimi ducis pateretur audaciam, quam non tam cito frenare studuit quam effecit. Comparatis igitur celeriter, quaecunque ad rem militarem necessaria essent, in Nortomannos copias eduxit fabricata et ingenti classe, ut terra marique hostem adoriretur. At tantus belli apparatus non inutilis Carolo aut frustra fuit: Gotofredo enim rege a suo milite inter turbas convitiaque interfecto se suaque omnia supplices Nortomanni misericordiae regiae permisere.

**14.** Haec dum in Gallia geruntur, Romani interim adversum Leonem pontificem maximum coniurarunt tanta invidia atque odio, ut nulla affecti iniuria, nulla indignatione lacessiti illum ex urbe | fol. 12r deturbaverint. Hac de re missi confestim ad Carolum legati, quem antea noverant Christianae rei p.⟨ublicae⟩ impigerrimum acerrimumque defensorem. Qui cognita rei indignitate bono animo legatos esse iubet et id ipsum pontifici suo ut nuntient imperat: Nisi enim Romani consilia in melius retulerint et quam celerrime eiectum intromiserint, fore, ut eos coniurationis suae poeniteat et Caroli furorem experiantur, qui mansuetudinem et clementiam pati noluerint. Cum his gratissimis nuntiis legati dimissi sunt. At ubi cognovit se Carolus verbis nihil proficere cum Romanis, armata acie in Italiam contendit coniurationem hanc vel bello vel pace dissoluturus. Eius adventu praeter omnium opinionem nuntiato statim tumultus omnis sedatus est. Carolus autem coniurationis auctoribus capite multatis Romanum pontificem maiori in urbe gloria reduxit, quam fuerat ignominia eiectus. A quo pro tantis erga Romanam rem p.⟨ublicam⟩ meritis et beneficiis singularique benivolentia et

---

**336** Nortamannos **L** **340** in gentibus **L** **348** afflecti **L** **353** poenitent **L** **355** hiis **L** | nihi **L**

---

**336–346 Acc. p. 114–115** Secutum est post haec adversus Nortomannos bellum, qui Abodritis subactis cum ductu Gotofridi regis Galliae Germaniaeque litora predatoria classe vexarent, iamque Gotofridus nimia superbia et temeritate elatus Frisiae, Saxoniae atque omni Galliae arma minaretur palamque iactaret se brevi Aquisgrani, ubi Caroli regia erat, cum ingentibus copiis petiturum; non putavit Carolus sociorum iniuriam ac huius hominis effrenatam audaciam ulterius esse ferendam. Itaque omnibus necessariis ad bellum celeriter comparatis in Nortomannos exercitum ducit classemque per Occeanum mittit, ut terra marique simul hostem invadat. Verum non diutius ei laborandum fuit, quia Nortomanni paulo post Gotofrido rege a proprio satellite interfecto se suaque omnia fidei et potestati Caroli permisere. (cf. **Einh. Vita 14**); **Einh. Vita 17** *Molitus est et classem contra bellum Nordmannicum, aedificatis ad hoc navibus* [...] **347–364 Acc. p. 115** Cum hic status rerum in Gallia esset, interim Romani adversus Leonem pontificem coniurationem ineunt eumque nec laesi nec lacessiti per iniuriam urbe expellunt. Quibus rebus legati ad Carolum veniunt, multis praecibus pro Romano Pontifice auxilium adversus coniuratos petentes. Hos Carolus consuetudine sua benigne accipit, eorum animos verbis confirmat, magnam spem se habere dicit populum Romanum vel beneficio vel auctoritate sua adductum finem iniuriis facturum. [...] **352 Verg. Aen. 1,281–2** consilia

**13.** Unmittelbar danach folgte ein Krieg gegen die Normannen. Diese machten nämlich nach ihrem Sieg über die Abodriten unter ihrem Führer Gottfried mit einer Piratenflotte die Küsten Germaniens und des Frankenlandes unsicher. Gottfried, gar keck und verwegen, forderte in seinem Übermut Friesland, Sachsen und schließlich das ganze Frankenreich zum Krieg heraus; und prahlerisch drohte er immer wieder, bald mit mächtigen Truppen Aachen einzunehmen und in den Königspalast Karls einzudringen. Aber Karl glaubte, dass es dem Freundschaftsbündnis nicht zuträglich sei, wenn er weiterhin die Tollkühnheit des äußerst verwegenen Anführers dulde, die er schließlich schneller einbremsen konnte, als er es vorhatte. Er bereitete also rasch alles Kriegsnotwendige vor und führte seine Truppen gegen die Normannen; er hatte auch eine gewaltige Flotte bauen lassen, um den Feind zu Land und zu Wasser anzugreifen. Derartige Kriegsvorbereitungen erwiesen sich aber für Karl nicht als unnütz oder erfolglos: Nachdem nämlich König Gottfried von einem seiner Soldaten bei Auseinandersetzungen und Streitigkeiten ermordet worden war, vertrauten die Normannen sich und all das Ihre bittflehend der Barmherzigkeit des Königs an.

**14.** Während dies in Gallien geschah, verschworen sich in der Zwischenzeit die Römer gegen Papst Leo derart neid- und hasserfüllt, dass sie ihn, obwohl ihnen kein Unrecht geschehen war, obwohl sie keinerlei Grund zur Entrüstung hatten, aus der Stadt jagten. In dieser Angelegenheit schickte man sofort Gesandte zu Karl, den man bereits von früher als unermüdlichen und streitbaren Verteidiger des Christenstaates kannte. Als dieser von der unwürdigen Situation erfahren hatte, hieß er die Gesandten guten Mutes sein; sie sollten auch ihrem Papst dies melden. Wenn sich die Römer nicht eines Besseren besinnen und den Verstoßenen nicht schleunigst zurückholen würden, müssten sie ihre Verschwörung noch bereuen und würden den Zorn Karls zu spüren bekommen, wo sie doch seine Güte und Milde nicht erfahren wollten. Mit dieser höchst willkommenen Botschaft wurden die Gesandten entlassen. Sobald aber Karl bemerkte, dass er mit Worten bei den Römern nichts ausrichten konnte, brach er mit einem bewaffneten Heer nach Italien auf, um diese Verschwörung entweder mit kriegerischen oder mit friedlichen Mitteln zu beenden. Als man wider Erwarten aller seine Ankunft gemeldet hatte, kam der gesamte Aufruhr auf der Stelle zur Ruhe. Karl aber ließ die Anführer der Verschwörung hinrichten und geleitete den römischen Papst mit Ruhm zurück, der größer war als die Schande, mit der er vertrieben worden war. Von diesem wurde er für so große Verdienste und Wohltaten für den Christenstaat und für sein einzigartiges Wohlwollen und seine Treue zur Freiheit der Christen

---

in melius referet mecum fovebit/ Romanos **Acc. p. 115** Itaque cum ea coniuratio magni ponderis esset et praesentia sua indigere videretur, extemplo cum exercitu profectus in Italiam contendit. Primo adventu omni motu sedato noxiis supplicio affectis pontificem Romanum cum ingenti gloria in urbem restituit. A quo mox pro suis egregiis meritis et singulari erga libertatem omnium Christianorum fide Augustus appellatus imperatorium nomen dignitatemque suscepit non solum assentiente, sed etiam applaudente populo Romano. […]

fide in Christianam libertatem Augustus appellatus et imperatorio nomine dignitateque honestatus est, summo consensu plausuque totius populi Ro.⟨mani⟩. Carolus sedatis compositisque in Italia rebus dignitate auctus, qui et Gallorum rex et Romanorum imperator factus esset, redire in Galliam statuit.

**15.** Dumque per Hetruriam iter ageret, Florentiam divertit, quam magna ex parte a Gothis olim dirutam refecit, moenibus cinxit, templis illustravit. Post reversus in Galliam miro gaudio, incredibili laetitia et celebritate ab omnibus susceptus est. Actique et celebrati ludi per totam Galliam in honorem Romanorum imperatoris.

fol. 12v **16.** Reliquere quoque scriptum plaerique Hiero|solymam, cum dominatum gravissimum barbarorum pateretur, Caroli sui Christianissimi auxilium opemque implorasse. Ad quam liberandam cum animi religione et pietate, tum rei indignitate motus, scilicet ⟨quod⟩ sanctissima urbs, unde Christianae religionis origo et fundamentum, unde fides nostra et salus, ab immanissimis gentibus pessundaretur, accedentibus quoque Constantini imperatoris precibus cum ingentibus copiis profectus est profligatisque barbarorum populis et deturbatis ex omni provincia Christianis sua loca restituit relictisque presidiis, quibus urbs firmaretur munireturque essetque in posterum ab hostili incursione tu⟨t⟩a, discessit. Et inter redeundum ab ea victoria Bizantium Constantini imperium ingressus summo honore ab imperatore affectus et cultus est et communi omnium letitia susceptus est. Hec si vera sunt, necesse est a Carolo gesta esse, antequam imperator Romanorum crearetur. Nam si temporis et etatis ratio habeatur, nunquam Hierosolymam Carolum profectum constabit, ex quo imperator a Leone creatus in Galliam redierit.

**17.** Haec sunt praelia, quae septem et quadraginta annis, quibus regnum tenuit, Carolus gessit atque confecit multa gloria et felicitate. In eo enim rege fuere perpetuo summae illae virtutes et imperatoriae, labor in negotiis, fortitudo in periculis, industria

---

**376sq.** impostorum **L** **377** tua **L** | rediundum **L**

---

**365–368 Acc. p. 117–118** Carolus Francorum rex ac Romanorum imperator post amplissimam dignitatem susceptam, cum in Galliam rediturus iter per Etruriam faceret, in memoriam dignitatis adepte Florentiam urbem, quam olim magna ex parte deleverant Gothi, in pristinum statum cum summa celebritate restituit [...] novis menibus cinxit, templis ornavit. [...] Cum revertisset in Galliam Carolus, exceptus est eius adventus ab omnibus populis incredibili honore atque amore. Festi celebrati dies, omnibus civitatibus supplicationes decrete, publice privatimque ei gratulationes cum effusa letitia facte. **369–382 Acc. p. 118** His rebus tam egregie a Carolo gestis addunt scriptores nonnulli rem maximo memoratu dignam [...] Tradunt enim, cum Hierosolima gravi barbarorum dominatu oppressa teneretur, Carolum Constantini imperatoris praecibus evocatum, simul et rei indignitate commotum, ad liberandum sanctissimum locum, ubi omnium gentium salus est orta, cum ingenti exercitu accessisse profligatisque barbaris ac ex omni provincia pulsis Christianos in urbem restituisse firmisque praesidiis munitam reliquisse; profectum deinde Bizantium et a Constantino incredibili letitia acceptum magnoque affectum honore, paulo post in Galliam rediisse. Haec si ita sunt, hanc expeditionem factam esse oportet, antequam Carolus ad restituendum Leonem pontificem in Italiam veniret, quia satis constat post imperatoriam dignitatem susceptam nunquam Carolum in orientem

zum Oberkaiser (Augustus) proklamiert und mit dem Kaisertitel und der kaiserlichen Würde geehrt und dies unter größter Zustimmung und kräftigstem Applaus des gesamten römischen Volkes. Als in die Verhältnisse Italiens Ruhe und Ordnung eingekehrt waren, beschloss Karl ins Frankenreich zurückzukehren, mit erhöhtem Ansehen, weil er fränkischer König und jetzt auch römischer Kaiser war.

**15.** Als er durch Etrurien zog, machte er in Florenz Halt. Er stellte die einst von den Goten zu einem großen Teil zerstörte Stadt wieder her, umgab sie mit Mauern und stattete sie glanzvoll mit Gotteshäusern aus. Dann kehrte er nach Gallien heim und wurde von allen mit außergewöhnlicher Freude, unglaublichem Jubel und Frohlocken empfangen. In ganz Gallien feierte man und veranstaltete zu Ehren des römischen Kaisers Feste.

**16.** Die meisten Geschichtsschreiber hinterließen auch die Nachricht, Jerusalem habe inständig um die Hilfe und den Beistand seines allerchristlichsten Karl gebeten, als es die drückende Herrschaft der Barbaren ertragen musste. Sowohl auf Grund seiner Religiosität und Frömmigkeit als auch auf Grund der empörenden Situation – denn es wurde ja die heiligste Stadt, von der Ursprung und Grundlage der christlichen Religion, von der unser Glaube und Heil rühren, von den schrecklichsten Völkern zugrunde gerichtet – brach er, weil auch noch die Bitten Kaiser Konstantins dazukamen, mit gewaltigen Truppeneinheiten auf, um die Stadt zu befreien. Er vernichtete und verjagte die Barbarenvölker aus dem gesamten Gebiet, gab den Christen ihre Stätten zurück, ließ Besatzungstruppen zurück, durch welche die Stadt gesichert, befestigt und in Zukunft vor feindlichen Einfällen sicher sein sollte, und zog wieder ab. Auf der Heimkehr von diesem Sieg besuchte er Byzanz, das Reich Konstantins: Er wurde vom Kaiser mit höchsten Ehren bedacht und ausgezeichnet und unter dem gemeinsamen Jubel aller empfangen. Wenn diese Nachrichten wahr sind, muss es Karl vollbracht haben, bevor er zum römischen Kaiser gekrönt wurde. Denn wenn man Zeitumstände und Chronologie berücksichtigt, wird man feststellen, dass Karl niemals nach Jerusalem zog, nachdem er von Leo zum Kaiser gekrönt worden und dann nach Gallien zurückkehrt war.

**17.** Das sind die Kriege, die Karl während seiner siebenundvierzigjährigen Herrschaft mit großem Ruhm und Erfolg führte und zu einem Ende brachte. Ihm, dem König, wohnten ständig jene höchsten Tugenden inne, die auch einen Feldherrn und Kaiser auszeichnen: Einsatz in allen Tätigkeiten, Tapferkeit in Gefahren, Eifer im

---

esse profectum. **383sq. Acc. p. 118** Haec bella septem et quadraginta annis (tot enim regnavit) incredibili felicitate, tum magnitudine quadam animi, tum etiam ingenii atque consilii Carolum non solum gessisse, sed etiam confecisse tradunt; (cf. **Einh. Vita 15**) **384–386 Cic. Manil. 29** Neque enim solae sunt virtutes imperatoriae quae volgo existimantur, labor in negotiis, fortitudo in periculis, industria in agendo, celeritas in conficiendo, consilium in providendo …

in agendo, celeritas in conficiendo, consilium in providendo. Regnumque sibi a patre relictum mirifice ampliavit et auxit posterisque suis latius auctiusque reliquit. Nam cum eius fines in Gallia Rheno, Ligeri Oceanoque et in Germania Histro Salaque, qui fluvius Thurios a Sorabis separat, clauderentur, Aquitaniam, Vasconiam, Hispaniam fol. 13r pene omnem | et eam Italie partem, quam olim Longobardorum reges tenuere, illis adiecit, Saxoniam quoque, non modicam Germaniae partem et utranque Pannoniam et ultra Histrum Daciam, Histriam et omnia Liburnorum regna, item Dalmatiam preter maritimas urbes, quae Constantinopolitano imperatori subiectae fuere, omnes denique barbarorum gentes, quae Germaniam intra Rhenum, Oceanum atque Histrum incolunt, partim armis subegit, partim liberalitate attraxit, ita ut iam tanta rerum suarum gestarum fama esset, tantae regni opes, quantae nunquam antea Galliae fuere. Quibus rebus adductae innumere gentes ad eum legationes misere, ut amicitiam societatemque coniungerent. Quos omnes cum benignissime susciperet, miram apud cunctas nationes pre se ferebat humanitatem. Rex etiam Persarum, ut a multis historie proditum est, cuius opes Asiam pene omnem complebant, ad eum cum ditissimis muneribus nuntios misit foedus amicitiamque initurus. Mira quoque benivolentia et necessitudine iunctus est imperatoribus Constantinopolitanis, quamquam nonnullis imperatoria dignitas invidiam faceret et tanta potentia non omnino suspicione careret.

**18.** Verum ubi Caroli bella et preclara gesta digessimus, non iniucunde eiusdem habitum, naturam et mores et quaecumque ad domesticam curam pertinent, referemus. Carolum habitu huiuscemodi fuisse tradunt: procero corpore, perlato pectore, eminentibus humeris, magnis et glaucis oculis, oblongo naso, forma et pulcritudine oris eximia, ita ut decorem quendam et maiestatem regiam pre se ferret. Inerat et ipsius fol. 13v voci lepor summus, incessui motuique corporis gravitas cum | dignitate; producta

---

**392** Hytum **L** **393** Constantino politano **L** **402** non nullis **L**

---

**386–403 Acc. p. 118–119** [...] quibus regnum satis amplum a patre acceptum longe maius auctiusque posteris suis reliquit. Nam paterni regni fines in Gallia Rheno, Ligeri Occeanoque et in Germania Danubio et Sala fluvio, qui Turios a Sorabis dividit, continebantur; his Aquitaniam, Vasconiam, Hispaniam pene totam et eam Italiae partem, in qua Langobardorum regia fuerat, bellica virtute adeptam Carolus Magnus adiunxit. Adiecit etiam Saxoniam, quae est non modica Germaniae pars, tum utramque Pannoniam et ultra Danubium Daciam, Histriam et totum Liburnorum regnum, Dalmaciam quoque praeter maritimas civitates, quae Constantinopolitano imperatori parebant, omnes denique barbaras gentes, quae Germaniam inter Rhenum, Occeanum ac Danubium incolunt, partim armis subactas, partim beneficio allectas in suam potestatem redegit. (cf. **Einh. Vita 15**) His tantis opibus tot tamque rebus egregie gestis eam sibi famam non solum in Gallia, sed etiam per universum orbem Carolus comparaverat, ut undique ad eum legationes concurrerent, gratiam atque amicitiam publice privatimque peterent. Quin etiam memoriae proditum est Persarum regem, cuius opes in Asia longe lateque patebant, Caroli fama adductum legatos cum magnificentissimis donis misisse in Galliam, qui eum rogarent, ut se in amicitiam susciperet. Cum imperatoribus quoque Constantinopolitanis benivolentia fuit et societate coniunctus, quamquam post dignitatem imperatoriam Romae acceptam Caroli fama illis invisa et suspecta quoque potentia foret. (cf. **Einh. Vita 16**)
**404–409 Acc. p. 119** Ceterum enarratis bellicis rebus [...] nunc operae praetium esse existimo Caroli

Handeln, Schnelligkeit in der Durchführung und Umsicht in der Planung. Das Reich, das ihm sein Vater hinterlassen hatte, erweiterte und vergrößerte er auf erstaunliche Weise und hinterließ es seinen Nachfolgern größer und mächtiger. Denn während dessen Gebiete in Gallien durch den Rhein, die Loire und den Ozean und in Germanien durch die Donau und die Saale, welche die Thüringer von den Sorben trennt, eingegrenzt waren, fügte er diesen Aquitanien, das Baskenland, beinahe ganz Spanien und jenen Teil Italiens hinzu, den einst die Langobardenkönige innehatten; außerdem unterwarf er das Sachsenland, einen nicht geringen Teil Germaniens, beide Teile Pannoniens, jenseits der Donau Dakien, Istrien, alle Königreiche der Liburner, ebenso Dalmatien außer die Küstenstädte, die dem Kaiser von Konstantinopel unterstanden, schließlich alle Barbarenvölker, die in Germanien zwischen Rhein, Ozean und Donau siedelten, teils mit Waffengewalt, teils band er sie mit seiner Großzügigkeit an sich, so dass die Kunde seiner Taten bereits so groß, die Machtfülle seines Reiches so gewaltig waren, wie niemals zuvor in Gallien. Durch diese Umstände veranlasst, schickten unzählige Völker Gesandtschaften zu ihm, um ein politisches Freundschaftsbündnis zu schließen. Indem er sämtliche mit größtem Wohlwollen empfing, zeigte er vor allen Völkern seine wunderbare Menschenfreundlichkeit. Wie von vielen überliefert wurde, schickte sogar der Perserkönig, dessen Macht sich beinahe über ganz Asien erstreckte, Gesandte mit den kostbarsten Geschenken zu ihm, weil er einen Freundschaftsvertrag schließen wollte. In außergewöhnlichem Wohlwollen und freundschaftlichen Beziehungen war er auch mit den Kaisern von Konstantinopel verbunden, obwohl bei einigen seine kaiserliche Würde Missgunst erregte und eine derartige Machtfülle nicht frei von Vorbehalten war.

**18.** Nachdem wir aber die Kriege und außergewöhnlichen Taten Karls dargestellt haben, fügt es sich bestens, über sein Äußeres, sein Wesen und seinen Charakter und was auch immer zum privaten Bereich gehört, zu berichten. Karls Äußeres soll folgendermaßen ausgesehen haben: großer Körperwuchs, sehr breite Brust, ausladende Schultern, große blaue Augen, eine längliche Nase, ein Gesicht von außergewöhnlicher Schönheit, so dass er eine gewisse Anmut und königliche Würde zur Schau trug. Auch seiner Stimme wohnte höchste Annehmlichkeit inne, seinem Gang und seiner Körperbewegung aber Erhabenheit und Würde. Er trug einen langen Bart, hatte einen etwas

---

habitum, naturam et mores, tum ea omnia, quae ad domesticam pertinent disciplinam, brevibus verbis referre. Tradunt omnes pene auctores, qui diligentius Caroli figuram describunt, procera illum fuisse statura, lato pectore, latis humeris, magnis vegetisque oculis, naso paulo eminentiore, forma denique et pulchritudine oris adeo eximia, ut decorem simul prae se ferre videretur cum regia quadam maiestate coniunctum. Habebat et in voce splendorem et in incessu totoque corporis motu summam dignitatem; **409sq. Einh. Vita 22** *Corpore fuit amplo atque robusto, statura eminenti,* [...] *quamquam cervix obesa et brevior venterque proiectior videretur* [...] **409–412 Acc. p. 119** Promissam gerebat barbam et, si quando festi dies celebrandi erant aut legati externorum principum audiendi, veste auro contexta et gladio multis gemmis ornato utebatur.

barba, obesa cervix et brevior, venter porrectior aliquantulum. Utebatur interdum cum vel festa dies vel legatorum adventus urgebat, veste auro contexta et gladio gemmis ornato. Reliquo tempore humiliter vestiebatur et citra regiam imperatoriamque maiestatem. Bona corporis valitudine fuit, nisi quod interdum febri laborabat adventante praesertim senecta, cum morti vicinior esset.

Venationibus pro more gentis admodum delectabatur, a quibus non nivibus, non hyemis tempestate, non montium asperitate, non sylvarum densitate, non etatis gravitate unquam impediebatur. Laborandum enim ad corporis sanitatem et robur putabat. Balneis quoque et calidis aquis frequenter abluebatur. Quare iuxta Granum fluvium, cuius aquae huiuscemodi erant, diutius habitavit. In quas solitus erat amicos et familiares plaerunque inducere, ut horum sermone suavissimo iucundius lavaretur.

**19.** Amicitiae excolende maxime fuit studiosus Carolus, summa in parentes pietate, pari amore in filios, eadem humanitate et facilitate in omnes. Matrem Bertam habuit, Heraclii Caesaris Constantinopolitani imperatoris filiam. Quam cum summo in honore observantiaque semper haberet, precipue tamen post Pipini patris mortem observavit; cui non ignorabat a se iam utriusque parentis officia praestanda; fratris autem invidiam et simultatem ea tulit patientia, ea magnanimitate dissimulavit, ut iniurias eius nunquam non nisi beneficiis vel repelleret vel superaret. Hortatu matris cum Desiderii Longobardorum regis filiam duxisset uxorem, incertum est, qua de fol. 14r causa illam paulo post repudiaverit. Hildri|garde altera foemina praecipuae nobilitatis superinducta, de qua filios tres, Carolum scilicet, Pipinum et Lodovicum totidemque filias suscepit. Fastradam quoque uxorem habuit genus Gallorum et Germanorum. Qua mortua post natas duas susceptas Lutigardam Germanicam duxit omnino sterilem. Habuit et concubinas tres quatuorve, ex quibus spurios spuriasque plures

---

**412** citra *conieci* citra] circa **L** **413** validitudine **L** **415** ad modum **L** **417** sanitate **L** **430** super inducta **L** **433** quatuor ve **L**

---

**412sq. Einh. Vita 23** *Aliis autem diebus habitus eius parum a communi ac plebeio abhorrebat.* **413–420 Acc. p. 119–120** Valitudine fuit prospera, nisi quod paucis annis antequam diem obiret, febre sepius laborabat. Venationibus Gallorum more adeo frequenter studebat, ut non nives, non montes silveque eum etiam senescentem a tali exercitio revocarent. Putabat enim laborem corporis ad sanitatem servandam vehementer conferre. Tradunt praeterea eum balneis et aquis natura calidis plurimum delectatum atque ideo Aquisgrani, ubi talis aquae ingens copia erat, diutius commorari solitum, quin etim consuesse amicos ac familiares et interdum omnis generis homines secum in balneas ducere ibique aliqua confabulandi materia in medium allata longum sermonem trahere atque ex eo non mediocrem voluptatem capere. (cf. **Einh. Vita 22–3**) Fuit autem Carolus amicorum studiosissimus, pietate vero in parentes, amore in filios, humanitate in omnes sine controversia caeteros alios superabat. Mater ei Berta fuit, Heraclii Caesaris praestantissimi Constantinopolitani imperatoris filia, quam cum in omni vitae tempore, tum praecipue post Pipini mortem in summo honore et observantia habuit. Difficilem fratris naturam […] ita patienti animo tulit, ut pro acceptis iniuriis sepe beneficia ei filiisque suis referret. **425–427 Einh. Vita 18** *Post mortem patris* […] *tanta patientia simultates et invidiam eius tulit* **427–438 Einh. Vita 18** *Deinde cum matris hortatu filiam Desiderii regis Langobardorum duxisset uxorem, incertum qua de causa, post annum eam repudiavit et*

feisten kurzen Nacken und einen leicht hervortretenden Bauch. Manchmal, wenn ein Festtag oder die Ankunft von Gesandten dies erforderlich machten, trug er mit Gold gewirkte Kleider und ein mit Edelsteinen besetztes Schwert. In der übrigen Zeit kleidete er sich bescheiden und im Widerspruch zur königlichen und kaiserlichen Erhabenheit. Er erfreute sich guter körperlicher Gesundheit, außer dass ihm manchmal das Fieber zusetzte, besonders als das Alter heranrückte und er dem Tod näher kam.

An der Jagd hatte er nach dem Brauch seines Volkes besondere Freude: Davon ließ er sich nicht vom Schnee, nicht von Winterstürmen, nicht von steilen Bergen, nicht von dichten Wäldern, nicht von der Last des Alters je abbringen. Er war der Ansicht, dass man sich für Gesundheit und Stärke des Körpers abmühen müsse. Häufig badete er in Bädern und in warmen Quellen. Deswegen wohnte er längere Zeit in der Nähe des Flusses Granus, dessen Wasser diese Eigenschaft aufwies. In diese Bäder nahm er gewöhnlich meist Freunde und Bekannte mit, um in ergötzlicher Unterhaltung mit diesen angenehmer baden zu können.

**19.** Um die Pflege der Freundschaft war Karl sehr bemüht; er zeigte höchste Ehrfurcht vor den Eltern, gleiche Liebe zu seinen Söhnen und dieselbe Freundlichkeit und Umgänglichkeit gegenüber allen. Seine Mutter war Berta, die Tochter des Caesar Heraclius, des Kaisers von Konstantinopel. Obwohl er diese immer schon in höchsten Ehren gehalten hatte, zeigte er dennoch ihr gegenüber nach dem Tod seines Vaters Pippin besondere Wertschätzung; er wusste nämlich genau, dass er ihr nun die Pflichten gegen beide Elternteile erweisen müsse. Eifersucht und Rivalität des Kronprinzen ertrug er aber mit so großer Geduld und sah darüber mit derartiger Großmut hinweg, dass er dessen Beleidigungen jeweils nur mit Wohltaten erwiderte und überwand. Obgleich er auf das Drängen seiner Mutter hin die Tochter des Langobardenkönigs Desiderius zur Frau genommen hatte, ist es nicht klar, aus welchem Grund er diese wenig später verstieß. Als zweite heiratete er Hildegard, eine Frau vornehmster Abstammung, von der er drei Söhne, nämlich Karl, Pippin und Ludwig, und ebensoviele Töchter bekam. Auch Fastrada, die gallischer und germanischer Abkunft war, hatte er zur Frau. Nach ihrem Tod – von ihr hatte er zwei Töchter – heiratete er die Germanin Liutgard, die überhaupt unfruchtbar war. Er hatte auch drei oder vier

---

*Hildigardam de gente Suaborum praecipuae nobilitatis feminam in matrimonium accepit; de qua tres filios, Karolum videlicet, Pippinum et Hludowicum,* [luduicum **C2** ludovvicum **A1P**] *totidemque filias* [...] *genuit.* [...] *Habuit et alias tres filias* [...] *duas de Fastrada uxore, quae de Orientalium Francorum, Germanorum videlicet, gente erat* [...] *Defuncta Fastrada Liutgardam Alamannam duxit, de qua nihil liberorum tulit. Post cuius mortem tres* [quattuor **C**] *habuit concubinas* [...]. *Colebat enim eam* [sc. matrem suam] *cum summa reverentia, ita ut nulla umquam invicem sit exorta discordia* [...]. *Decessit tandem* [...] *Quam ille in eadem basilica, qua pater situs est, apud Sanctum Dionisium, magno cum honore fecit humari. Erat ei unica soror nomine Gisla, a puellaribus annis religiosae conversationi mancipata, quam similiter ut matrem magna coluit pietate. Quae etiam paucis ante obitum illius annis in eo, quo conversata est, monasterio decessit.*

genuit. Sed omnes aeque ita dilexit et habuit, ut inter eas nulla sit unquam vel facta turbatio vel iurgium auditum. Matrem cum diem suum obiisset, in templo beati Dionisii apud parentem regio funere et imperatoriis exequiis humandam curavit. Sororem, quam unicam habuit Gislam nomine, ab ipsa infantia sacris initiatam votis unice dilexit et coluit, quae non multo ante ipsum tempore e rebus humanis excessit.

**20.** Liberos suos ita censuit instituendos, ut tam mares quam foeminas vel⟨l⟩et primum liberalibus imbui disciplinis, denique cum per aetatem filii possent, obequitare per urbem, venatu et palaestra exerceri, filias vero colu assidua et lanificio consuescere et omni morum honestate nutriri, ne scilicet per otium corpora tabescerent, animi ad omnem mollitiem, libidinem et intemperantiam dissolverentur. Quot quot genuerat filios filiasque, superstites omnes moriens reliquit praeter tres: Carolum scilicet, natorum omnium maximum et Pipinum, quem Italiae regno prefecerat, Rhuodrudemque primogenitam, quam Constantino Graecorum imperatori desponsaverat. Hi enim ante ipsum emortui sunt. Pipinus, cum filium unicum filiasque quinque parvulas moriens reliquisset, nepoti ⟨...⟩ omnes a Carolo traditae sunt, ut inter liberos fol. 14v suos pari studio et diligentia nutrirentur. Mortem autem | filiorum omnium forti animo tulit, quibus tamen, ne saxum immobile videretur seque verum patrem referret, lachrymas ⟨non n⟩ullas condonavit. Hadrianum pontificem maximum, quicum summa erat coniunctus amicitia et familiaritate, cum vita functum audisset, lachrymas continere non potuit. Iura enim sanctae amicitiae et societatis cuique pene affinitati antetulit.

Filios filiasque omnes non tam amoris inpatientia aut nimia indulgentia, quam bene educandi gratia, dum coenaret, habere secum semper voluit nec quoquam egredi sine his aliquando potuit. Equitabant ante eum filii, filiae vero pene sequebantur adhibita militum circumquaque custodia. Tantaque illas fovit pietate, ut innuptas eas perpetuo secum, quoad vixit, habuerit abdicatis externis domesticisque generis. Quae

**437** notis **L** **439** velet **L** **447** ipsun **L** **448** *lacunam proposui* **450** saxum immobile *conieci*; saxea mobile **L** **451** ullas **L** | qui cum **L**

**439–462 Einh. Vita 19** *Liberos suos ita censuit instituendos, ut tam filii quam filiae primo liberalibus studiis, quibus et ipse operam dabat, erudirentur. Tum filios, cum primum aetas patiebatur, more Francorum equitare, armis ac venatibus exerceri fecit, filias vero lanificio adsuescere coloque ac fuso, ne per otium torperent, operam impendere atque ad omnem honestatem erudiri iussit. Ex his omnibus duos tantum filios et unam filiam, priusquam moreretur, amisit, Karolum, qui natu maior erat, et Pippinum, quem regem Italiae praefecerat, et Hruodtrudem, quae filiarum eius primogenita et a Constantino Grecorum imperatore desponsata erat. Quorum Pippinus unum filium suum Bernhardum, filias autem quinque* [...] *superstites reliquit. In quibus rex pietatis suae praecipuum documentum ostendit, cum filio defuncto nepotem patri succedere et neptes inter filias suas educari fecisset. Mortes filiorum ac filiae pro magnanimitate, qua excellebat, minus patienter tulit, pietate videlicet, qua non minus insignis erat, conpulsus ad lacrimas. Nuntiato etiam sibi Hadriani Romani pontificis obitu, quem in amicis praecipuum habebat, sic flevit, acsi fratrem aut carissimum filium amisisset. Erat enim in amicitiis optime temperatus* [...] *colebatque sanctissime quoscumque hac adfinitate sibi coniunxerat. Filiorum ac filiarum*

Konkubinen, mit denen er mehrere uneheliche Söhne und Töchter zeugte. Aber er liebte und schätzte alle in gleicher Weise, so dass unter ihnen niemals Aufregung entstand oder man von Streitigkeiten hörte. Als seine Mutter verstorben war, ließ er sie in der Kirche von St. Dionysius bei seinem Vater in einem königlichen Begräbnis und mit kaiserlicher Bestattung beisetzen. Die Schwester – er hatte nur eine einzige namens Gisela –, die schon in früher Kindheit den Schleier genommen hatte, liebte und verehrte er auf einzigartige Weise; sie starb nicht lange vor ihm selbst.

**20.** Für die Erziehung seiner Kinder traf er folgenden Entschluss: Er wollte, dass sowohl die Knaben als auch die Mädchen zunächst in die Freien Künste eingeführt würden, dann aber, wenn sie es vom Alter her vermochten, sollten die Söhne durch die Stadt reiten, sich im Jagen und Ringen üben, die Töchter aber sich an das Weben und Spinnen gewohnen und zu gesitteter Anständigkeit erzogen werden, damit nämlich ihre Körper durch Langeweile nicht träge und ihre Seelen durch Weichlichkeit, Wollust und Maßlosigkeit nicht zerstört würden. Alle Söhne und Töchter, die er gezeugt hatte, überlebten ihn mit Ausnahme von dreien: Karl, der Älteste aller Kinder, Pippin, den er zum Herrscher über das Königreich Italien gemacht hatte, und seine älteste Tochter Rotrud, die er mit dem griechischen Kaiser Konstantin vermählt hatte. Diese sind nämlich vor ihm gestorben. Weil Pippin bei seinem Tod einen einzigen Sohn und fünf kleine Töchter hinterlassen hatte, ⟨…⟩ übergab Karl alle Enkel (?), damit sie inmitten seiner eigenen Kinder mit gleichem Eifer und gleicher Sorgfalt erzogen würden. Den Verlust aller Kinder ertrug er aber mit großer Fassung, dennoch vergoss er für sie, um nicht wie ein gefühlloser Stein zu wirken und sich als wahrer Vater zu erweisen, gar manche Träne. Als er vom Tod Papst Hadrians, mit dem er in engem Freundschaftsverhältnis verbunden war, gehört hatte, konnte er die Tränen nicht unterdrücken. Denn die heiligen Gesetze einer freundschaftlichen Verbundenheit zog er beinahe jeder verwandtschaftlichen Bindung vor.

Alle seine Söhne und Töchter wollte er beim abendlichen Mahl stets bei sich haben, nicht so sehr aus übergroßer Liebe oder übertriebener Zärtlichkeit als vielmehr um einer guten Erziehung willen. Ohne diese konnte er auch niemals irgendwo öffentlich auftreten. Die Söhne ritten vor ihm her, die Töchter folgten nach, wobei sie eine Leibwache von Soldaten auf allen Seiten begleitete. Jenen war er mit so zärtlicher Liebe zugetan, dass er sie nicht heiraten ließ und für immer, solange er lebte, bei sich

---

*tantam in educando curam habuit, ut numquam domi positus sine ipsis caenaret, numquam iter sine illis faceret. Adequitabant ei filii, filiae vero pone* [pene **all. codd.**] *sequebantur, quarum agmen extremum ex satellitum numero ad hoc ordinati tuebantur. Quae cum pulcherrimae essent et ab eo plurimum diligerentur, mirum dictu, quod nullam earum cuiquam aut suorum aut exterorum nuptum dare voluit, sed omnes secum usque ad obitum suum in domo sua retinuit, dicens se earum contubernio carere non posse. Ac propter hoc, licet alias felix, adversae fortunae malignitatem expertus est. Quod tamen ita dissimulavit, acsi de eis nulla umquam alicuius probri suspicio exorta vel fama dispersa fuisset.*

sane res fortunam suam et foelicitatem non nihil vel minuit vel lesit. Fuere enim inter eas aliquae malae famose. Sed ita ille omnia, cum omnia sciret, dissimulavit, acsi nulla de his unquam fuisset oborta suspicio.

**21.** Nothus Carolo fuit Pipinus nomine, vir strumosus, caetero corporis aspectu non indecorus, qui, quo tempore Carolus adversus Hunnos bella gerebat, vana spe regni persuasus cum nonnullis Gallorum principibus in patrem coniuravit. Reserata proditione hac coniurationis auctores morte multati sunt. Pipinus Deo summo atque optimo consecratus paterna venia et indulgentia solus periculum evasit. Facta est et altera in Germania contra eum coniuratio, cuius auctores partim capti luminibus, partim membris mutilati, omnes tamen in exilium mi⟨s⟩si sunt, nemo iudicio interfec-
fol. 15r tus. Sed cum ex his tres strictis gladiis in lictores,| ne in iudicium traherentur, pugnarent et nonnullos sauciassent, nonnullos occidissent, lictoribus permissum est vim vi repellere atque ita interempti sunt priusque mortui quam capti. Coniurationum harum causam fuisse Fastradae reginae crudelitatem tradunt, cuius consiliis persuasionibusque feris videbatur Carolus solitam clementiam et benignitatem erga subditos dedidicisse et inmanior factus. Reliquo aetatis suae tempore ita se domi militiaeque gessit, ut omnis benignitatis humanitatisque exemplum cunctis fuerit.

**22.** Suscipiendorum hospitum maxime studiosus fuit, id regni potius refrigerium et decus existimavit, quam onus aut probrum.

Altero pede captus est senior factus, ita ut non nihil claudicaret. Medicos oderat nec illorum dieta vivere aliquando voluit. Nam ab his persuadebatur, ut elixis magis quam tostis carnibus vesceretur, quod facere semper respuit.

---

**469** | iudicio *iter.* **L** **476** exemplun **L**

---

**463–467 Einh. Vita 20** *Erat ei filius nomine Pippinus ex concubina editus* [...] *facie quidem pulcher, sed gibbo deformis. Is, cum pater bello contra Hunos suscepto in Baioaria hiemaret, aegritudine simulata, cum quibusdam e primoribus Francorum, qui eum vana regni promissione inlexerant, adversus patrem coniuravit. Quem post fraudem detectam et damnationem coniuratorum detonsum in coenobio Prumia religiosae vitae iamque volentem vacare permisit.* **463** Cf. **Iuv. 10,309** strumosum atque utero pariter gibboque tumentem. **467–476 Einh. Vita 20** *Facta est et alia prius contra eum in Germania valida coniuratio. Cuius auctores partim luminibus orbati, partim membris incolomes, omnes tamen exilio deportati sunt; neque ullus ex eis est interfectus nisi tres tantum; qui cum se, ne conprehenderentur, strictis gladiis defenderent, aliquos etiam occidissent, quia aliter coerceri non poterant, interempti sunt. Harum tamen coniurationum Fastradae reginae crudelitas causa et origo extitisse creditur. Et idcirco in ambabus contra regem conspiratum est, quia uxoris crudelitati consentiens a suae naturae benignitate ac solita mansuetudine inmaniter exorbitasse videbatur. Ceterum per omne vitae suae tempus ita cum summo omnium amore atque favore et domi et foris conversatus est, ut numquam ei vel minima iniustae crudelitatis nota a quoquam fuisset obiecta.* **477sq. Einh. Vita 21** *Amabat peregrinos et in eis suscipiendis magnam habebat curam, adeo ut eorum multitudo non solum palatio, verum etiam regno non inmerito videretur onerosa.* **479–481 Einh. Vita 22** [...] *ad extremum etiam uno pede claudicaret. Et tunc quidem plura suo arbitratu quam medicorum consilio faciebat, quos poene exosos habebat, quod ei in cibis assa, quibus assuetus erat, dimittere et elixis adsuescere suadebant.*

hatte und Schwiegersöhne aus dem eigenen oder einem fremden Land abwies. Dieser Umstand freilich schmälerte und beeinträchtigte sein Glück und Wohlergehen beträchtlich. Denn unter den Töchtern waren auch einige übel Beleumundete. Aber obwohl er von all dem wusste, verbarg er alles so (geschickt), als ob niemals ein sie betreffender Verdacht aufgekommen wäre.

**21.** Karl hatte einen Bastard namens Pippin zum Sohn, einen Mann mit Kropf, vom übrigen körperlichen Aussehen her nicht hässlich. Dieser ließ sich in der Zeit, als Karl gegen die Hunnen Krieg führte, von einer leeren Hoffnung auf die Königsherrschaft blenden und verschwor sich mit einigen Fürsten der Gallier gegen seinen Vater. Dieser Verrat wurde aufgedeckt und die Urheber der Verschwörung mit dem Tod bestraft. Pippin wurde dem höchsten und besten Gott geweiht und entkam aufgrund der väterlichen Nachsicht und Güte als Einziger der Hinrichtung. In Germanien bildete sich eine weitere Verschwörung gegen ihn, deren Anstifter teilweise geblendet, teilweise an den Gliedern verstümmelt, alle aber in die Verbannung geschickt wurden, keiner jedoch wurde nach einem Urteil hingerichtet. Als aber drei von diesen mit gezückten Schwertern auf die Schergen losgingen, um nicht vor Gericht geführt zu werden, und einige verwundet, einige getötet hatten, erlaubte man den Schergen, Gewalt mit Gewalt zu vergelten; und so wurden sie getötet und waren noch eher tot als sie festgenommen werden konnten. Der Grund für diese Verschwörungen soll die Grausamkeit der Königin Fastrada gewesen sein, durch deren Ratschläge und grausame Empfehlungen Karl seine gewohnte Milde und Gutmütigkeit gegenüber den Untertanen, so schien es, verlernte und zugleich unnachsichtiger wurde. In der übrigen Zeit seines Lebens verhielt er sich in Krieg und Frieden so, dass er allen ein Vorbild von Wohlwollen und Menschenfreundlichkeit war.

**22.** Um die gastliche Aufnahme von Fremden bemühte er sich ganz besonders; dies erachtete er als Erquickung und Zierde des Königtums und nicht als Last oder Schande.

Im Alter war er an einem Fuß behindert, so dass er merklich hinkte. Ärzte hasste er und nach deren Diätvorschriften wollte er niemals leben. Denn von diesen wurde ihm dringend geraten, mehr gekochtes als gebratenes Fleisch zu essen – dies zu tun wies er stets von sich.

**23.** Cibi potusque tenuissimi fuit potusque maxime, dum ebrietatem in omnibus detestaretur, in se maxime devitaret. Inediam ieiuniaque pati non poterat, crebro reficiebatur, sed parce semper atque tenuiter; convivia tantum precipuis sollemnitatibus celebravit et ea opipara ac sp⟨l⟩endida magno convivarum numero. Feris, quae venatu captae essent, libenter vescebatur. Coenae suae nunquam defuit lectio et ea praesertim, quae historias narraret et regum, principum imperatorumque gesta contineret; hos enim aemulari maxime studebat. Augustini libris admodum delectabatur atque illis inprimis, qui *De civitate Dei* inscripti sunt. Interdiu paululum fere semper quiescebat, ut noctis tempora, quibus saepe curis expergefactus vigilabat, suppleret.

Perhumanus, ut aiunt, erga omnes fuit; nam seu a somno surgeret seu aliquid | fol. 15v naturae necessarium impenderet, libere omnes admittere, nullum repudiare et saepe dum amictum, dum calceos apponeret, lites definivit, inimicos reduxit in gratiam.

**24.** Naturalis illi facundia fuit, quam uberiorem ornatioremque multarum linguarum idiomatumque cognitione reddidit. Latinam linguam ita edidicit, ut illam eque ac Gallicam sciret, Graeca verba intelligebat melius quam exprimeret.

Artibus, quas liberales vocant, maxime operam dabat, ingeniis favebat et litteratos homines hinc premiis, hinc honoribus ut alter Caesar afficiebat. Albinum, Alcoinum cognomento et diaconem in arte oratoria praeceptorem habuit, in grammatica vero Petrum Pisanum, utrunque doctissimum. Astronomicam quoque didicit et planetarum cursus, tabellas ceratas penes se semper habuit, ut cum sibi vacuum esset, dictaret quippiam et scriberet.

**25.** Cerimonias Christianas decretaque pontificum optime calluit piissimusque in Deum fuit; nam templum magnifici operis intra regiam suam construxit, quod auro

---

**485** spendida **L** **486** vesciebatur **L** **488** ad modum **L** **489** in primis **L** **495** idomatumque **L** **498** Alconium **L**

---

**482–493 Einh. Vita 24** *In cibo et potu temperans, sed in potu temperantior, quippe qui ebrietatem in qualicumque homine, nedum in se ac suis, plurimum abhominabatur. Cibo enim non adeo abstinere poterat, ut saepe quereretur noxia corpori suo esse ieiunia. Convivabatur rarissime, et hoc praecipuis tantum festivitatibus, tunc tamen cum magno hominum numero. Caena cotidiana quaternis tantum ferculis praebebatur, praeter assam, quam venatores veribus inferre solebant, qua ille libentius quam ullo alio cibo vescebatur. Inter caenandum aut aliquod acroama aut lectorem audiebat. Legebantur ei historiae et antiquorum res gestae. Delectabatur et libris sancti Augustini, praecipueque his qui de civitate Dei praetitulati sunt. Aestate* [...] *velut noctu solitus erat, duabus aut tribus horis quiescebat. Noctibus sic dormiebat, ut somnum quater aut quinquies non solum expergescendo, sed etiam desurgendo interrumperet. Cum calciaretur et amiciretur, non tantum amicos admittebat, verum etiam, si comes palatii litem aliquam esse diceret,* [...] *statim litigantes introducere iussit et, velut pro tribunali sederet, lite cognita sententiam dixit;* [...] **494–502 Einh. Vita 25** *Erat eloquentia copiosus et exuberans poteratque quicquid vellet apertissime exprimere. Nec patrio tantum sermone contentus etiam peregrinis linguis ediscendis operam impendit. In quibus Latinam ita didicit, ut aeque illa ac patria lingua orare sit solitus, Grecam vero melius intellegere quam pronuntiare poterat.* [...] *Artes liberales studiosissime coluit, earumque doctores plurimum veneratus magnis adficiebat honoribus. In discenda grammatica Petrum Pisanum diaconem senem audivit, in ceteris disciplinis Albinum cognomento*

**23.** Im Essen und Trinken war er äußerst maßvoll, ganz besonders im Trinken, weil er Trunkenheit bei allen verabscheute und besonders bei sich selbst vermied. Hungern und Fasten konnte er nicht ertragen; häufig stärkte er sich, aber immer bescheiden und maßvoll. Gelage veranstaltete er nur bei besonderen Festlichkeiten, dann aber prächtig und glanzvoll mit einer großen Zahl von Gästen. Wild, das man auf der Jagd erlegt hatte, aß er gerne. Bei seinen abendlichen Mahlzeiten wurde immer vorgelesen, besonders aus jenen Werken, die von der Geschichte erzählten und die Taten von Königen, Fürsten und Feldherren enthielten, denn diesen eiferte er in besonderer Weise nach. Große Freude fand er an den Büchern Augustins, besonders an jenen, die „Vom Gottesstaat" betitelt sind. Tagsüber hielt er immer ein kleines Schläfchen, um sich für die Nacht zu entschädigen, in der er oft von Sorgen wachgehalten wurde.

Er war allen gegenuber, wie es heißt, sehr freundlich; denn ob er sich gerade aus dem Schlaf erhob oder seine Notdurft verrichtete, er ließ alle großzügig zu sich, wies niemanden zurück und während er Kleidung oder Schuhe anlegte, entschied er oft Rechtsstreitigkeiten und versöhnte Feinde.

**24.** Er verfügte über eine natürliche Redegabe, die er aufgrund der Kenntnis vieler Sprachen und Idiome bereicherte und veredelte. Die lateinische Sprache lernte er so gründlich, dass er sie ebenso gut beherrschte wie die gallische; griechische Wörter konnte er besser verstehen als sprechen.

Um die Künste, die man „die freien" nennt, bemühte er sich in besonderer Weise: Er förderte Begabungen und wissenschaftlich gebildeten Männern gab er wie ein zweiter Caesar bald eine Belohnung, bald eine Auszeichnung. Als Lehrer der Redekunst hatte er Albin, der den Beinamen Alcuin trug und Diakon war, für die Grammatik aber Petrus von Pisa, beide äußerst gelehrte Männer. Er studierte auch die Astronomie und den Lauf der Planeten und hatte immer Wachstafeln bei sich, um etwas diktieren und aufschreiben zu können, wenn er Zeit dafür hatte.

**25.** Die christlichen Feste und päpstlichen Entscheide kannte er sehr genau und gegenüber Gott war er äußerst fromm; denn innerhalb seines Palastes errichtete er eine Kirche, ein großartiges Bauwerk; diese ließ er vollständig mit Gold, Silber und

---

*Alcoinum, item diaconem,* [...] *virum undecumque doctissimum, praeceptorem habuit, apud quem et rethoricae et dialecticae, praecipue tamen astronomiae ediscendae plurimum et temporis et laboris inpertivit.* [...] *Temptabat et scribere tabulasque et codicellos ad hoc in lecto sub cervicalibus circumferre solebat, ut, cum vacuum tempus esset, manum litteris effigiendis adsuesceret* [...] **503–511 Einh. Vita 26** *Religionem Christianam* [...] *sanctissime et cum summa pietate coluit, ac propter hoc plurimae pulchritudinis basilicam Aquisgrani exstruxit auroque et argento et luminaribus atque ex aere solido cancellis et ianuis adornavit. Ad cuius structuram cum columnas et marmora aliunde habere non posset, Roma atque Ravenna devehenda curavit. Ecclesiam et mane et vespere, item nocturnis horis et sacrificii tempore, quoad eum valitudo permiserat, inpigre frequentabat, curabatque magnopere, ut omnia quae in ea gerebantur cum qua maxima fierent honestate, aedituos creberrime commonens, ne quid indecens aut sordidum aut inferri aut in ea remanere permitterent.* [...] *Legendi atque psallendi disciplinam diligentissime emendavit.*

argentoque et gemmis totum adornavit, marmoreas columnas magna cura et impensa Roma Ravennaque advexit. Templa Dei frequens adibat et sacella venerabatur, nisi adversa valitudine teneretur. Sacrorum antistites maxime admonebat templorum vasa summa cura et diligentia custodire, mundare et nullam in his negligentiam pati et ne quid his deesset ad divinum cultum, procurabat. Psallendi rationem et disciplinam non tam docuit quam servavit sua prudentia. Semper enim cum res divina agebatur, interesse operam dabat, quoad posset et liceret.

**26.** Mendicos non tam regni sui fovit suis opibus, sed eos etiam, qui Syriam, Aegyptum, Africam, Hierosolymam, Alexandriam et Carthaginem colerent, alendos | fol. 16r suis sumptibus procuravit. Quae ⟨ea⟩ causa potissimum egit, ut tot externorum regum ac principum sibi amicitias conciliaret admirantium tantam imperatoris pietatem et misericordiam, qui et praesentes aleret et absentium mendicitati et inopiae subveniret. Templum divi Petri toto orbe celeberrimum, quod Romae constructum est, maxime venerabatur; cui munera pene annua ornatissima mittebat.

Fuit non solum humanus, sed etiam humilis. Nam quo tempore imperatoriam dignitatem a Leone pontifice maximo suscepit, iuravit, si id prescivisset, se nunquam templum fuisse ingressum. Callidus et bonus pariter erat, qui et malis bona referret et inimicitias dissimularet. Nam cum Romanus populus accepisset imperatorem suum illum creatum, id quod ipse certis signis coniiceret, crebris epistolis, quas ad senatum dabat, familiaritatem et gratiam illorum venabatur.

Cum animadverteret legibus Gallicis multa ad rei p.⟨ublicae⟩ institutionem deesse, Romanos priscos imitatus aliunde sumpsit studiosissime, quod suam perficeret civitatem. Historias veteres et scripsit multas et plures memoriae commendavit.

**27.** Cum senectus ipsa et frequentes morbi vicinitatem mortis nuntiare viderentur, Ludovicum, quem Aquitaniae praefecerat, haeredem unicum Hildrigardae, regem et

---

**512** non *iter.* **L** **516** medicitati **L** **522** dissimilaret **L** **529** Equitaniae **L**

---

**512–518 Einh. Vita 27** *Circa pauperes sustentandos et gratuitam liberalitatem, quam Greci eleimosinam vocant, devotissimus, ut qui non in patria solum et in suo regno id facere curaverit, verum trans maria in Syriam et Aegyptum atque Africam, Hierosolimis, Alexandriae atque Cartagini, ubi Christianos in paupertate vivere compererat, penuriae illorum conpatiens pecuniam mittere solebat; ob hoc maxime transmarinorum regum amicitias expetens, ut Christianis sub eorum dominatu degentibus refrigerium aliquod ac relevatio proveniret. Colebat prae ceteris sacris et venerabilibus locis apud Romam ecclesiam beati Petri apostoli; in cuius donaria magna vis pecuniae tam in auro quam in argento necnon et gemmis ab illo congesta est. Multa et innumera pontificibus munera missa.* **519–524 Einh. Vita 28** *Quo tempore imperatoris et augusti nomen accepit. Quod primo in tantum aversatus est, ut adfirmaret se eo die, quamvis praecipua festivitas esset, ecclesiam non intraturum, si pontificis consilium praescire potuisset. Invidiam tamen suscepti nominis, Romanis imperatoribus super hoc indignantibus, magna tulit patientia. Vicitque eorum contumaciam magnanimitate, qua eis procul dubio longe praestantior erat, mittendo ad eos crebras legationes et in epistolis fratres eos appellando.* **525–527 Einh. Vita 29** *Post susceptum imperiale nomen, cum adverteret multa legibus populi sui deesse* [...] *cogitavit quae deerant addere et discrepantia unire* [...] *pauca capitula, et ea inperfecta, legibus addidit.* [...] *Item*

Edelsteinen ausstatten und Marmorsäulen mit großer Umsicht und beträchtlichem Aufwand aus Rom und Ravenna herbeischaffen. Gotteshäuser suchte er häufig auf, kleinere Heiligtümer besuchte er gottesfürchtig, außer wenn ihn eine Krankheit davon abhielt. Mit Nachdruck ordnete er den Priestern der Gotteshäuser an, die geweihten Gefäße in den Kirchen mit größter Sorgfalt und Aufmerksamkeit zu hüten, zu reinigen und dabei keine Nachlässigkeit zu dulden; er kümmerte sich darum, dass es diesen für die heiligen Handlungen an nichts fehlte. Für Technik und Kunst des Psalmengesangs gab er nicht so sehr Richtlinien vor, als er vielmehr auf seine Einhaltung achtete, umsichtig wie er war. Denn immer wenn ein Messopfer gefeiert wurde, war er bedacht, daran teilzunehmen, soweit es ihm irgendwie möglich war.

**26.** Mit seinen Mitteln unterstützte er nicht nur die Bettler in seinem Reich, sondern auch jene, die in Syrien, Ägypten, Nordafrika, Jerusalem, Alexandria und Karthago lebten: Auf eigene Kosten kümmerte er sich um ihre Versorgung. Das tat er vor allem deshalb, um sich die Freundschaft vieler ausländischer Könige und Herrscher zu sichern, die über Mildtätigkeit und Barmherzigkeit des Kaisers staunten, da er sowohl den Bedürftigen in seiner Umgebung Nahrung spendete als auch die Armut und Not der weiter Entfernten linderte. Die auf dem ganzen Erdkreis berühmte Basilika des heiligen Petrus, die man in Rom erbaut hatte, verehrte er in besonderer Weise; er schickte ihr beinahe jährlich die kostbarsten Geschenke.

Er war nicht nur freundlich, sondern auch bescheiden. Denn zu jener Zeit, als er von Papst Leo die Kaiserwürde empfing, bekräftigte er durch einen Eid, dass er das Gotteshaus niemals betreten hätte, wenn er das vorher gewusst hätte. Er war in gleicher Weise schlau und gut, weil er Böses mit Gutem vergelten und über Feindschaften hinwegsehen konnte. Denn als das Volk von Rom erfahren hatte, dass jener zu ihrem Kaiser erhoben worden war, – was er selbst aus gewissen Anzeichen erahnen konnte –, bemühte er sich durch zahlreiche Briefe, die er an den Senat richtete, um dessen Freundschaft und Wohlwollen.

Weil er erkannte, dass die fränkischen Gesetze zur Einrichtung eines Gemeinwesens in vielem mangelhaft waren, ahmte er die alten Römer nach und holte sich auf eifrigste Weise von anderswo, womit er sein Gemeinwesen besser einrichten konnte. Er ließ viele alte Geschichtswerke aufzeichnen und hat noch mehr der Nachwelt erhalten.

**27.** Als das Alter und sich häufende Krankheiten den nahen Tod anzukündigen schienen, erhob er Ludwig, dem er die Herrschaft über Aquitanien übertragen hatte,

---

*barbara et antiquissima carmina, quibus veterum regum actus et bella canebantur, scripsit memoriaeque mandavit.* **528–533 Einh. Vita 30** *Extremo vitae tempore, cum iam et morbo et senectute premeretur, evocatum ad se Hludowicum filium, Aquitaniae regem, qui solus filiorum Hildigardae supererat, congregatis sollemniter de toto regno Francorum primoribus, cunctorum consilio consortem sibi totius regni et imperialis nominis heredem constituit* […] *imperatorem et Augustum iussit appellari.* […] *Auxitque maiestatem eius hoc factum et exteris nationibus non minimum terroris incussit.*

imperatorem creavit, procerum omnium consensu Augustumque iussit appellari. Quod factum et suam auxit maiestatem et externis gentibus terrorem incussit, ne scilicet quippiam in Caroli regnum post eius mortem moliri auderent, novo iam rege et imperatore creato.

Inter venandum vel aestu vel frigore correptus in febrim incidit. Quam cum more
fol. 16v solito se crederet posse diaeta et abstinentia coercere, auxit | potius. Ad febrim enim id morbi genus, quod Graeci πλεύρησιν, nostri dolorem lateris vocant, accessit et utroque diu depastus morbo, tandem diem suum obiit natalis sui anno septuagesimo secundo, regni vero et imperii quadragesimo septimo.

**28.** Cuius corpus pro regia dignitate et imperatoria maiestate humatum est in templo beatissimae virginis Mariae, quod in regia sua miro opere construxerat. Sepulchro marmoreo tam ipsius imaginem quam huiuscemodi epitaphium insculpsere: *Hic iacet corpus Caroli Magni imperatoris Christianissimi, qui Gallorum regnum dilatavit et belli pacisque artibus super septem et quadraginta annos feliciter administravit.* Eius tumulo arcus superinductus est mira arte ingenioque fabricatus.

**29.** Ante vero illius obitum plura visa sunt prodigia: solis et lunae crebra ἔκληψις, sol atris maculis aspersus apparuit. Porticus, quam inter basilicam et regiam operosa arte construxerat, subita ruina collapsa est; pons Rheni, quem ipse decennali opere apud Maguntiam fecerat, igne de caelo lapso poenitus consumptus est; gerenti sibi cum Saxonibus bellum adversum Gotofredum regem ante solis ortum cometa apparuit, cuius aspectu territus equo elapsus est, non sine gravi corporis collisione; terrae motus creber auditus; aurea pila, quae in templi pin⟨n⟩aculo posita erat, fulgore tacta corruit;

---

**534** oestu **L** **544** fabricatus] interea nationis dominicae anno octingentesimo decesset *add.* **L**; *expunxi* **549** Godofricum **L** **551** pinaculo **L** | fulgere **L**

---

**530 Acc. p. 122** summo consensu omnium principum Augustum apellavit **534–538 Einh. Vita 30** [...] *non longe a regia Aquensi venatum proficiscitur* [...] *Cumque ibi hiemaret, mense Ianuario febre valida correptus decubuit. Qui statim, ut in febribus solebat, cibi sibi abstinentiam indixit, arbitratus hac continentia morbum posse depelli vel certe mitigari. Sed accedente ad febrem lateris dolore, quem Greci pleuresin dicunt, illoque adhuc inediam retinente neque corpus aliter quam rarissimo potu sustentante, septimo, postquam decubuit, die, sacra communione percepta, decessit, anno aetatis suae septuagesimo secundo et ex quo regnare coeperat quadragesimo septimo, V. Kal. Februarii, hora diei tertia.* (cf. **Acc. p. 122**) **539–544 Einh. Vita 31** *Corpus more sollemni lotum et curatum et maximo totius populi luctu ecclesiae inlatum atque humatum est.* [...] *ob honorem sanctae et aeternae virginis, genetricis eius, proprio sumptu in eodem vico construxit. In hac sepultus est* [...] *arcusque supra tumulum deauratus cum imagine et titulo exstructus.* [...] **Acc. p. 122–123** Eius deinde corpus [...] sepultum tradunt arcumque auratum egregieque fabrefactum supra monumentum eius locatum, in quo imago illius sculpta tali epigrammate cingebatur „*Caroli Magni Christianissimi imperatoris Romanorum corpus sub hoc sepulchro conditum iacet. Hic Francorum regnum septem supra quadraginta annos summa moderatione ac iustitia administravit, idque belli pacisque artibus magnopere auctum posteris suis reliquit.*“ **545–551 Acc. p. 123** Paulo ante obitum eius multa prodigia visa dicuntur [...] et auream pilam, quae in culmine religiosissimi templi locata erat, fulgure tactam et deiectam tradunt. **545–553 Einh. Vita 32** *Adpropinquantis finis conplura fuere prodigia [...] et solis et lunae creberrima defectio et in sole*

den einzigen Erben nach Hildegard, zum König und Kaiser und ließ ihn mit der Zustimmung aller Adeligen den Titel „Oberkaiser“ führen. Dieses Vorgehen mehrte sein Ansehen und flößte den fremden Völkern Respekt ein, so dass gegen das Reich Karls nach seinem Tod gewiss niemand etwas zu unternehmen wagte, weil bereits ein neuer König und Kaiser eingesetzt war.

Als er einmal auf der Jagd war, wurde er entweder wegen der Hitze oder der Kälte von Fieber befallen. Obwohl er meinte, dies in der gewohnten Weise durch Diät oder Fasten eindämmen zu können, wurde es noch stärker. Denn zum Fieber gesellte sich die Krankheitsart, welche die Griechen *Pleuresis*, die Unseren Seitenschmerzen nennen; von beiden Krankheiten durch lange Zeit geschwächt, starb er schließlich in seinem zweiundsiebzigsten Lebensjahr, im siebenundvierzigsten Jahr seiner Herrschaft als König und Kaiser.

**28.** Sein Leichnam wurde entsprechend der Würde eines Königs und dem Ansehen eines Kaisers in der Kirche der heiligsten Jungfrau Maria beigesetzt, die er in seinem Palast in wunderbarer Meisterschaft hatte errichten lassen. Auf dem Marmorgrab ließ man sein Bildnis und eine Grabinschrift mit folgendem Wortlaut einmeißeln: „Hier ruht der Leib Karls des Großen, des allerchristlichsten Kaisers, der das Reich der Gallier vergrößert und in Kriegs- und Friedenszeiten über siebenundvierzig Jahre lang kundig und glücklich regiert hat.“ Über seinem Grab wurde ein Bogen eingezogen, den man in wunderbarer Kunstfertigkeit und Meisterschaft ausgeführt hatte.

**29.** Vor seinem Tod aber sichtete man zahlreiche Vorzeichen: häufige Sonnen- und Mondfinsternisse, die Sonne zeigte sich mit schwarzen Flecken besprenkelt. Die Säulenhalle, die er zwischen Basilika und Palast mit aufwändiger Kunstfertigkeit erbaut hatte, stürzte ganz plötzlich in sich zusammen; die Brücke über den Rhein, die er in zehnjähriger Arbeit bei Mainz hatte errichten lassen, wurde durch ein vom Himmel herabfallendes Feuer zur Gänze zerstört; als er gegen die Sachsen und König Gottfried Krieg führte, erschien vor Sonnenaufgang ein Komet, bei dessen Anblick er erschrak, vom Pferd stürzte und sich dabei schwere körperliche Verletzungen zuzog; häufig hörte man Erdbeben; die goldene Kugel, die auf dem Giebel der Kirche

---

*macula quaedam atri coloris septem dierum spatio visa. Porticus, quam inter basilicam et regiam operosa mole construxerat, die ascensionis Domini subita ruina usque ad fundamenta conlapsa. Item pons Rheni apud Mogontiacum, quem ipse per decem annos ingenti labore et opere mirabili de ligno ita construxit, […] ita tribus horis fortuitu incendio conflagravit […]. Ipse quoque, cum ultimam in Saxoniam expeditionem contra Godofridum regem Danorum ageret, […] vidit repente delapsam caelitus cum ingenti lumine facem a dextra in sinistram per serenum aera transcurrere. […] subito equus, quem sedebat, capite deorsum merso decidit eumque tam graviter ad terram elisit, ut […] levaretur. […] Accessit ad hoc creber Aquensis palatii tremor […] Erat in eadem basilica […] epigramma sinopide scriptum, continens, quis auctor esset eiusdem templi, cuius in extremo versu legebatur: KAROLUS PRINCEPS. Notatum est a quibusdam eodem, quo decessit, anno paucis ante mortem mensibus eas, quae PRINCEPS exprimebant, litteras ita esse deletas, ut penitus non apparerent. Sed superiora omnia sic aut dissimulavit aut sprevit, acsi nihil horum ad res suas quolibet modo pertineret.*

litterae epitaphii sui, hae praesertim, quae imperatoris nomen exprimebant, sua sponte pene omnes evanuere. Quam rem tanquam alienam pro minimo duxit.

**30.** Testamento condito tribus ante annis, quam a vita decederet, pecuniam, vestes, fol. 17r vasa aurea, argentea preclaramque omnem supellectilem | trifariam divisit legavitque, ita ut geminam portionem obirent una et viginti civitates regni sui, quae Graeco nomine metropolitanae vocabantur. Qua usi sunt earum episcopi pro arbitrio suo in reficiendis templis alendisque mendicis. Tertia vero portio praehabita uniuscuiusque personae ratione filiis et filiabus, servis et ancillis cessit.

Fuere thesaurorum suorum praecipua ornamenta argenteae mensae tres atque altera aurea non mediocris magnitudinis. Inter quas una erat, quae Bizantii similitudinem imaginemque prae se ferret, eaque Romam missa et templo beati Petri muneri data. Altera, in qua Romae magnitudo caelata tenebatur, Ravennam ad basilicam eius urbis ornandam missa. Tertia aurea, quae cosmographiam contineret, filiis relicta est. Fuit haec summa testamenti Caroli, quod omne Ludovicus filius et patrimonii heres et imperii successor post paternam mortem adimplendum curavit.

---

**554** testimento **L** **566** Explicit vita Caroli Magni **L**

---

**554–566 Acc. p. 123** Tribus annis antequam e vita migraret, testamentum condidit, quo pecuniam, vestes, vasa aurea argenteaque multamque praetiosam suppellectilem triplici portione divisam legavit. Duas partes uni et viginti civitatibus regni, quas metropolitanas appellant Graeci, ac earum episcopis dari iussit, ut illis in reficiendis ecclesiis et pauperibus iuvandis pro arbitrio uterentur. Tertiam vero partem uniuscuiusque ratione habita filiis, filiabus, nepotibusque tum servis et ancillis reliquit. Erant inter caeteros thesauros suos tres argentee mense ac una aurea praecipue magnitudinis. Illarum trium unam, quae Constantinopolitanae urbis similitudinem referebat, ad ornandum celeberrimum beati Petri templum Romam misit, aliam, in qua forma urbis Romae peregregie sculpta erat, Ravennati basilicae dono dedit, tertiam vero, quae totius orbis descriptionem continebat et auream illam […] filiis suis reliquit. Haec Carolus summa diligentia, ratione atque consilio […] constituit. Quae omnia Ludovicus eius filius ac successor ex commentario post Caroli mortem diligentissime sanctissimeque servavit. (cf. **Einh. Vita 33**)

angebracht war, wurde vom Blitz getroffen und fiel zu Boden. Die Buchstaben auf seinem Grabmal, besonders jene, die die Bezeichnung Kaiser wiedergaben, verschwanden nahezu alle von allein. Er aber maß dem keine Bedeutung bei, als ob es ihn nichts anginge.

30. Sein Testament hatte er bereits drei Jahre vor seinem Tod verfasst: Das Vermögen, die Kleider, die goldenen und silbernen Gefäße und den gesamten kostbaren Hausrat teilte er in drei Teile und verfügte, dass zwei Teile davon die einundzwanzig Hauptstädte seines Reiches, die in der griechischen Bezeichnung „Metropolen" heißen, erhalten sollten. Dies wandten ihre Bischöfe nach ihrem Gutdünken für die Renovierung von Gotteshäusern und die Versorgung von Bettlern auf. Der dritte Teil aber ging unter vorausgehender Berücksichtigung der einzelnen Person an seine Söhne, Töchter, Knechte und Mägde.

Die besonderen Kostbarkeiten unter seinen Schätzen waren drei Tische aus Silber und einer aus Gold von nicht geringer Größe. Darunter war einer, der eine bildliche Darstellung von Byzanz zeigte: Diesen schickte er nach Rom und machte ihn der Peterskirche zum Geschenk. Einen anderen, auf dem die Größe Roms als Ziselierarbeit dargestellt war, schickte er zur Ausstattung der dortigen Basilika nach Ravenna. Ein dritter, aus Gold mit einer aufgezeichneten Weltkarte hinterließ er seinen Kindern. Das war der wesentliche Inhalt des Testaments, das Ludwig, sein Sohn, Erbe des Vermögens und Nachfolger in der Herrschaft, nach dem Tod seines Vaters vollstrecken ließ.

## 1.3 Indices

### Index nominum

Zahlen mit Sternchen* beziehen sich auf den Brief Piccolominis (ediert auf S. 74–75), Zahlen in *Kursivdruck* auf die Vorrede und Zahlen in Normaldruck auf die Vita.

## Index geographicus

# 2. Kommentierung

## 2.1 Die Beauftragung durch Francesco Tedeschini Piccolomini

### Überlieferung des Briefes

Der Brief, in dem Francesco Tedeschini-Piccolomini den Veroneser Mönch mit der Abfassung einer Karlsvita betraute[1], ist in Hs. 1077 (ursprüngliche Signatur S1.1) der römischen Biblioteca Angelica überliefert[2]. Die bisher noch nicht systematisch untersuchte Miszellanhandschrift entstand zwischen 1510 und 1515 und enthält zahlreiche Briefe, Zeugnisse und Quellen zur Familiengeschichte der Piccolomini[3]. Der nicht datierte Brief auf fol. 109$^{r}$–109$^{v}$ ist in dieser Handschrift nicht als Autograph, sondern als spätere Abschrift erhalten; der Text weist zahlreiche Korruptelen auf[4].

Rossella Bianchi hat 1991 erstmals auf die Bedeutung dieses wertvollen Schriftstücks hingewiesen, Paolo Garbini hat es, ohne Hilarions Karlsvita zu kennen, eingehender besprochen[5]. Der Forscher unterstreicht das ausgeprägte Interesse Piccolominis für geschichtliche Stoffe und verweist auf seine rege Tätigkeit als Auftraggeber historiographischer Schriften[6]. Er betont fernerhin die Bedeutsamkeit dieses Auftrages für die Rezeptionsgeschichte Karls im Zeitalter des Humanismus[7].

---

1 Bedauerlicherweise fehlt bis heute eine Gesamtausgabe des Epistolars Francesco Tedeschini-Piccolominis – ein dringliches Desiderat! Zur Epistolographie im Humanismus s. Clough 1976; Fumaroli 1978; Harth 1983.

2 Eine (ungenaue, unvollständige und fehlerhafte) Beschreibung bei Narducci 1893, 438–449, dort 444, Nr. 118a ausgewiesen als anonymer Brief („epp. anon."), mit falscher Paginierung („f. 109$^{a}$–112$^{a}$") und falschem Incipit („Extat tantisque"); einen Hinweis auf diese Handschrift gibt auch Kristeller 1967, 91–92 (ohne Nennung des Piccolomini-Briefes).

3 Auf die Bedeutung der Handschrift wiesen Avesani 1964b, passim und jüngst ausführlich Bianchi 1994 hin; umfassende Literaturhinweise bei Bianchi 1994, 31–32, Anm. 5.

4 Nicht berücksichtigt sind im Apparat jene zahlreichen (Schreib- bzw. Verständnis-)Fehler, welche Zusammen- und Getrenntschreibung betreffen.

5 Garbini 1994, dort 181–82.

6 Garbini 1994, 181 „Vivace fu insomma l'interesse di Francesco Tedeschini Piccolomini per la storia, e incisiva la sua azione di committente di scritti storiografici ... Il quadro delle fervide attività di produzione storiografica da lui incoraggiata o a lui comunque indirizzata, si arricchisce ora di una nuova testimonianza."

7 Garbini 1994, 181 „Di fatto, l'episodio costituisce un momento inedito e interessante nella storia dell'appropriazione umanistica del mito storiografico-letterario di Carlo Magno."

## Editio princeps des Briefes

**A** Rom, Biblioteca Angelica Ms. 1077, 109r-109v

*F. Cardinalis Senensis Illarioni Veronensi monacho s.p.d.*

Ex tot tantisque viris illustribus, quos prisca secula tulere, quatuor tantum communi Grecorum Latinorumque consensu rerum a se gestarum cumulo Magni cognomen sunt assecuti: duo ex externis, id est gentibus, totidem ex nostris. Alexander Macedo, Philippi filius, brevi spatio summaque felicitate precipua Europe parte et Asia fere tota perdomita atque in potestatem accepta iure optimo Magnus appellatus est. Et Cn. Pompeius rerum gestarum magnitudine atque splendore Alexandro non inferior eandem meruit cognominis gloriam: is enim Sicilia recuperata Africam totam subegit, inde ad occasum versus Pireneos transgressus ulteriorem Ispaniam in ditionem redegit, Sertorium domui⟨t⟩, terras omnis a Meotis lacu ad Rubrum mare in potestatem populi Romani fecit, oram maritimam a predonibus liberavit, quibus naves octingentas quadraginta sex ademit, Asiam provinciam, Pontum, Armeniam, Paphlagoniam, Capadociam, Ciliciam, Siriam, Scythas, Iudeos, Albanos, Hiberos, insulam Creten, Bastarnasque devicit triumphavitque de Mithridate et Tigrane regibus, hostes innumeros stravit, nomenque atque imperium Romanum ad Oceanum usque propagavit.

---

1 Cardinali Senensi **A** 6 impotestatem **A** | Cn *correxi*; Gi **A** 7 Ponpeius **A** 9 occasum *correxi*; ocerduum **A** 10 domui **A** | impotestatem **A** 11 marittimam **A** | ottingentas **A** 13 Scythas] *correxi*; Sitas in **A** | Crete **A**

---

**6–8 Plin. nat. 7,95** Verum ad decus imperii Romani, non solum ad viri unius, pertinet victoriarum Pompei Magni titulos omnes triumphosque hoc in loco nuncupari, aequato non modo Alexandri Magni rerum fulgore, sed etiam Herculis prope ac Liberi patris. **8–10 Plin. nat. 7,96** Igitur Sicilia recuperata ... Africa vero tota subacta et in dicionem redacta Magnique nomine in spolium inde capto ... curru triumphali revectus et statim ad solis occasum transgressus, excitatis in Pyrenaeo tropaeis, oppida DCCCLXXVI ab Alpibus ad fines Hispaniae ulterioris in dicionem redacta victoriae suae adscripsit et maiore animo Sertorium tacuit ... **10–12 Plin. nat. 7,97** Postea ad tota maria et deinde solis ortus missus hos retulit patriae titulos ... hos ergo honores urbi tribuit in delubro Minervae, quod ex manubiis dicabat: CN POMPEIVS MAGNVS IMPERATOR BELLO XXX ANNORVM CONFECTO FVSIS FVGATIS OCCISIS IN DEDITIONEM ACCEPTIS HOMINVM CENTIENS VICIES SEMEL LXXXIII DEPRESSIS AVT CAPTIS NAVIBVS DCCCXLVI ... TERRIS A MAEOTIS AD RVBRVM MARE SVBACTIS VOTVM MERITO MINERVAE. **11–15 Plin. nat. 7,98** Hoc est breviarium eius ab oriente. triumphi vero, quem duxit a.d. III kal. Oct. M. Pisone M. Messala cos., praefatio haec fuit: CVM ORAM MARITIMAM PRAEDONIBVS LIBERASSET ET IMPERIVM MARIS POPVLO ROMANO RESTITVISSET EX ASIA PONTO ARMENIA PAPHLAGONIA CAPPADOCIA CILICIA SYRIA SCYTHIS IVDAEIS ALBANIS HIBERIA INSVLA CRETA BASTERNIS ET SVPER HAEC DE REGE MITHRIDATE ATQVE TIGRANE TRIVMPHAVIT.

Qui vero ex nostris hanc sibi gloriam vindicarunt, non modo Magni illud cognomen sibi non addiderunt sua accessione, sed etiam mirum in modum illustrarunt. Constantinus enim, Constanti et Helene filius, incredibili sua virtute et rerum gestarum excellentia et presertim quod Christiane ecclesie primus pacem dedit, unitatem in trinitate [et] divina confessus et veneratus est, non iniuria Magnus est apellatus. Sed et Carolus, Pipini filius, Francorum rex, qui labantem rem p. et Romanum imperium in manus Graecorum iam collapsum magnifice instauravit atque restituit, Romanam ecclesiam ab oppressorum violentia defendit, Italiam a tirannorum barbarorumque gravi iugo liberavit, Magni cognomen non immerito accepit. Sed feliciores exteri quam nostri diiudicari possent, si bene gestarum rerum preter famam et mundi gloriam premia nulla essent; nacti enim sunt Alexander et Pompeius, qui illorum gesta non modo enarrare, sed illustrare atque ampliare his⟨toriis⟩ possent, nostri vero aut nullos aut incultos barbarosque scriptores sunt sortiti.

Venit nuper ad manus nostras Karoli Magni vita, quam oculis percurrere ardenti desiderio cupientes mox librum sumus aggressi, sed deterriti confusione prolixitateque istorie et aspro atque inherudito scriptoris stilo fatigati brevi deposuimus; indoluimus tanti principis vices et memoriam repetentes Illarionem monacum, disertum atque eruditum virum, in Baiano felici sinu hibernare, aliis negociis preterque aliorum studiis fortasse vacuum, ad te conversi hanc tibi provinciam demandandam cogitavimus. Mittimus igitur ad te Karoli vitam prolixam confusam incomptamque, ut videbis. Rogamus, si vacat, ut acceptis scalpellis ex regula rude opus expolies, superflua reseces, confusa distinguas, inerudita inculta obscura exornes atque illustres et ita comptum ornatumque ⟨ad⟩ nos remittas, ⟨ut⟩ Karoli epithoma ex Illarionis officina prodisse videatur. Hoc, ut arbitramur, et ipsi Karolo inter superos agenti de rep. Christiana et Romana ecclesia optime merito erit iocundum et nobis procul dubio admodum gratum. Vale.

---

**16** sibi *correxi*; Iulius **A** **18** Constanti *correxi*; Constantisti **A** **20** et[1] *delevi*; *fortasse melius* divina et **21** rep. **A** **23** defendet **A** **26** Ponpeius **A** **27** historiis *coniecit Smolak*; his **A** **33** aliarum **A** **36** expolies *correxi*; et polies **A** **38** ad *addidi* | ut *addidi* | officina *correxi*; officia **A** **41** gratam **A**

## Deutung

Von den zahlreichen bedeutenden Männern der Vergangenheit, so beginnt der Kardinal seinen Brief, hätten nach übereinstimmender Meinung der Griechen und Römer aufgrund ihrer herausragenden Leistungen nur vier den Beinamen „der Große" (*Magnus*)[1] verdient. Zwei von den Heiden, zwei von den „Unsrigen", wie Piccolomini die christlichen von den heidnischen Gestalten deutlich abgrenzt[2]. In der Folge geht er auf die vier „Großen" näher ein und erklärt, warum Alexander, Pompeius, Konstantin und Karl diesen Beinamen erhalten haben[3].

Auffallend kurz handelt er zunächst über den Makedonen Alexander, der aufgrund der Eroberung von nahezu ganz Asien und weiter Teile Europas innerhalb eines kurzen Zeitraums zu Recht „der Große" genannt werde[4]. An Glanz und Größe Alexander durchaus ebenbürtig sei Cn. Pompeius, dessen Taten er eingehender würdigt: die Rückgewinnung Siziliens, die Eroberung ganz Afrikas, des diesseitigen Spanien im Westen, der Länder von der Mäotischen See bis zum Roten Meer im Osten, der Sieg über Sertorius, die Beendigung der Seeräuberplage an den Mittelmeerküsten, die Unterwerfung der Provinzen Asia, Pontus, Armenien, Paphlagonien, Kappadokien, Kilikien und Syrien, die Bezwingung der Volksstämme der Juden, Albaner, Iberer, Kreter und Bastarnen und der Triumph über die Könige Mithridates und Tigranes,

---

1 Über die Herkunft dieser Titulatur aus dem Vorderen Orient und aus Griechenland und deren Geschichte unterrichtet kenntnisreich SPRANGER 1958.

2 Piccolominis Beschränkung der christlichen „Großen" auf zwei ist willkürlich, wenn man bedenkt, dass der Beiname bei den Christen weitaus häufiger war als bei den Heiden (vgl. Theoderich d. Gr., Theodosius d. Gr., Papst Leo d. Gr., Gregor d. Gr., Basilius d. Gr.), vgl. SPRANGER 1958, 56–7. Freilich eignet sich die Vierzahl für die von Piccolomini gebotene σύγκρισις weitaus am besten.

3 Alexander, Pompeius und Karl, die alle das Epitheton *Magnus* tragen, sind auch Gegenstand dreier jeweils in Ich-Form abgefasster Kurzbiographien eines anonymen Verfassers in Vatikanstadt, BAV, Ottob.lat. 793, fol. 114$^{v}$–116$^{v}$. Die Handschrift enthält den anonymen und Kardinal Bessarion gewidmeten Dialog *De dignitate cardinalatus* (fol. 2$^{r}$–114$^{r}$) aus dem Jahr 1468. Als Verfasser vorgeschlagen wurde zunächst N. Palmieri von KRISTELLER 1967, II, 425 „The author could be Nic. Palmerius ep. Ortanus"; Massimo Miglio wollte dann jedoch den Nachweis erbringen, dass der französische Kardinal Jean Jouffroy (1412–1473) der Autor des Traktats sei: vgl. MIGLIO 1975, bes. 133–34; diese Zuordnung akzeptierten in der Folge BIANCA 1980, 156, Anm. 224 und LANCONELLI 1980, 278, Anm. 12. Man hat aber bereits früher erkannt, dass der Text in Ottob.lat. 793 eine Übersetzung eines anonymen französischen Traktats „*Les trois Grands*" darstellt, der vielleicht von einem Mitglied der Pariser Universität verfasst wurde: vgl. ROSS (1966); PADE (2007) I 247, Anm. 721. Eine Edition bietet ROSS (1966) 392–396. Später sprach sich ROSS (1985) 405 für Sebastian Mamerot als Verfasser aus: „Further evidence makes Mamerot's autorship of *Les Trois Grands* very likely."

4 „Der Große" wurde Alexander erst von den Römern genannt; vgl. SPRANGER 1958, 36–7.

insgesamt die Unterwerfung zahlreicher Feinde und die Erweiterung des römischen Reiches mache ihn zu einem würdigen Träger dieses Namens[5].

Die „Unseren" – erneut grenzt Piccolomini die christlichen Persönlichkeiten deutlich von den heidnischen ab – hätten sich diesen Beinamen nicht nur nicht durch eigene Inanspruchnahme beigegeben, sondern diesem auch auf wunderbare Weise Glanz verliehen[6]. Konstantin[7] werde nämlich nicht zu Unrecht „der Große" genannt. Der Sohn des Constantius und der Helena zeichnete sich durch seine unglaubliche Tüchtigkeit und außergewöhnliche Tatkraft aus. Als Erster brachte er der christlichen Kirche den Frieden und bekannte und verehrte die göttliche Einheit in der Dreiheit. Zu Recht erhielt auch der Frankenkönig Karl diesen Beinamen, weil er den schwankenden Staat und das in die Hände der Griechen (Byzantiner) geratene römische Reich auf bewundernswerte Weise wiederherstellte, die Kirche Roms gegen die Gewalttätigkeit ihrer Unterdrücker verteidigte und Italien von dem lastenden Joch der „Tyrannen" und Barbaren befreite[8]. Nun könnte man aber die heidnischen Großen – so fährt der Kardinal fort – für ‚glücklicher' halten als die „unseren", wenn es für Großtaten neben weltlichem Ruhm keine andere Belohnung gäbe; denn Alexander und Pompeius fanden Schriftsteller, die ihre Taten nicht nur zu erzählen, sondern auch

---

5 Um Pompeius' Leistungen gebührend zu würdigen, greift Fr. Piccolomini auf die Beschreibung außergewöhnlicher Persönlichkeiten im 7. Buch der *Naturalis historia* von Plinius d. Älteren zurück. (Zumindest) vier Exemplare dieser römischen Enzyklopädie befanden sich in der Bibliothek der Piccolomini: Vatikanstadt, BAV, Chig. H VIII 260 (vgl. Borst 1994, 314, Anm. 49), BAV, Chig. E VII 228 (vgl. Helmrath 2005, 104, Anm. 18), London, British Museum, Harley 2677 (vgl. Wright 1976, 466 u. 480, Anm. 19), London, Victoria and Albert Museum, K.R. Press D 12 (vgl. Casella 1972, 100, Anm. 187) sowie die Epitome des Lodovico de Guastis in Siena, Biblioteca Comunale degli Intronati L III 6 und L III 8 (vgl. Helmrath 2005, 104, Anm. 18). Zur immensen Wirkung dieser Schrift im Quattrocento siehe Anm. 98.

6 Piccolominis Behauptung stimmt, wenn man Pompeius und Konstantin einander gegenüberstellt: Während der römische Feldherr das Prädikat *Magnus* selbst an seine Person heftete (Spranger 1958, 38–42), wurde es dem christlichen Kaiser erst nach seinem Tod verliehen (Spranger 1958, 55–57). Für Karl hingegen ist der Beiname bereits zu Lebzeiten gut bezeugt, wie Lehmann 1929, 215–220 nachweist; dem widerspricht aber neuerdings Werner 2000, 28–29, demzufolge die Idee erst am Ende des 9. Jh. entstanden sei; ähnlich Dutton 2007, 26–7.

7 Zum Bild Kaiser Konstantins im frühen Mittelalter vgl. Ewig 1956.

8 Während Piccolomini und Hilarion, Vita Caroli 4 (Z. 71–2) Karl in eine Reihe mit den „Großen" Alexander und Pompeius stellen, kommt für Petrarca, dessen Blick auf das Mittelalter zumeist ein kritisch-verächtlicher war, ein derartiger Vergleich noch einer Anmaßung gleich; vgl. Petrarca, fam. I,4,7 *Carolum regem, quem Magni cognomine equare Pompeio et Alexandro audent* … (Francesco Petrarca, Opere I. Canzoniere – Trionfi – Familiarium rerum Libri, Firenze 1975, 261).

auszugestalten und zu verherrlichen vermochten[9], „unsere“ aber fanden entweder überhaupt keine oder ungebildet barbarische (*inculti barbarique scriptores*)[10].

In diesem durchaus strengen stilistischen Werturteil klingt einerseits ein berühmt gewordener Gedanke aus Ciceros Rede *Pro Archia poeta* an[11], andererseits offenbart es die den Humanisten eigene Sensibilität auf dem Gebiet des Sprachlich-Stilistischen sowie deren Ausrichtung an einem neuen, an der klassischen Antike geschulten Stilideal.

Neulich sei ihm eine Vita Karls des Großen in die Hände geraten, so setzt der Piccolomini-Kardinal seine Ausführungen fort. Sogleich habe er mit glühendem Verlangen die Lektüre in Angriff genommen, das Buch aber bald wieder zur Seite gelegt, weil ihn das Durcheinander (*confusio*) und die Weitläufigkeit der historischen Darstellung (*prolixitas istoriae*) abgeschreckt und der raue, ungebildete Stil (*asper et ineruditus stilus*) ermüdet habe. In dieser Lage habe er tief bedauert, dass der redegewandte und gelehrte Mönch Hilarion am Golf von Baiae überwintere[12] und vielleicht für andere Aufgaben und Studien frei sei, und überlegt, ihm diese Aufgabe zu überantworten. Er möge also zum Skalpell greifen und nach den Regeln der Kunst das schmucklose Werk aufputzen, Überflüssiges streichen, Verworrenes klarer fassen, Ungepflegtes und Dunkles deutlicher machen und das Werk so verfeinert und stilistisch ausgeschmückt an den Adressaten zurücksenden, dass dann der Eindruck entstehen könne, aus der Werkstatt Hilarions sei eine Epitome der Karlsvita hervorgegangen. Diese Arbeit werde dann dem um die Kirche hochverdienten und jetzt unter den Himmlischen weilenden Karl selbst erfreuen, dem Schreiber des Briefes, also ihm selbst, aber höchst willkommen sein.

---

9 Derselbe (topische) Gedanke begegnet in Platinas Oratio de laudibus bonarum artium ad Pium II (1463/64): *Habuit item Silla, habuit Caesar, habuit Alexander, habuit Magnus Pompeius rerum a se gestarum scriptores. Videbant profecto duces illi clarissimi tot vigiliis, tot laboribus, tot periculis nil actum esse, nisi eorum res gestae alicuius eruditissmi viri scriptis mandarentur memoriae posteritatis.* (zit. nach Bauer 2007, 25, Anm. 18).

10 Der Gedanke, dass Karl der Große keinen tauglichen Künder seiner Taten gefunden hatte, begegnet auch im Florentinischen Humanismus, etwa bei Leonardo Bruni oder Luigi Pulci, vgl. Carrara 1932, 150–51.

11 Cic. Arch. 10,24 *Quam multos scriptores rerum suarum magnus ille Alexander secum habuisse dicitur! Atque is tamen, cum in Sigeo ad Achillis tumulum astitisset: ‚o fortunate', inquit ‚adulescens, qui tuae virtutis Homerum praeconem inveneris!'* (cf. Cic. fam. 5,12,7)

12 *In Baiano felici sinu* (Z.33) ist wohl kaum wörtlich zu verstehen. Einmal mehr versucht Fr. Tedeschini-Piccolomini seine Vertrautheit mit der römischen Antike unter Beweis zu stellen. Er evoziert zum einen den bekannten Topos der *Campania felix*, zum anderen die Erinnerung an das antike „Badeparadies“ Baiae. Die ironische Note des Satzes wird man schwerlich leugnen können! Hilarion jedenfalls hat sich (wohl ab 1471) mehrmals und länger in (oder um) Neapel aufgehalten. Leider fehlen uns über diese Zeit Quellenzeugnisse. Die Verbindungen zu kirchlichen Persönlichkeiten aus diesem Raum, etwa zu Oliviero Carafa oder Pietro Ursuleo, lassen vermuten, dass Hilarion in Süditalien ein Netzwerk von Verbindungen zu kirchlichen (und vielleicht auch weltlichen) Persönlichkeiten unterhielt.

## Die Karlsviten Einhards und Hilarions: Ein Stilvergleich

Unweigerlich stellt sich hier die Frage, über welche Karlsvita der geschichtskundige Kardinal derartig abschätzig geurteilt hat[13]. Piccolominis Verdikt trifft sowohl Inhalt und Aufbau, an denen er Verworrenheit (*confusio*) und Weitläufigkeit (*prolixitas*) bemängelt, als auch (und vielmehr) den Stil, den er als hart (*asper*), ungebildet (*ineruditus*), kunstlos (*incultus*, *incomptus*) und dunkel (*obscurus*) brandmarkt. Das „rohe" Werk (*rude opus*) enthalte zudem manch Überflüssiges (*superflua*).

Der Autor, den der Kardinal enttäuscht beiseite legte, war (sehr wahrscheinlich) Einhard. Wenn auch die stilistische Aburteilung des von Mediävisten und Philologen fast immer hoch gelobten Einhard[14] überraschen mag, wenn in dieser Zeit in Italien auch andere Karlsviten und -kompilationen in Umlauf gewesen sein mögen, wenn sich auch in der Bibliothek der Piccolomini bis heute keine Einhard-Vita nachweisen ließ, ist dennoch unbestritten, dass Hilarion bei der Abfassung seiner Karlsvita einen Einhard-Kodex zur Hand hatte, und dieser war wohl der von Piccolomini übermittelte. Bemerkenswert bleibt in diesem Zusammenhang, dass sich Hilarion mit der Ausarbeitung einer reinen Epitome nicht zufrieden gab, sondern zahlreiche andere Quellen, die dem *ornatus* dienstbar zu sein hatten, einarbeitete (siehe Kapitel 2.10).

---

13 Nicht festlegen wollte (und konnte) sich GARBINI 1994, 181 „Allo stato attuale non è possibile saperne di più: di quale *Vita Karoli* si trattasse, e se Ilarione l'abbia epitomata."

14 MANITIUS 1882, 542 u. 543 „Das Hauptergebnis aus dem Studium des Cicero ist also der elegante Stil, der am meisten in der Vita C. und den Ann. Einhardi hervortritt." und „Während bis gegen das Ende des 8. Jahrhunderts die Sprache der historischen Darstellung das barbarische Latein der Merowingerzeit ist, finden wir in den ersten Jahrzehnten des 9. Jahrhunderts ein fast fehlerfreies, schön stilisiertes Latein, dem wir das Streben nach classischen Mustern sofort ansehen. Man wird dabei an den späteren Humanismus erinnert: fast alle Ausdrücke, die sich nicht in den classischen Autoren fanden, sind weggefallen, Cicero wird als das Ideal der schönen Schreibweise gepriesen."; NORDEN $^{7}$1998, 169–170 „Seine *vita Caroli* ist, wenn man sie vom klassizistischen Standpunkt aus beurteilt, stilistisch die beste Arbeit des Mittelalters; ja, man darf sagen, daß ein so feiner Stil, ein so gutes Latein seit Jahrhunderten unerhört war ... Er ist durchaus ein Vorläufer der eleganten Schriftsteller der italienischen Renaissance ..." und DERS. $^{3}$1915, 694 „Ein Werk wie die Lebensbeschreibung des Kaisers von Einhart darf sich mit der Geschichte Caesars von Petrarca inhaltlich und formell messen ..."; HELLMANN 1932, 76 u. 77 „Gemessen und zuchtvoll erscheint Einhards Sprache ..." und „Die Darstellung selbst stellt Einhard auf Ruhe und Klarheit, er hält sie von jeder Übersteigerung, jeder barocken Zutat frei ..."; BRUNHÖLZL 1975/$^{2}$1996, 319 „... doch hat sich Einhard, ohne daß es zu einem Stilbruch käme oder der Eindruck der Künstelei entstünde, mit trefflichem Gespür gerade so weit in die Sprache seines Vorbilds Sueton eingelebt, daß sein Werk wie von antikischem Schimmer überstrahlt erscheint."
Dem Urteil des Piccolomini nahe kommt jedoch BERNHEIM 1886, 96 „... verkennen wir nicht, dass die Vita Karoli Magni nicht als das reife Werk eines selbständig productiven Geistes erscheint, sondern als ein mühsam zusammengearbeiteter Erstlingsversuch, der überall den Mangel an selbständiger Herrschaft über Stoff und Form verräth."

Welche stilistischen Unterschiede bestehen nun zwischen Einhards und Hilarions Karlsvita?

Der Aufforderung Piccolominis, die mittelalterliche Vita stilistisch zu überarbeiten[15], kommt Hilarion nach, indem er sich sehr eng an eine ältere Karlsvita eines Humanisten anlehnt und diese teilweise geradezu kopiert[16]. Will man von kleineren Einschüben absehen, benützt Hilarion lediglich in den Kapiteln am Ende des Werkes (19–30) die karolingische Vita als unmittelbare Quelle. Für einen direkten Stilvergleich bieten sich demzufolge diese Kapitel zuvorderst an.

Wie von seinem Auftraggeber gefordert („*superflua reseces*"), kürzt Hilarion seine Vorlage an zahlreichen Stellen, indem er beispielsweise auf Aufzählungen von Personennamen (Kap. 19,20), Ortsnamen (Kap. 21) oder Zeitangaben (Kap. 29) verzichtet. Auffällig ist sein Bemühen, bei Einhard vorgefundene Begriffe durch bedeutungsgleiche oder -ähnliche Wörter zu ersetzen. Seltene Wörter werden häufig eliminiert (z.B. Einh. Kap. 24 *Inter coenandum aut aliquod acroama aut lectorem audiebat*; Hilar. Kap. 23 *Coenae suae nunquam defuit lectio* ...). Mitunter lässt sich hierbei das Bestreben erkennen, der Vita einen antikischen Anstrich zu verleihen, etwa wenn er die Bezeichnung *ecclesia* bei Einhard (Kap. 26) durch *templa Dei* (Kap. 25) ersetzt. Auf syntaktischer Ebene ist Hilarion bemüht, komplexere Perioden und Konstruktionen zu vereinfachen. So vermeidet er die von Einhard gerne verwendeten Gerundium- und Gerundivkonstruktionen fast durchgehend, besonders augenfällig etwa in Kap. 24, wo er drei Gerundivkonstruktionen bei Einhard (Kap. 25) auflöst bzw. umschreibt. Mitunter gestaltet Hilarion einen Gedanken aus, indem er ihn erweitert bzw. rhetorisch aufpoliert („*inculta exornes atque illustres*"): *ut nulla umquam invicem sit exorta discordia* (Einh. Kap. 18) wird bei Hilarion (Kap. 19) zu *ut inter eas nulla sit unquam vel facta turbatio vel iurgium auditum*. Oder kurz darauf über die Bestattung von Karls Mutter

---

15 BERNHEIM 1886, 91–96 unterzieht den Einhardschen Stil einer umfassenden Kritik und meint: „Beherrscht denn Einhard die klassische Sprache, die er sich zu schreiben bemüht? ... es ist vielmehr die Manier eines Anfängers, der sich unsicher fühlt, der unselbständig nachahmt, nicht nachbildet; ... Die Unselbständigkeit Einhards in der Beherrschung des künstlich nachgeahmten, nicht innerlich angeeigneten classichen Idioms verräth sich namentlich auch da, wo er gezwungen ist, eigene Gedanken ohne Hülfe einer vorgefundenen Form auszudrücken ... Da tritt uns das eigentliche Idiom des Autors in deutlichen Spuren entgegen ... mit all'jenen Barbarismen der vulgären Sprache der Praxis, welche er gebraucht, wo er nicht künstlich classisch zu schreiben versucht oder mangels hülfreicher Vorlagen zu schreiben nicht recht fertig bringt. Finden sich doch mitten in der künstlichen Eleganz der Vita Germanismen und Verstösse gegen die Klassicität ... Es ist also ein Mythos, dass Einhard in der Vita eine wahrhaft selbständige literarische Individualität documentiere ...".

16 Siehe unten Kap. 2.9 „Die Quellen der *Vita Caroli*". Eine Stilanalyse von Acciaiuolis Karlsvita kann an dieser Stelle nicht vorgenommen werden. So viel dürfte aber feststehen: Stärker als bisher angenommen, scheint Acciaiuoli römischen Historikern (Titus Livius u.a.) verpflichtet. Über Ausmaß und Form dieser Abhängigkeit wird gesondert zu handeln sein.

Berta: *Quam ... magno cum honore fecit humari* (Einh. Kap. 18) liest sich bei Hilarion (Kap. 19) als *matrem ... regio funere et imperatoriis exequiis humandam curavit.* Zahlreiche weitere Beispiele ließen sich anführen[17]. Die stilistische Umformung bedingt manchmal eine inhaltliche Erweiterung, die mitunter das (von mönchischen Idealen bestimmte) Weltbild des Verfassers offen legen kann: Wie Einhard Kap. 19 berichtet, gewöhnte Karl seine Töchter an verschiedene Hausarbeiten, damit sie nicht durch Trägheit erschlafften (*ne per otium torperent*); bei Hilarion Kap. 20 ist Karl aber schon auf den Schutz des leiblichen und des durch Laster bedrohten seelischen Wohles seiner Töchter bedacht (*ne scilicet per otium corpora tabescerent, animi ad omnem mollitiem, libidinem et intemperantiam dissolverentur*).

Im Bestreben, seine Vorlage sprachlich umzugestalten, nimmt der Humanist auch Sinnverschiebungen in Kauf. Diese können geringfügig sein, eine eigene Deutung beinhalten oder die Vorlage bewusst umbilden. So weiß Einhard (Kap. 19) über Karls dritte Gattin Fastrada nur zu berichten, dass sie dem Herrscher – aus welchen Gründen auch immer – keine Kinder schenkte (*de qua nihil liberorum tulit*); dieselbe ist bei Hilarion (Kap. 19) schon unfruchtbar (*omnino sterilem*). Während bei Einhard (Kap. 27) Karl um die Freundschaft der Fürsten in aller Welt wirbt, um den Not leidenden Christen in diesen Gebieten helfen zu können, unterstützt er bei Hilarion (Kap. 26) die Bedürftigen in der Fremde, weil er mit ausländischen Machthabern und Fürsten neue Freundschaften besiegeln will. Dass er dem Kaiser damit Opportunismus und Machtkalkül unterstellt, ist dem Mönch vielleicht gar nicht aufgefallen. Recht freizügig verfährt der Humanist mit seiner Quelle auch im Bericht über die Verschwörung gegen Karl in Germanien: Einhard (Kap. 20) berichtet von drei hingerichteten Verschwörern, die sich verteidigt und einige Männer erschlagen hätten; Hilarion (Kap. 21) ist in seinem Bericht genauer: Die Verschwörer hätten sich gegen Liktoren zur Wehr gesetzt und einige von diesen getötet, einige verwundet.

In Piccolominis stilkritischen Bemerkungen liegt ein sehr bedeutsames Urteil eines italienischen Humanisten über den karolingischen Schriftsteller vor. Den Humanisten mag in erster Linie die Tatsache irritiert haben, dass Einhard von den Techniken und Mitteln der antiken Rhetorik nur sehr eingeschränkt Gebrauch machte[18]. In seiner Bewertung des stilistischen Unvermögens des mittelalterlichen Historikers mag ihn auch die tief verwurzelte, erzhumanistische Überzeugung geleitet haben, dass jedes literarische Erzeugnis, welches nicht aus der klassischen Antike stammte beziehungsweise sich nicht vorbehaltlos an deren Stilmustern orientierte, als minderwertig zu beurteilen sei. Im Übrigen fiel auch das Urteil Donato Acciaiuolis über seine Vorgän-

---

[17] Freilich lässt sich auch umgekehrt beobachten, dass Hilarion Redundanzen bei Einhard zurechtstutzt, z.B. Einh. Kap. 20 *harum tamen coniurationum ... causa et origo* ist bei Hilarion Kap. 21 nur mehr *coniurationum harum causam.*

[18] Vgl. HELLMANN 1932, 76–77.

ger – und zu diesen zählt auch Einhard! – wenig günstig aus[19], was allerdings auch topischen Charakter hat und die eigene Arbeit rechtfertigen soll.

## Francesco Piccolominis Interesse für Karl den Großen

Warum aber gab nun Francesco Piccolomini die Abfassung einer Karlsvita in Auftrag und woher rührt sein Interesse für Karl d. Großen? Welche möglichen Beweggründe führt Hilarion an?

In der Vorrede betont Hilarion, dass Leben, Sitten und Taten Karls etwas Außergewöhnliches und Bedeutsames (*praeclarum quodque et grande*), für einen berühmten Mann und Kirchenfürsten (*homo clarissimus ac princeps Romanae rei p.*) wie Piccolomini ein besonders angemessener Gegenstand seien. Rhetorisch überzeichnet und historisch völlig unhaltbar erscheint in der Folge die Aussage, dass Karl tief in Piccolominis Schuld stehen werde (*at vero Carolus ipse tibi quantum debebit* ... ), da dieser dessen beinahe schon vergessene Taten ans Tageslicht befördert und der Nachwelt weitergegeben habe. In der Folge rühmt Hilarion Francescos Eifer und Sorgfalt, die er bereits bisher in der Erforschung der Taten von Königen, Kaisern und Fürsten (*in perlustrandis regum, imperatorum et principum gestis*) gezeigt habe.

Francesco Piccolomini hegte ein Leben lang ein besonderes Interesse für geschichtliche Stoffe, wie seine Bibliothek und Auftragsarbeiten unschwer erkennen lassen. Auf seine Aufmerksamkeit stießen dabei auch Werke und Schriften des Mittelalters[20]. Karl d. Großen könnte er als junger Mann bereits in Deutschland über seine Lehrer Tröster und Kreul kennengelernt haben[21]. Auch die Werke seines Onkels vermittelten ihm

---

19 Acciaiuoli, Vita Caroli, prooem. *In quo eo magis mihi laborandum putavi, quod plerique istarum rerum reperiuntur scriptores, quorum alii nonnulla omisere, quae erant cognitione dignissima, alii vero eius res gestas ita inculte inconcinneque scripsere, ut nemo sit Latinis litteris mediocriter eruditus, qui in his legendis eam scribendi ruditatem aequo animo ferre possit.* (ed. GATTI 1981, 100).
Auf eine weitere humanistische Bearbeitung der Einhard-Vita weist mich dankenswerterweise M.M. Tischler hin: Eine humanistische Neuausgabe der ‚Vita Karoli' Einharts (Vatikan, Biblioteca Apostolica Vaticana, Vat. Pal. lat. 1569, fol. 68r–80r). Edition und Untersuchung: Italia medioevale e umanistica (in Vorbereitung).

20 Vgl. GARBINI 1994, 178–182.

21 Vgl. auch das folgende Kapitel 2.2 „Francesco Tedeschini-Piccolomini (Pius III.), sein Onkel Pius II. und deren Beziehungen zu Deutschland und Österreich".

Kenntnisse von dem mittelalterlichen Herrscher[22]. Ebenso hatten historiographische Schriften zeitgenössischer Humanisten die Erinnerung an Karl wach gehalten[23].

Wahrscheinlich schickt die Karlsvita Piccolomini selbst seinen deutschen Freunden. Es fehlt uns jedoch jeder Hinweis darauf, dass sie von Anfang an für diese bestimmt war oder dass der Kardinal von Siena im vorreformatorischen Deutschland aufkeimenden romfeindlichen Tendenzen und nationalkirchlichen Bestrebungen entgegenwirken wollte. Ebensowenig findet sich ein Hinweis darauf, dass sich Piccolomini – ähnlich wie Donato Acciaiuoli – die Vita für seine Legationsreise nach Frankreich im Jahre 1494 nutzbar gemacht habe[24]. Die Hervorhebung Karls als eines gallischen, d.h. französischen Herrschers könnte freilich eine diesbezügliche Absicht glaubhaft erscheinen lassen.

Somit bleiben uns zwei mögliche Erklärungen für Piccolominis Interesse an Karl dem Großen: neben dem rein historisch-antiquarischen ein unmittelbar praktisches. Der Kardinal erblickte – wie vor ihm bereits sein Onkel Enea Silvio – in diesem Regenten wohl jenen idealen Herrscher, der als bedingungsloser Verteidiger des Christentums allen Herrschenden als nachahmenswertes *exemplum* zu gelten habe[25]. Demzufolge könnte ein möglicher Adressat – in welcher Form auch immer – auch der französische König gewesen sein[26].

---

22 Enea Silvio Piccolomini hatte den fränkischen Herrscher in seiner 1457/58 entstandenen *Germania* (vgl. Anm. 45) mehrmals erwähnt (II 8,29,32; III 44) und von den deutschen Fürsten die Nachahmung dieses leuchtenden Vorbildes eingefordert, wenn es um die Treue und Ehrerbietung gegenüber der römischen Kirche zu tun sei: Germania III 53 *Ostendant se* (sc. *principes*) *gratos et vincere beneficiis Romanum presulem potius quam rebellionibus studeant. Imitentur clarissimum illud et memorabile sidus vestre gentis, Carolum Magnum* ... (ed. SCHMIDT 1962a, 123).

23 Vgl. Kap. 2.8 „Karl d. Große und die italienischen Humanisten“. Über die (religions-)politischen Beziehungen Karls d. Großen zu Italien und Rom handeln FASOLI (1968) und SCHIEFFER (2000).

24 Francesco und andere Kardinäle hatten Papst Alexander VI. 1494 überzeugen können, Karl VIII. von Frankreich die Stirn zu bieten und ihm einen Marsch durch den Kirchenstaat zu versagen. Als dieser aber in der Toskana einfiel und die Medici aus Florenz vertrieb, entschied der Papst, Tedeschini-Piccolomini als *legatus a latere* in die Toskana zu entsenden, obwohl dieser den Franzosen wenig wohl gesonnen war und stets offen für die Aragonesen Partei ergriffen hatte. In Lucca wollte ihn der französiche Monarch nicht empfangen, erst in Siena kam es am 2. Dezember 1494 zu einer nicht offiziellen und wenig fruchtbaren und folgenreichen Begegnung; vgl. dazu CALMETTE 1902; MAUMENE 1909; VECCHI-PINTO 1945; STRNAD 1968a, 375–376.

25 Vgl. dazu die Beiträge im Sammelband von HECKER 1990.

26 Vgl. Kap. 2.12 „Ludwig XI., der hl. Stuhl und Hilarions Karlsvita“.

## 2.2 Francesco Tedeschini-Piccolomini (Pius III.), sein Onkel Pius II. und deren Beziehungen zu Deutschland und Österreich

Enea Silvio Piccolomini (1405–1464), der 1458 zum Papst gewählt wurde und sich fortan Pius II. nannte, war mit den deutschen Landen von seiner Jugend an engstens verbunden und auch der deutschen Sprache mächtig[27]. Die langen Aufenthalte am Konzilsort Basel (1431–1438) und am Hofe Friedrichs III. in Wien (1442–1454) gehören zu den prägendsten Stationen seines bewegten Lebens. Piccolomini, der sich selbst gelegentlich *Teutonicus* nannte und als „der deutsche Italiener" galt, wurde als „Apostel des Humanismus" (G. Voigt) zum Bindeglied zwischen dem italienischen und dem deutschen Kulturkreis, zum Vermittler der Ideale des italienischen Humanismus, während damals noch zahlreiche italienische Humanisten einem von starken Vorurteilen behafteten Bild der Völker im Norden anhingen[28].

Zu seinem Neffen Francesco Tedeschini (1437/39–1503)[29], der als Pius III. im Jahre 1503 (22. September – 18. Oktober) für kurze Zeit das höchste Kirchenamt bekleiden sollte, pflegte Piccolomini ein inniges Verhältnis[30], nachdem er ihn wohl im April 1459 in seine Familie „de Piccolominibus" aufgenommen hatte. Da er sich von Anfang an um dessen Ausbildung gekümmert und den Fortgang des Studiums des weltlichen und des kanonischen Rechts in Ferrara und Perugia mit Anteilnahme verfolgt hatte, holte er Francesco im Sommer des Jahres 1451 – wenn auch nur für kurze Zeit – zu sich nach Deutschland, um ihn mit Sprache, Kultur und Sitten dieses Landes vertraut zu machen[31]. Zu seinen Lehrern bestimmte er Johannes Tröster aus Amberg (Oberpfalz)[32] und Nikolaus Kreul (oder Crewl) aus Wartenberg in Schlesien († 1461)[33], mit

---

27 Vgl. dazu Voigt 1856/62/63, bes. II 342–58; Kramer 1931 (mit älterer Literatur); Paul 1936, 25–58; Krejs 1937; Lhotsky 1965; Strnad 1968a, bes. 306–311 u. 322–330; Buck 1971; Costa 1977; Zippel 1981; Buck 1983; Bauer 1995; Baum 1996; Wijsman 1996; Strnad 1996, 76–102; Helmrath 2002; Wagendorfer 2003. Zur Wirkung seines Schrifttums in Deutschland: Weiss 1897; Dales 1952; Weinig 1997; Weinig 1998; Mauro 2003; Palumbo 2005; Fuchs 2007.

28 Amelung 1964; Voigt 1973; Giustiniani 1982; Giustiniani 1991.

29 Eine überaus reiche Informationsquelle für Leben und Wirken dieser bedeutsamen Persönlichkeit bietet die sorgsam gearbeitete Habilitationsschrift von Strnad 1966; außerdem: Wirz 1918; Pastor [11]1956, 657–678; Ugurgieri della Berardenga 1973, bes. 504–522; zuletzt Richardson 1998; Röll 2002; Koller 2004; Novembri/Prezzolini 2005. Neuere Lexikoneinträge: Dahm 1994; Scarcia Piacentini 1994; Sanfilippo 2000.

30 Fundiert dazu Strnad 1964/65; ähnlich Strnad 1968a, 332–342; Strnad 1996, 95–97.

31 Über die mannigfachen Beziehungen Francescos (Franz!) zu Deutschland informiert in recht anteilnehmender Form Schlecht 1914; vgl. auch Strnad 1966, 118–125.

32 Dazu Strnad 1964/65, 59, Anm. 17.

33 Strnad 1998.

denen Francesco eine lebenslange Freundschaft pflegen sollte. In brieflicher Verbindung wird er auch mit zahlreichen anderen Deutschen bleiben, die er in dieser Zeit kennengelernt hat[34]. Im Wintersemester 1451/52 war Francesco an der Wiener Universität inskribiert[35]. Im deutschen Sprachraum besaß Francesco zahlreiche Pfründen: So hat ihm sein Onkel die Kirche St. Pankraz in Altenmarkt (bei Windischgraz in der Steiermark) zumindest in Aussicht gestellt (ob er sie jemals innehatte, wissen wir nicht). Nach der Wahl zum Papst erhielt der Neffe 1458 im Erzbistum Köln die Propstei des St. Viktor-Stiftes zu Xanten, die einträgliche Pfarrei Irdning im steirischen Ennstal, 1459 die Präpositur des Domes von Lübeck und die Kantorei des Domes von Speyer, 1460 die Präpositur von St. Fides in Schlettstadt (Diözese Straßburg), 1461 jene von St. Florin in Koblenz und schließlich 1463 (bis 1478) jene von Würzburg zugewiesen.

Als Kardinal von Siena (ab 1460) übernahm Francesco von Marco Barbo schließlich das Amt des Protektors der Anima, der deutschen Nationalkirche in Rom. Der Bruderschaft dieser Kirche, der er beigetreten war, hinterließ er ein beträchtliches Erbteil[36]. Seit 1480 trat er als Protektor der deutschen Nation (*protector nationis Germanicae*) in Erscheinung; in derselben Zeit weisen ihn die Quellen als Konservator des Deutschen Ordens[37] und als Referenten der deutschen Konsistorialbenefizien[38] aus. In dieser Funktion gestaltete er die Geschicke der deutschen Kirche in dieser Zeit maßgeblich mit[39]. In seinem *Palazzo di Siena* in Rom[40] empfing er zahlreiche bedeutende Persönlichkeiten aus den deutschen Landen (unter ihnen Kurfürst Ernst von Sachsen und Markgraf Albrecht von Brandenburg) und verstand es, deren Anliegen vor dem Hl. Stuhl geschickt und umsichtig zu vertreten[41].

Als Francesco nach dem Tod seines Onkels im Jahre 1464 allmählich auch das Vertrauen des Nachfolgepapstes Paul II. (1464–1471) gewonnen hatte, betraute ihn dieser im Jahre 1471 mit der päpstlichen Vertretung auf dem Reichs- und Christentag

---

34 STRNAD 1964/65, 37; SCHLECHT 1914, passim; zu seinen Freunden zählten Kilian und Lorenz von Bibra, Johannes Roth, Melchior und Martin Truchseß, Rudolf v. Scherenberg, Bertold v. Henneberg, Dietrich Arndes, Georg Altdorfer, Engelbert Funk u.a.

35 Vgl. auch STRNAD 1968b.

36 RICHARDSON 1998, 210.

37 Vgl. STRNAD 1967, dort 313–15.

38 Näheres bei WODKA 1938, 15–16, 38–41, 48 und WODKA 1944, bes. 304–305; Wodkas Annahme, Piccolomini sei „der erste uns bekannte Protektor der deutschen Nation in Rom" (304) gewesen, musste nach der Erschließung neuen Quellenmaterials jedoch korrigiert werden, vgl. STRNAD 1964.

39 STRNAD 1966, 249–321.

40 Der zwischen 1460 und 1472 erbaute vornehme Palast befand sich auf dem heutigen Areal der Kirche und des Klosters des Theatinerordens in Sant'Andrea della Valle und verfügte über eine reiche Bibliothek und eine kostbare Sammlung antiker Skulpturen; vgl. STRNAD 1964/65, 47 und STRNAD 1968a, 341–342.

41 Erwähnung findet Francesco auch bei MEUTHEN 1997, dort bes. 514–517.

von Nürnberg[42], auf dem er um Unterstützung für den Kreuzzug gegen die Türken werben sollte. Zu diesem Anlass hatte Francesco eine Rede vorbereiten lassen, in der er seine innige Liebe zu und seine herzliche Verbundenheit mit Deutschland zum Ausdruck brachte[43].

Die weit reichenden Kenntnisse von Land, Leuten und Geschichte hatte sich Francesco z.T. aus den Schriften seines Onkels angeeignet, der sich auch mit mittelalterlichen Geschichtswerken eingehend auseinandergesetzt hatte[44]. Eine besondere Rolle könnte dabei die Lektüre der *Germania* gespielt haben[45]. Bekannt war ihm jedoch auch das Geschichtswerk des Otto von Freising[46]. Dem Gelehrten Raymundus de Marigliano (1420–1475) erteilte er den Auftrag, in den Schriften von Caesar und Tacitus die Namen gallischer und germanischer Volksstämme, Flüsse und Städte zu suchen, diese mit ihren modernen Namen zu versehen und anzugeben, welche Völker zu seiner Zeit in diesen Gebieten leben. Im Jahre 1470 übersandte er diese Arbeit (*Index locorum in commentariis Caesaris belli Gallici descriptorum*) seinem ehemaligen Lehrer Johannes Tröster, nachdem er sie vorher mit kritischen Randbemerkungen versehen hatte[47]. Mit Raymundus hatte sich Piccolomini in Rom auch über die gallischen und germanischen Verhältnisse unterhalten[48]. Wir wissen auch, dass Francesco aus Deutschland seltene Handschriften anforderte und diese dann seinem Vertrauten Giovannantonio Campano (1429–1477) zu einer kritischen Bewertung vorlegte[49]. Die Verbundenheit mit Land und Leuten bedingte bei Francesco also nicht nur das Verständnis für Wesen und Charakter der Deutschen, sondern förderte auch das Interesse und die Vorliebe für die deutsche Nation und ihre Altertümer.

## 2.3 Der Verfasser Hilarion aus Verona und Francesco Tedeschini-Piccolomini

Hilarion, mit Geburtsnamen Nicolò Fontanelli (um 1444–1485/94?), dessen Leben und Werk jetzt einigermaßen bekannt und beschrieben sind[50] und dem die

42 Dengel 1932; Kramer 1949; Strnad 1966, 207–249.

43 Strnad 1964/65, 52–54; die Rede findet sich auf S. 74–75, Anm. 136.

44 Vgl. Garbini 1994.

45 Vgl. die latein. Ausgabe: Schmidt 1962a, bes. 1–2; für die dt. Übersetzung: Schmidt 1962b – eine kritische Besprechung bei Ridé 1964; vgl. auch Paparelli 1948; Krali 1995; Francesco versah die Schrift in Vat.lat. 3885 und 3886 mit Randvermerken und Glossen; vgl. Strnad 1964/65, 54.

46 Strnad 1968a, 305–306; vgl. auch Avesani 1964a.

47 Schlecht 1914, 5–6, Anm. 3 u. 52–53.

48 Schlecht 1914, 5–6, Anm. 3; Strnad 1968a, 359.

49 Vgl. Strnad 1968a, 352.

50 Avesani 1984, 206–210; Gualdo Rosa 1984; zuletzt Strobl 2002b, 197–215.

Forschung seit den achtziger Jahren verstärkte Aufmerksamkeit gewidmet hat[51], schrieb die *Vita Caroli Magni* für Francesco Tedeschini-Piccolomini. Damit reiht er sich in jene Gruppe bedeutender Humanisten wie Marsilio Ficino, Guillaume Fichet, Platina, Pomponius Letus und Celso Maffei ein, die dem Kardinal von Siena eines ihrer Werke dedizierten[52].

Hilarion stand mit zahlreichen bedeutenden und einflussreichen Persönlichkeiten, vornehmlich mit Kirchenmännern, seiner Zeit in Verbindung. Unter diesen befinden sich Papst Sixtus IV. (1471–1484), der ihn an seinen Hof berief und dem er mehrere Werke widmete, Kardinal Oliviero Carafa (1430–1511), dem er eine Übersetzungsarbeit aus dem Griechischen zueignete, Kardinal Bessarion (1402/08?–1472), zu dessen Kreis er Zugang suchte, die Kardinäle Pietro Riario (1445–1473) und Giovanni Arcimboldi (1430–1488), die Humanisten Francesco Patrizi (1413–1494) und Agostino Patrizi Piccolomini (1435–1495) sowie der Buchdrucker Giovanni Filippo de Lignamine (um 1428–nach 1491) und der spanische Bischof von Gerona Joan Margarit (1421–1484).

Obwohl über die Beziehung Hilarions zu Francesco Tedeschini-Piccolomini mehrere Quellen Aufschluss geben, lässt sich zum gegenwärtigen Zeitpunkt nicht feststellen, wann die beiden miteinander in Verbindung getreten sind. Der gelehrte Humanist hatte, wie in der Renaissance bei vermögenden Kardinälen üblich, eine große *famiglia* um sich geschart[53] und stand mit führenden Geistesgrößen seiner Zeit wie Marsilio Ficino, Francesco Filelfo, Jacobo Ammannati u.a. in Briefwechsel. Hilarion ist als Familiare im Haus des Piccolomini auf großes Wohlwollen gestoßen[54]. In einem Brief vom 18. Januar 1481 an seinen ehemaligen Lehrer Johann Tröster nennt der Kardinal Hilarion *amicus noster*, *monachus* und *vir doctus*[55]. Zwischen dem Mönch und dem ernsten und gebildeten Kardinal[56] entspann sich ein vermutlich recht reger Briefwech-

---

51 Farenga/Miglio 1984; Fuiano 1984; Backus 1987; Schmidt 1997; Strobl 2000; Strobl 2003a; Strobl 2003b; Strobl 2005; Strobl 2006.

52 Eine ausführliche Auflistung bei Strnad 1968a, 349–359 und Strnad 1966, 331–337; vgl. auch Farenga 1994, 75–6, Anm. 12.

53 In seine *famiglia* hatten bezeichnenderweise auch zahlreiche Deutsche Aufnahme gefunden; vgl. Piccolomini 1903b, passim.

54 In dieser Hinsicht recht weit gehend Strnad 1968a, 358 „Wenn er [sc. Hilarion] in Rom verweilte, war er im gastlichen Hause des Kardinals an der Piazza di Siena ein gern gesehener Besucher und oftmals konsultierter Berater in schwierigen Fragestellungen."

55 *Tu vale et interim aliquid scribe necnon ‚Idruntinam expugnationem', quam praesentibus inclusam ad te mittimus, videto recenter* [*frequenter* Schlecht] *missam nobis a quodam amico nostro, monacho, viro docto, qui diligenter rem omnem a fide dignis viris ipse collegit.* (ed. Schlecht 1914, 36).

56 Vgl. die Urteile bei Voigt 1863, III 531 „Nur seine Jugend erregte Anstoß, übrigens zeigte er sich in der Legation wie an der Curie als einen Mann von würdigem Wandel und vielseitiger Tüchtigkeit ..." und Schlecht 1914, 1 „... eine stille, lautere Gelehrtennatur, ein feinsinniger, hochgebildeter und frommer Kirchenfürst ..."; als obsolet und müßig wird man heute die Diskussion um

sel; das letzte überlieferte Schreiben mit der Bitte um Berücksichtigung eines Bekannten bei der Vergabe einer Pfründe richtet Hilarion aus Rhodos am 30. September 1485 an den „Besten der Patrone“[57]. Als er seinem Gönner die Übersetzung einiger Schriften des byzantinischen Schriftstellers David Niketas Paphlagon (9./10. Jh.) widmete[58], bedankte er sich für die vielen bereits empfangenen Wohltaten und brachte seinem Förderer gegenüber höchste Wertschätzung zum Ausdruck[59]. Sobald die Ordensoberen Hilarion gegenüber Strenge walten ließen und ihm eine Reise untersagten (wir wissen nicht wann), fasste der Mönch den Austritt aus dem Orden ins Auge und wandte sich Rat und Hilfe suchend an den Piccolomini-Kardinal[60]. An Piccolomini sandte Hilarion schließlich (vermutlich noch im September 1480) einen Bericht über die Eroberung der apulischen Hafenstadt Otranto durch Sultan Mehmed II. (1451–1481)[61]. Hilarions Darstellung der Geschehnisse im Juli/August des Jahres 1480 zählt zu den ältesten Quellen für die Ereignisse um Otranto überhaupt.

## 2.4 Die Vorrede

Die gesamte Vorrede lässt sich als Preislied auf *artes*, *disciplinae liberales* und *otium* deuten. Als Humanist rühmt Hilarion die Hinwendung zu den Disziplinen der schönen Künste, er betont den hohen Wert der Muße, er preist jene großen Gestalten aus Vergangenheit und Gegenwart, die ihre geistigen Kräfte in den Dienst von Bildung und Literatur gestellt haben.

---

Piccolominis moralische Integrität bezeichnen dürfen; kritisch dazu Piccolomini 1903a, 195–204 „Sulla moralità del card. Francesco Todeschini Piccolomini (Pio III)“.

57 Vatikanstadt, BAV, Vat.lat. 5641, fol. 54r *Ita te rogo, ut non queam magis, ut ad reditum Petri expeditionem ad me transmittas. Accedet hoc ad reliqua tua innumerabilia beneficia erga me. vale patronorum optime* (ed. Strobl 2002b, 222–223).

58 Strobl 2002b, 211; 220–221.

59 Vatikanstadt, BAV, Chigi E.IV 108, fol. 12r *Cuius tanta erga me sunt merita, quanta nulla unquam oblivione deleri, nulla gratia referri poterunt. Accedit quod cum inter Romanae rei p.⟨ublicae⟩ principes unus ipse sis, qui eloquentiam noris, qui ingeniis ut Maecenas alter faveas, hoc mihi poterit nihil esse commodius utiliusque, quam mea iudicio tuo prudentissimo ac eruditissimo vel edi vel supprimi.* (ed. Strobl 2002b, 221); ähnlich in der Vorrede: Vita Caroli, praef. ... *summa beneficia et amorem erga me negare quippiam nefas fuit.*

60 Das (vermutlich von Agostino Patrizi) im Namen des Kardinals verfasste Antwortschreiben auf das (wohl nicht überlieferte) Hilfsgesuch Hilarions findet sich in Hs. 1077, fol. 101r der römischen Biblioteca Angelica; vgl. Narducci 1893, 444, Nr. 97d.

61 Gualdo Rosa 1982; kritisch besprochen von Goldbrunner 1984; um wenige Addenda ergänzt ist die kommentierte Edition wiederabgedruckt in: Gualdo Rosa 1986.

## Antike und mittelalterliche Topik

Den Zwängen der Gattungstradition gehorchend verwendet Hilarion in seiner Vorrede eine Vielzahl von Topoi, die sich freilich selten eindeutig auf ein klassisches, spätantikes, mittelalterliches oder zeitgenössisches Vorbild zurückführen lassen[62]. Auffallend viele Motive finden sich bereits in Vorreden von mittelalterlichen Geschichtswerken[63]:

Hilarion verfasst die *Vita* auf Aufforderung Piccolominis hin (Z. 2 *hortatu tuo*, Z. 12 *tuo ... imperio*): Ein Auftrag oder Wunsch eines Adressaten gehören zu den häufigsten Gründen für die Abfassung eines frühmittelalterlichen Geschichtswerkes[64]. Der Nutzen einer Schrift läge besonders in seiner Wirkung auf die Nachwelt[65]: Hilarion gibt diesem Topos eine besondere Wendung, wenn er erklärt, Karl d. Große (!) müsse Piccolomini dankbar sein, dass er seine großen Taten dem Vergessen entrissen und der Nachwelt zur Lektüre weitergegeben habe (Z. 6–8 *At vero Carolus ipse tibi quantum debebit, qui eius facta tanto iam tempore sepulta atque obruta et nimia pene vetustate obsoleta in lucem extuleris posteritatique legenda transmiseris ...*)[66]. Häufig nehmen mittelalterliche Geschichtsschreiber in der Form der Prolepse ein Urteil des Lesers vorweg, indem sie sich Angriffe auf ihre *temeritas, impudentia* o.Ä. erwarten[67]: Den Vorwurf der *petulantia* und *temeritas* hört auch Hilarion gegen sich laut werden (Z. 9–10 ... *nisi forte hoc quoque mihi maiori petulantiae et temeritati dabitur a lectoribus historiae meae* ...). Außerdem wappnen sich mittelalterliche Autoren häufig dadurch vor etwaigen Angriffen von Kritikern, dass sie ihre Schrift dem Schutz des Adressaten anheimstellen[68]: Hilarion gibt Piccolomini diesen Auftrag der Verteidigung (Z. 11–12 *Sed quicquid mihi vitio invertetur, id omne tuo quam probissime defendetur imperio* ...). Gerne nehmen diese potentielle Kritikpunkte vorweg, um sie zu entkräften, sie zu widerlegen oder sich zu rechtfertigen[69]. Für stilistische Schwächen[70]

---

[62] Eine umfassende Studie zu der Gattung *praefatio* in Antike, Mittelalter und Renaissance fehlt bis heute; heranzuziehen sind für die Antike RUPPERT 1911, JANSON 1964, für das Mittelalter SIMON 1958 u. 1959/60 und für die Renaissance GUALDO ROSA 1973 (die Autorin beschränkt ihre Analyse allerdings auf Vorreden zu Übersetzungen aus dem Griechischen), PADE 1991, FARENGA 1994 und für das 16. Jh. SCHOTTENLOHER 1953. Linguistisch ausgerichtet ist die Arbeit von MARCHELLO-NIZIA 1984; mit weiterem Blickwinkel PERON 1995.

[63] In einer Marburger Dissertation untersuchte Gertrud Simon die Topik der Widmungsbriefe mittelalterlicher Geschichtsschreiber bis zum Ende des 12. Jahrhunderts. Simon kann viele Topoi auf die römische Antike oder christliche Spätantike zurückführen.

[64] SIMON 1958, 59–64; GUALDO ROSA 1973, 69.

[65] SIMON 1958, 81–82.

[66] GUALDO ROSA 1973, 69.

[67] SIMON 1958, 86; 95.

[68] SIMON 1958, 89; GUALDO ROSA 1973, 69.

[69] SIMON 1958, 89–90.

[70] GUALDO ROSA 1973, 69, 79.

entschuldigt sich unser Mönch nicht beim Leser, sondern bei Karl selbst (Z. 8–9); der Leser aber könnte es als Anmaßung auslegen, dass das Werk überhaupt begonnen worden sei. Sehr oft wird die Meinung böswilliger Kritiker oder Verleumder dem Urteil des wohlwollenden und gerechten Beurteilers gegenübergestellt[71]: Auch Hilarion tröstet sich damit, dass ihm das Urteil Wohlmeinender mehr Freude bereiten wird als die Kritik der Schmäher Missvergnügen (Z. 13–16 *Mihi quoque non tantum molestiae allaturas censorum meorum calumnias puto, quantum voluptatis et gaudii laudes tuas, quas apud eos potissimum consequere, qui rerum omnium prudentissimi iudices …* ). Die in den mittelalterlichen Vorreden durchaus übliche Bitte um die Hilfe Gottes oder eines Heiligen[72] fehlt im Werk des Humanisten auffallenderweise völlig. Bescheidenheitsfloskeln hingegen sind oft mit einer preisenden Überhöhung des Auftraggebers verbunden[73]: Auch Hilarion stellt die eigene Unzulänglichkeit der herausragenden Stellung seines Adressaten gegenüber (Z. 2–5 … *rem sane ut viribus meis imparem atque difficilem, ita te homine clarissimo ac principe summo Romane rei p.⟨ublicae⟩, ad quem non nisi praeclara quaeque et grandia demandare pertinet, dignissimam*). Immer wieder geben die Autoren vor, ihrem Stoff nicht gewachsen zu sein[74]: Diese Sorge bedrückt auch Hilarion (Z. 2–3 *rem sane ut viribus meis imparem atque difficilem*). Ein bedeutsamer Stoff dürfe nicht in Vergessenheit geraten (Z. 6–8 … *qui eius facta tanto iam tempore sepulta atque obruta et nimia pene vetustate obsoleta in lucem extuleris posteritatique legenda transmiseris …*)[75]. Häufig findet sich schließlich in mittelalterlichen Vorreden das Motiv der Bedeutsamkeit auch noch in der Gegenwart nachahmenswerter Vorbilder (Z. 57 ff.)[76] wie auch die zumeist an den Auftraggeber gerichtete Bitte um eine Beurteilung des vorliegenden Werkes (Z. 92–93)[77].

In den Widmungsbriefen der Humanisten gehören neben dem Lobpreis des Adressaten die Erwähnung eines Gefühles der Dankbarkeit gegenüber dem Widmungsempfänger (Z. 12–3 *cuius summa beneficia et amorem erga me*)[78], die Betonung der Tatsache, dass der gewählte Gegenstand der Stellung des Widmungsempfängers auch angemessen sei (Z. 3–5)[79], die Nennung der zeitraubenden Geschäfte, die den Adressaten von der musischen Betätigung nicht abzuhalten vermögen (Z. 64–67)[80], der Gebrauch von superlativischen Adjektiven, mit denen der Widmungsempfänger (oder seine Angehörigen) angesprochen wird [Z. 3 *homine clarissimo ac principe summo,*

---

71 Simon 1958, 93.
72 Simon 1958, 106–108.
73 Simon 1958, 109.
74 Simon 1958, 114.
75 Simon 1959/60, 98–100.
76 Simon 1959/60, 103–108.
77 Simon 1959/60, 112–133.
78 Gualdo Rosa 1973, 72.
79 Gualdo Rosa 1973, 73.
80 Gualdo Rosa 1973, 72–74 mit Anm. 22.

Z. 66 *pater piissimus* (Pius II.)][81] ebenso zum festen Repertoire wie die Verwendung von Diminutivformen (Z. 81 *praefatiuncula*) als Bescheidenheitstopoi[82]. Nicht fehlen darf fernerhin das Lob des Fürsten als Musenfreund, wobei häufig auf die großen Vorbilder Alexander und Cäsar verwiesen wird (Z. 27–50)[83].

## Die großen Vorbilder aus der Antike: Caesar, Alexander und Hadrian

Als historische Exempla führt Hilarion im zweiten Abschnitt seiner Vorrede mit Caesar, Alexander und Hadrian drei große Gestalten aus der griechisch-römischen Geschichte und mit seinem Onkel Enea Silvio eine Lichtgestalt aus der eigenen Zeit an und setzt deren Handeln und Leistungen zur Haltung seines Gönners Francesco Tedeschini-Piccolomini in Beziehung.

Caesar (Z. 27–36) scheint ihm nicht wegen seiner zahllosen Triumphe als Eroberer bewundernswert, sondern wegen der Fähigkeit, das Erlebte und Vollbrachte in stilistisch anspruchsvoller Weise niederzuschreiben[84]. Auch Alexander (Z. 36–50), der mehrmals öffentlich kundtat, seinem Lehrer Aristoteles mehr zu verdanken als seinem Vater Philipp, soll während eines Krieges niemals die Zeit der Muße (Z. 40–1 *domesticum illum otium et quies solitaria*) vernachlässigt haben. Als glühender Verehrer Homers habe er dessen Werke in einem besonders kostbaren Schrein aufbewahrt, in einem Beutestück aus dem Kampf gegen Dareios. Während des Besuchs des Grabes von Achill in Sigeum habe er den großen Krieger nicht wegen seiner Heldentaten glücklich gepriesen, sondern weil er als Verkünder derselben den Homer gefunden habe. Auch Kaiser Hadrian (Z. 50–56) sei es schließlich gelungen, neben der Kriegsführung die Beschäftigung mit der Literatur nicht aufzugeben; ein Mann von höchster Begabung und außergewöhnlicher Gelehrsamkeit, der zur selben Zeit zu schreiben, zu diktieren, zuzuhören und sich mit Freunden zu unterhalten vermochte.

## Das Vorbild par excellence: Enea Silvio Piccolomini (Pius II.)

Gäbe es diese großen zur Nachahmung mahnenden Vorbilder aus der Vergangenheit nicht, meint Hilarion, bliebe immer noch das Beispiel des Onkels, Papst Pius' II.[85]

---

[81] GUALDO ROSA 1973, 80.

[82] GUALDO ROSA 1973, 69; 79–80.

[83] GUALDO ROSA 1973, 74 mit Anm. 25.

[84] Caesar selbst, der nach Ciceros Worten den Tag für die Waffen, die Nacht für das Schreiben (*diem armis, noctem litteris*) lebte, galt Enea Silvio Piccolomini als Vorbild; vgl. VAN HECK 1991, dort 125–127.

[85] Immer noch beachtenswert ist die dreibändige Biographie von VOIGT 1856/62/63; aus der überreichen neueren Literatur: ROTONDI SECCHI TARUGI 1991; V. MARTELS/VANDERJAGT 2003; DI PAOLA/ ANTONIUTTI/GALLO 2006.

Den bedeutenden Gestalten aus der Vergangenheit stellt er damit – gewissermaßen in Form einer Klimax – Papst Enea Silvio Piccolomini zur Seite.

Enea vermochte auch noch als Papst trotz der Belastungen durch die Regierungs- und Amtsgeschäfte einen Teil seiner Zeit der Literatur und den schönen Künsten zu widmen[86]. Einer seiner Kammerdiener habe berichtet, dass er jenen Tag als verloren angesehen habe, an dem er nichts gelesen und geschrieben hätte. Gerne hätte er sich, wie einst Konsul Aemilius Paulus, von seinem Amt verabschiedet, um sich ganz dem beschaulichen Leben des Otium zu widmen. Seine Werke, die sich durch Gelehrsamkeit und ein hohes Stilempfinden auszeichnen[87], legten davon eindrucksvoll Zeugnis ab. Seine außergewöhnliche Rednergabe stellte er schließlich auf dem Kongress von Mantua (1458)[88] unter Beweis, wo die Erhabenheit des Vortrags an Hortensius, der angenehme Tonfall an Theophrast und die Erinnerung großer Taten an Mithridates erinnert habe. Abschließend gibt Hilarion zu verstehen, dass er aus Verehrung für den großen Papst und aus Hochachtung gegenüber Francesco nicht anstehen würde, die ruhmreichen Taten Pius' II. aufzuzeichnen, wenn dies nicht bereits in mustergültiger Weise G. Campano und Platina[89] getan hätten.

## Antike Reminiszenzen

In der Vorrede finden sich eine Vielzahl von Bezugnahmen auf die römische Literatur, die sich nicht nur in sprachlichen Anklängen an Cicero, Livius und Seneca, sondern auch in thematischen Rückgriffen äußern. Wenn Hilarion die Piccolomini als große Freunde des *otium* und der *studia* darstellt, dem sie trotz ihrer zahlreichen Verpflichtungen und Geschäfte zugetan sind, bedient er sich antiker Begrifflichkeit[90] und wirft damit (wenn auch indirekt) die von den Humanisten häufig erörterte Thematik von *vita activa* und *vita contemplativa* auf[91].

Wie sehr die Antike für den Humanisten exemplarischen Charakter hatte[92], unterstreichen die Ausführungen über Caesar, Alexander und Hadrian, die neben ihren

---

86 Vgl. dazu auch Piccolominis Selbstaussage in einem Brief an Georg Tuschek (31. Oktober 1444): *Parvi facio hujus seculi voluptates vellemque soli deo servire. sed quia homo sum, litterarum amator, nescio, quo in exercitio magis deo possim placere quam in negotio litterato* (Wolkan 1909, 443–4, Nr. 159).

87 Vgl. Crescentini 2005.

88 Die Reden sind (schwer) zugänglich bei Mansi 1755/57; zum Reichstag von Mantua vgl. Voigt 1863, III 30–110; Calzona/Fiore/Tenenti/Vasoli 2003, dort besonders Dall' Oco.

89 Die Biographien wurden ediert von Zimolo (1964); vgl. auch Bauer (2007).

90 Vgl. André 1966.

91 Vgl. Schalk 1951; Wilpert 1953; Schalk 1971; Kristeller 1991; Enenkel 1994.

92 Zur Bedeutung des *exemplum* in der Renaissance vgl. Lyons 1989; Hampton 1990; Strobl 2005.

politischen Geschäften und Aufgaben Geist und Literatur niemals hintanstellten und deswegen als leuchtende Vorbilder gelten können[93].

Die enge Vertrautheit mit der Antike äußert sich schließlich auch in der Wiedergabe von zahlreichen Zitaten aus antiken Autoren, sei es von Cicero[94] (off. 3,1 *numquam fuisse minus otiosus quam cum otiosus*; Tusc. 2,18,43 *appellata est enim ex viro virtus*), des Komikers Terenz (And. 77–8)[95], der *Vita Hadriani* des Aelius Spartianus[96], des griechischen Philosophen Diogenes (den Hilarion aus Diogenes Laertios[97] kennt), des Universalgelehrten Plinius d. Älteren[98], des Epikers Homer oder des Biographen Plutarch[99].

Für die Charakterisierung des Piccolomini-Papstes greift der Autor mehrmals auf Gestalten aus der Antike zurück: Wie Konsul Aemilius Paulus hätte auch Pius II. gerne als Papst abgedankt, um sich ganz der Muße hinzugeben, kampfesmutig wie Pallas Athene trat er auf dem Kongress von Mantua auf, seine Reden formte er, als wäre er Hortensius, Theophrast und Mithridates in einer Person.

## Zeitgeschichtliche Bezüge

Neben dieser Vielzahl antiker Reminiszenzen, Gestalten und Motive begegnen uns in Hilarions Vorrede auch zeitgeschichtliche Bezüge. So nennt er als Quelle für eine Aussage des Piccolomini den Mönch Donatus, einen sehr guten Bekannten (Z. 67/8

---

93 Einen Gedanken aus Ciceros Rede *Pro Archia 14* greift Platina in seiner Oratio de laudibus bonarum artium ad Pium II (1463/64) auf: *Sed extant historiae, extant sapientum praecepta, extant exemplorum monimenta, quae in situ iacerent et tenebris omnia, nisi eloquentiae lumen accessisset. Hinc imagines optimorum ac fortissimorum virorum Graecis literis ac Latinis eleganter expressas ad imitandum assumimus.* (zit. nach BAUER 2007, 25, Anm. 16).

94 Vgl. SABBADINI 1886; vorwiegend auf das 16. Jh. beziehen sich die Studien von FUMAROLI $^{2}$1984 u. MOUCHEL 1990.

95 Die Komödien des Terenz waren am Ende des 15. Jh. bereits in zahlreichen Druckausgaben zugänglich, von denen die erste 1469/70 in Venedig bei Vindelinus de Spira entstanden war; vgl. RHODES 1988.

96 Die *editio princeps* der *Historia Augusta* war 1475 erschienen; zur Rezeption und Kenntnis dieser Biographien im Quattrocento vgl. BERTRAND 1982 u. DESBORDES/CALLU 1989.

97 Zur Kenntnis und Verbreitung dieser Biographien vgl. GARIN 1959; SOTTILI 1984; GIGANTE 1988.

98 Die *Historia Naturalis* des Älteren Plinius lag bereits seit 1469 (Johannes de Spira, Venedig) bzw. seit 1470 (2. Auflage 1473) in der Ausgabe von Giovanni Andrea Bussi (C. Sweynheym und A. Pannartz, Rom) als Druckwerk vor. Zur Rezeption dieser Schrift in der Renaissance vgl. SABBADINI 1900; KLEBS 1935/36; THORNDIKE 1936; LABARRE 1973; NAUERT 1979; BORST 1994, bes. 300–317; DAVIES 1995; über die Wirkung der Schrift auf Künstler des Quattrocento vgl. SATZINGER 2003.

99 Zur Rezeption des Plutarch im Humanismus vgl. GIUSTINIANI 1961 (grundlegend!); RESTA 1962; PADE 1988/89; PADE 1995; CORTESI 1997; PADE 1998a; PADE 1998b; GUERRINI 2001 und vor allem PADE 2007.

*mihi familiarissimus*), der einst Geheimkämmerer (*cubicularius intimus*) des Papstes war[100].

Bewunderung und Respekt zollt der Mönch den Piccolomini-Biographen Giovannantonio Campano und Bartolomeo Sacchi, gen. Platina (Z. 83/4 *viris disertissimis totiusque Ausoniae hominibus clarissimis*).

Zeitkritisch äußert sich Hilarion, wenn er Piccolominis Bildungseifer[101] und Sittlichkeit in seiner Zeit als Seltenheit bezeichnet und der Masse von neureichen, aber kulturlosen Männern gegenüberstellt, die bereits der Kyniker Diogenes als „goldwollige Schafe" verspottete. Außerdem vermochte Piccolomini im Gegensatz zu vielen anderen Zeitgenossen den „epikureischen" Verlockungen von Genuss und Ausschweifung zu entsagen.

## 2.5 Datierung des Werkes

Die genaue zeitliche Einordnung des Werkes ist schwierig, zumal ausdrückliche, für eine absolute Datierung brauchbare Quellenzeugnisse fehlen. Wir müssen uns zunächst damit begnügen, die Schrift nach dem Erscheinen der *Vitae Pii II.* des Bartolomeo Sacchi, genannt Platina (1421–1481), und des Giovannantonio Campano (1429–1477) einzuordnen, die Hilarion in der Vorrede erwähnt[102]. Wenn Platinas *Vitae pontificum*, die der Autor ebenso Francesco Tedeschini-Piccolomini widmete, zwischen 1471/72 und 1475 entstanden sein dürften[103], 1479 erstmals gedruckt und

---

100 Eine genaue Identifizierung dieser Person war mir bisher nicht möglich.

101 Dass Fr. Piccolomini der literarischen Bildung (*studia litterarum*) einen hohen Wert beimaß, steht außer Zweifel. Pietro Guevara, dem Heermeister von Ferrante v. Aragon und Grafen von Vasto, übermittelte er (vor Sept. 1486) die berühmte Abhandlung seines Onkels *De liberorum educatione* und einen Begleitbrief, in dem er Guevara zur Fortsetzung seiner *litterarum studia* ermuntert; vgl. Bianchi 1994, dort 38–39.

102 Praef. 82–85 *Illas omnes* (sc. *pontificis tanti laudes*) *pro mea in indigentem veneratione atque in te observantia scribere aggrederer, nisi cumulantissime a Campano et Platyna, viris utrisque disertissimis totiusque Ausoniae hominibus clarissimis, miro ordine parique facundia perscriptae essent.*

103 Gaida 1932, praef. XXXI; Miglio 1986, dort 117 [70] „Si noterà come la datazione del lavoro sia più implicita che esplicita e suggerisca in pratica gli anni iniziali del pontificato di Sisto IV, tra il 1472 ed il 1475, così come del resto aveva fatto il Pastor ricordando che «sulla fine del 1474 o sul principio del 1475 già poteva il Platina consegnare ... la sua storia dei papi»"; ähnlich Anselmi 1979, 51, Anm. 50 „... redatto tra il 1471 e il 1474 ..."; in die Jahre „1474–1475" setzt die *Vitae* Pertusi 1967, 19; großzügiger datiert Zimolo 1968, 402 „Sembra che la biografia del Platina sia anteriore a quella del Campano, s'intende nel testo più esteso, e scritta non molto dopo la morte del pontefice."; zuletzt vertrat Piero Scapecchi auf der Grundlage einer bisher unbeachtet gebliebenen Handschrift die Fertigstellung der Schrift im Jahre 1471: Scapecchi 1999, 251–2 „... [il testimone] ... consente di puntualizzare la data di confezione del codice stesso ... restringendo i tempi della sua ultimazione al 1471 ...". Freilich hatte Platina die *Vita Pii*

sehr wahrscheinlich vor den *Vitae* Campanos abgefasst wurden, diese jedoch grob in den Zeitraum zwischen 1470 und Juli 1477 datiert werden[104], aber wahrscheinlich vor 1474 entstanden[105], gehen wir nicht in die Irre, wenn wir die Schrift in die zweite Hälfte der Siebziger oder frühen Achtziger Jahre datieren[106], in denen Hilarion Francesco auch von der Belagerung Otrantos berichtet hat.

Es bleibt immerhin bemerkenswert, dass im selben Zeitraum der Florentiner Humanist Ugolino Verino (1438–1516) an seiner „Carlias" arbeitete[107], einem an Vergils Aeneis ausgerichteten Großepos über Karl den Großen[108]. Um 1480 entstand schließlich auch die hagiographische *Vita Caroli Magni* des Brüsseler Chorherren Johannes Gielemans (1427–1487), für die der Autor sein Material aus verschiedenen mittelalterlichen Quellen bezieht[109].

## 2.6 Aufbau und Gliederung

Hilarions *Vita* behandelt folgende Themen (in Klammer die Zeilenangabe):

Vorrede (1–4)
1. Die geographische Abgrenzung Galliens, gallische Städte und Stämme (5–15)
2. Die trojanische Herkunft der Gallier (16–32)
3. Pippin, der Vater Karls des Großen (33–70)
4. Der Aquitanische Krieg (71–85)
5. Der langobardische Krieg gegen Desiderius (86–171)

---

*II Pontificis Maximi* bereits zwischen 1468 und 1469 verfasst und erst in der Folge in den *Liber* aufgenommen, vgl. De Caprio (1988) 18.

104 Zimolo 1968, 403 „... il tempo della composizione della *Vita* dev'essere compreso tra quelle due date, pur senza poterlo fissare con precisione maggiore"; anders datierte die Lebensbeschreibung Pius II.' (wohl fälschlicherweise) Fueter $^3$1936, 103 „... die wohl 1464 geschriebene Vita ...".

105 Di Bernardo 1975, 189–190, Anm. 58; an anderer Stelle (Di Bernardo X) datiert der Forscher die *Vita* auf c. 1470.

106 Dr. C. Mackert datiert die Leipziger Handschrift aufgrund des Schriftcharakters und des verwendeten Papiers mit Vogel-Wasserzeichen vorsichtig in das 3. Viertel des 15. Jahrhunderts (brieflich am 30.12.2005).

107 Verino begann sein Werk im Jahre 1465, die früheste vollständig erhaltene Handschrift entstand 1480, dem französischen König Karl VIII. wurde das Epos im Jahr 1489 überreicht; vgl. Thurn 1995; Thurn 2002; Ratkowitsch 1999a; Ratkowitsch 1999b.

108 Nach einem ersten Vergleich scheint dieses Epos von den Prosaviten Acciaiuolis und Hilarions völlig unabhängig zu sein. Ob überhaupt und welche Beziehungen zwischen den unterschiedlichen Karlstraditionen bestehen, hätte eine eigene Untersuchung zu klären.

109 Die Vita findet sich im *Hagiologium Brabantinorum*, einer von Gielemans veranstalteten Sammlung von Heiligenlegenden, unter dem Titel „*Vita gloriosi ac sancti Karoli cognomento Magni, ducis Brabantinorum, regis Francorum et imperatoris Romanorum, a quo denominatur stirps Karolidarum*"; vgl. Poncelet 1895, 8; 48 (Nr. 47°) u. Lehmann 1934, 49–50 u. 67–72 (Veröffentl. der Vorrede und der Kap. 1–5).

6. Der Sachsenkrieg (172–224)
7. Der Feldzug in Spanien und ein Hinterhalt der Basken (225–261)
8. Die Unterwerfung der Bretonen und Beneventaner (262–278)
9. Der bayerische Krieg (279–294)
10. Der Slawenkrieg (295–306)
11. Der Krieg gegen die Hunnen (307–330)
12. Der Krieg gegen Adelgisus und die böhmischen und linonischen Feldzüge (331–335)
13. Der dänische Krieg (336–346)
14. Die Unterdrückung einer Verschwörung gegen Papst Leo (347–364)
15. Der Wiederaufbau von Florenz und der Triumph in seiner Heimat (365–368)
16. Die Befreiung Jerusalems (369–382)
17. Karls Eroberungen und Bündnispolitik (383–403)
18. Karls persönliche Erscheinung, seine Kleidung und Vorlieben (404–420)
19. Karls Menschenliebe, seine Mutter Berta, seine Frauen und Nebenfrauen (421–438)
20. Die Erziehung seiner Kinder (439–461)
21. Zwei Verschwörungen gegen Karl (792 und 785/6) (462–475)
22. Gastfreundschaft und Krankheiten (476–480)
23. Ess- und Lebensgewohnheiten (481–492)
24. Redegabe, Sprachenkenntnisse, Lehrer und Studien (493–501)
25. Frömmigkeit und Sorge um die Kirche (502–510)
26. Freigebigkeit, Bescheidenheit und Sorge um das Gemeinwesen (511–526)
27. Ludwigs Krönung und Karls Tod (527–537)
28. Bestattung und Grabinschrift (538–543)
29. Prodigien vor seinem Tod (544–552)
30. Das Testament (553–565)

Wenn Hilarion der eigentlichen Vita eine kurze Vorrede, eine knappe geographische Beschreibung Galliens und eine Darlegung der mythischen Ursprünge voranstellt, so entspricht diese Disposition einem von E.S. Piccolomini verwendeten Grundmuster. Dieser beginnt beispielsweise seine 72 Kapitel umfassende *Historia Bohemica* mit der obligatorischen Vorrede, auf die eine kurze geographische Beschreibung Böhmens (Kap. 1) und die Erörterung der Ursprünge der böhmischen Nation folgen[110]. Auch mittelalterliche Geschichtsschreiber setzten mitunter eine geographische Einleitung an den Beginn ihrer Darstellung[111].

[110] Vgl. Montecalvo 2003, 58.
[111] Für Aimoin v. Fleury, *Historia Francorum* vgl. Schneidmüller 1987, 57.

## 2.7 Die Gattung Biographie im Renaissance-Humanismus

Das literarische Genus der Biographie, das in der griechisch-römischen Antike bereits differenziert auftritt[112] und im Mittelalter vorwiegend als Heiligenlegende weitergeführt wurde[113], erlebte im Zeitalter des Renaissance-Humanismus eine neue Blüte[114]. Impulse für seine Arbeit könnte Hilarion aus dem kulturellen Umfeld Neapels erhalten haben. Denn am Hofe der aragonesischen Herrscher pflegten die Humanisten diese Gattung – auch innerhalb historiographischer Schriften – in besonderer Weise[115].

Mit dem Genus der Biographie war der Mönch bereits in Berührung gekommen, als er vor 1472 das apokalyptische Versepos *Crisias* verfasste. In diesem Endzeit-Epos beschreibt der Dichter Leben und Wirken des Antichrist und bezieht sein Wissen darüber aus dem Brieftraktat *De ortu et tempore Antichristi* des Adso von Montier-en-Der (910/15–992), also aus einer formal der christlichen Heiligenvita nachgebildeten Schrift[116].

## 2.8 Karl der Grosse und die italienischen Humanisten

Manche Humanisten zeigten an der „mittelalterlichen" Vergangenheit bereits derart lebhaftes Interesse, dass sie gelegentlich als Begründer der modernen Mediävistik bezeichnet wurden[117]. Karl der Große wurde zu einer zentralen Gestalt der europäi-

---

112 Schmidt 1891; Leo 1901; Steidle 1951; Gallo 1966; Dorey 1967; Momigliano 1971; Gentili/Cerri 1983; Dihle 1987; Sánchez Marín/Lens Tuero/López Rodríguez 1997; Ehlers 1999; Van Uytfanghe 2001.

113 Mikoletzky 1970; Morse 1985; Berschin 1986–2004; Berschin 1998; Berschin 1999; Walz 2002.

114 Überlegungen zu diesem Genus im Zeitalter des Humanismus stellte bereits Burckhardt $^{10}$1976, 4. Abschnitt, § 6 (Die Biographik) an; weitere Literatur: Fueter $^{3}$1936, 91–106; Miglio 1979 u. 1974/75; Ijsewijn 1983; Greco 1985; Blackwell 1986; Petersohn 1990; Schoeck 1991; Crevatin 1992; Berschin 1993; Enenkel/De Jong-Crane/Liebregts 1998; Viti 2000.

115 Vgl. Anselmi 1978, 31 „Non casualmente il genere storiografico che conobbe particolare fortuna nell'area napoletana fu proprio quello della «biografia esemplare» sulla scorta della lezione plutarchea."

116 Näheres darüber in meiner Dissertationsschrift: Strobl 2002b, 152–160.

117 Vgl. Ferguson 1948, 342–358 „Medieval Elements in the Literature and *Weltanschauung* of the Renaissance"; Billanovich 1958; Hay 1959; Rubinstein 1972; Black 1985, 317–329 Kap. 2 „Accolti and Renaissance medievalism"; McLaughlin 1988.

schen Kultur- und Geistesgeschichte[118]. Schon bald nach dem Tod des Herrschers setzte um den fränkischen König und späteren Kaiser ein Kult ein, der sich über das gesamte Mittelalter und die Renaissance bis weit hinein in die Neuzeit entfaltete. In hagiographischen, religiös-erbaulichen und historischen Prosawerken und Dichtungen entstand das Bild eines idealen christlichen Herrschers, dessen Verhalten als Mensch wie als Regent der Nachwelt als nachahmenswertes *exemplum* vor Augen gestellt wurde. Im 15. Jh. konnte man dem geläufigen Karlsbild freilich kaum mehr Neues hinzufügen, dennoch tritt uns die Gestalt Karls – nicht nur in der offiziellen französischen Kaiserideologie – in den einzelnen europäischen Ländern in äußerst facettenreicher Form entgegen[119]. Die Geschichte von Karls Nachleben im italienischen Renaissance-Humanismus gilt es noch zu schreiben[120].

## 2.9 Die Quellen der Vita Caroli

### Pomponius Mela

Für die Beschreibung Galliens greift Hilarion auf die Schrift *De chorographia* des römischen Geographen Pomponius Mela (1. Jh.n.Chr.) zurück. Von den mehr als 120 Handschriften, in denen das in Mittelalter und Renaissance häufig gelesene Werk überliefert ist, stammen 117 aus dem 15. Jh.[121]. Wie zwei Textvarianten nahelegen (vgl. den textkrit. Apparat zu Z. 5–15), hat Hilarion eine der vielen Abschriften des berühmten Archetypos der Mela-Tradition benutzt[122].

---

118 Von der reichen Literatur über Nachleben und Wirkung Karls seien hier nur folgende Werke angeführt: Lehmann 1934; Folz 1950, bes. 467–492 u. 547–561; Borst 1967; Kleinclausz ²1977, bes. 496–552; Kapfhammer 1993; Lambrech 1993; Saurma-Jeltsch 1994; Morrissey 1997; Butzer/Kerner/Jongen/Oberschelp 1997/98; Erkens 1999; Schneidmüller 2000; Erkens 2001; Diago Hernando 2003; Kraus/Pabst 2003; Bastert 2004; Herbers 2004; Karl der Große 2004; Imhof/Winterer 2005.

119 Vgl. Schmidt-Chazan 1977, dort 279–281; Quadflieg 1963; Monfrin 1964/65; Röcke 1999; Pérez González 2002, 1490–91; Bullough 2003.

120 Brauchbare Hinweise bieten Fasoli 1967; Galletti/Roda 1987; Walter 1997/98; Walter 2003; zur reichen epischen Tradition im Mittelalter vgl. Winter 1999; Hartung 2004.

121 Zur Bedeutung und Rezeption in Mittelalter und Renaissance: Billanovich 1956; Milham 1981/82; Gormley/Rouse/Rouse 1984; Milham 1979; Parroni 1979; Rouse 1983; Milham 1984, bes. 257–258.

122 Parroni 1984, 55–81.

## Die trojanische Herkunft der Franken[123]

In zahlreichen mittelalterlichen Werken wird Karl d. Große in eine trojanische Ahnenreihe gestellt[124]. Sehr wahrscheinlich bezieht der Mönch sein Wissen aus der mittelalterlichen Chronik des Florentiner Kaufmanns, Diplomaten und Schriftstellers Giovanni Villani (1276/80–1348)[125].

## Einhard

Hilarion benutzt schließlich auch die in ihrer Datierung unsichere, wahrscheinlich in den späten 20er Jahren des 9. Jh.[126] oder zwischen 830 und 833[127] abgefasste, in Aufbau, Form und Sprache stark von Sueton beeinflusste[128] *Vita Karoli*[129] Einhards[130]. Dieser „Prototyp mittelalterlicher Herrscherbiographie", wie man Einhards Vita bezeichnet hat, wurde in der Folgezeit häufig gelesen, verwendet, zitiert und abgeschrieben[131]. Das Werk ist in mehr als 120 Handschriften, von denen 105 im Mittelalter entstanden sind, auf uns gekommen.

Im letzten Viertel des 15. Jh. besaßen nur wenige italienische Humanisten eine Abschrift dieser Vita. Donato Acciaiuoli benutzte – wie bereits vor ihm Coluccio Salutati – die berühmte Handschrift aus Florenz (Bibl. Medicea Laurenziana,

---

123 Eine Analyse des Kapitels bei STROBL 2008.

124 Trojanische Vorfahren für Karl postulieren einige fränkische Genealogien (ca. 867–897), Dungal (*Hibernicus exul*) (um 800), Ekkehard und Frutolf (beide 12. Jh.), Andreas v. Regensburg († nach 1439) und Gobelinus Persona (1358?–1421?); vgl. BORCHARDT 1971, 32, 46, 200–201, 204, 223 und GRAU 1938, 27–28.

125 Diese Auffassung habe ich in einer gesonderten Abhandlung ausführlicher dargelegt: STROBL 2009.

126 Der letzte umfassende Datierungsversuch stammt von TISCHLER 2001, I, 151–239 („Die Entstehungszeit der Vita Karoli"). Tischler trägt eine Vielzahl von (auch neuen) Argumenten für eine Datierung in die späten 820er Jahre (828–30) zusammen; ähnlich MORRISSEY 1997, 42.

127 Zwischen 830 und 833, bzw. „noch besser nach 833" datierten LINTZEL 1933 u. ähnlich FOLZ 1950, 4 „Écrite peu après 830", um 825/826 hingegen LÖWE 1983; von einer „Entstehung der Karlsvita schon bis Sommer 823" geht KRÜGER 1998, dort 145 aus.

128 TOWNEND 1967, bes. 98–106.

129 Die heute noch grundlegende Einhard-Ausgabe ist jene von O. Holder-Egger 1911. Maßgebend für jede künftige Beschäftigung mit Einhard und für eine anstehende Neuedition der Schrift wird das monumentale Werk von TISCHLER 2001 sein; vgl. die Besprechungen von R. BEYERS, Scriptorium 57, 2003, 294–302; D. GANZ, Francia 30/1, 2003, 311–314; P. TOUBERT, Le Moyen Âge 91, 2005, 373–376. Der Heidelberger Mediävist W. Berschin und sein Schüler M.M. Tischler halten die Schreibung „Einhart" für die einzig richtige; ohne deren Argumente im Detail überprüft zu haben, halten wir an dieser Stelle an der traditionellen „Einhard"-Schreibung fest.

130 Vgl. HELLMANN 1932. Zuletzt BERSCHIN 1991, III, 199–220; SCHEFERS 1997; GANZ 2005; DUTTON 2007, 28–32.

131 WEVERS 1929.

LXV.35)[132]. Über eine Abschrift verfügten in der Zeit um 1470 außerdem Marco Barbo (1420–1491), Patriarch von Aquileja, (Wien, ÖNB, Cod. 3126)[133], Federico di Montefeltro, Herzog von Urbino, und Ottaviano Ubaldini della Carda (Rom, Biblioteca Nazionale Centrale Vittorio Emanuele II, Ms. 1419)[134] sowie der venezianische Geschichtsschreiber Bernardo Giustiniani (1408–1489)[135]. Besonders intensiv dürfte die Rezeption im oberitalienischen bzw. venezianischen Raum gewesen sein, zumal sich drei Handschriften im Besitz venezianischer Humanisten befanden (Pesaro, Biblioteca Oliveriana, Ms. 41[136]; Bryn Mawr, Mariam Coffin Canady Library, Gordan Ms. 149[137]; Vatikanstadt, BAV, Pal. Lat. 1569[138]). Die Frage, welche Handschrift Hilarion benutzt hat, kann an dieser Stelle nicht beantwortet werden.

## Donato Acciaiuoli

Die Hauptquelle für Hilarions Karls-Vita bildet jedoch die von Donato Acciaiuoli (1428/9[?]–1478)[139] vor 1461 verfasste *Vita Caroli Magni*[140]. Acciaiuoli, ein Sohn einer einflussreichen Florentiner Adelsfamilie und bedeutender Vertreter der florentinischen

---

132 Tischler 2001, I, 440–449; 476–491.

133 Tischler 2001, I, 495–498.

134 Tischler 2001, II, 1472–1490.

135 Tischler 2001, II, 1346–1347, Anm. 67.

136 Tischler 2001, II, 1547–1556.

137 Tischler 2001, II, 1490–1496.

138 Tischler 2001, II, 1342–1355.

139 Vgl. D'Addario 1960; Art. Acciaiuoli, Donato 1967; Gentile 1990; ältere und neuere Literatur: Marchesi 1899; Della Torre 1902, 322–425; Santini 1922, 207–14 u. 266–68; Garin 1950/³1966; Vasoli 1973; Ganz 1979; Ganz 1982; Field 1988; Bianchi 1990; Ganz 1990; Scapecchi 1993; Giorgetti 2006; Pade 2007, I 336–342; II 43–45 u. 151–53.

140 Die jüngste Textedition besorgte Gatti (1981), dort 99–123. Insgesamt erweist sich die Ausgabe Gattis freilich als wenig brauchbar: Zu bemängeln sind zahlreiche Druck- bzw Flüchtigkeitsfehler, zu denen sich Grammatikfehler gesellen, die irrige Zeichensetzung, das Fehlen eines textkritischen Apparates, in dem auch die Parallelstellen anzuführen gewesen wären sowie die nicht vorgenommene Einteilung des Textes in Kapitel. In dieser Monographie modifiziert Gatti manche Ansichten, die sie in einem Beitrag 1972/73 vorgetragen hatte (Gatti 1972/73). Als Korrektiv zu dieser nachlässig gearbeiteten Ausgabe habe ich die frühe Edition von Johann Burkhard Mencke beigezogen, die allerdings auch nicht frei von Versehen und Fehlern ist (Menckenius 1728/32, dort I, 814–832). Eine neue Ausgabe ist in Vorbereitung. Zur Vita äußern sich Romano 1892, 40–41; Della Torre 1902, 407–08; Fueter (³1936) 103; Wevers 1929, 21–22; Lehmann 1934, 50–51 kündigte eine eigene Untersuchung seines Schülers A. Fingerle über Acciaiuolis Karlsvita an, die aber nie erschienen ist; außerdem Baron 1955, 478, Anm. 13; Monfrin 1964/65, 71–77; Garin ³1966, 270–271; Maissen 1994, 57–63; 133–135; Gilli 1997, 322–338; Morrissey 1997, 151–152; Walter 1997/98, 61–65; Pérez González 2002, 1491–1503; Walter 2003, 183–190; Coluccia/Gualdo 2005; Pade 2007, I 336–337.

Geschichtsschreibung des Quattrocento[141], stand als gewandter Diplomat in den Diensten seiner Heimatstadt Florenz und der Medici. Er übersetzte zwei Viten Plutarchs (Demetrius, Alkibiades), verfasste im Anschluss daran selbst Lebensbeschreibungen von Scipio und Hannibal[142] und übertrug im Jahr 1476 Leonardo Brunis (1377–1444) *Historiarum Florentini populi libri XII* ins Italienische[143]. Im Jahre 1461 nahm er an einer von Piero d' Andrea de' Pazzi angeführten Gesandtschaft nach Tours teil, um Ludwig XI. (1423–1483) anlässlich seiner Erhebung zum König von Frankreich die offiziellen Glückwünsche der Stadt Florenz zu überbringen. Am 2. Januar 1462 überreichte Acciaiuoli dem König seine Karlsvita[144].

Acciaiuoli benützt neben der Karlsvita Einhards[145] auch andere Quellen. Die Vita, welche in einer lateinischen und italienischen Fassung in mehreren Handschriften überliefert ist, fand schon bald eine beachtliche (aber noch nicht hinreichend erforschte) Verbreitung[146]. Hilarion könnte bereits eine Druckausgabe verwendet haben. Es lässt sich freilich nicht ganz ausschließen, dass der an der Kurie tätige Mönch dem Diplomaten aus Florenz auch begegnet ist und die Vita von diesem persönlich erhalten hat.

Bereits in Hilarions Vorrede finden sich Anklänge an das Werk Acciaiuolis. Beide wollen Leben, Charakter und herausragende Taten Karls beschreiben:

| | |
|---|---|
| **Acciaiuoli,** prooem. *Venit in mentem ... vitam, mores et res egregie gestas perscribere* [ed. GATTI (1981) 99]. | **Hilarion,** praef. 1–2 *Aggressus sum ... imperatoris christianissimi vitam, mores et praeclara gesta describere* |

141 Vgl. SHORT 1972, 142 „Whatever the shortcomings of his „Vita Caroli Magni", Acciaiuoli's seriousness of mind and scholarly standards make of him an important figure in the development of a critical approach to French history"; kritischer urteilt FUETER ³1936, 103 „Die historische Kritik ist widerspruchsvoll, wie von einem Bruni-Schüler zu erwarten ist. Die patriotische Legende von der Wiederaufrichtung der Stadt Florenz durch Karl erzählt Acciaiuoli ohne einen Zweifel zu äußern und auch die Sage von Karls Kreuzzug will er nicht ganz verwerfen, ebensowenig die Geschichte Rolands."

142 Vgl. dazu GATTI 1981, 41–45; AFFORTUNATI/SCARDIGLI 1992; SCARDIGLI 1998.

143 ANSELMI 1981; BESSI 1988; BESSI 1990; BESSI 1992.

144 GATTI 1972/73, 235–38; GANZ 1982, 56–57; MILANESI 1865, 25 „Detto di Donato Acciaiuoli, presenti nostri ambasciadori et me, presentò alla Maestà del re la Vita di Carlo Magno per lui composta, la quale gli fu molto grata et acceptolla con buone parole."

145 TISCHLER 2001, I, 489–490; II 1472, 1662, 1666; GATTI 1981, 35–41; über das Verhältnis zu Einhard am ausführlichsten GATTI 1972/73, 243–52.

146 Bescheidene Hinweise dazu bei FOLZ 1950, 529, 539, 549; SHORT 1972, 142–43; GILLI 1997, 334–38; TISCHLER 2001, I, 490–91, Anm. 814; dann auch DAVIE 1985; MAISSEN 1994, 63; 67–69 verweist auf die Autoren Pietro Ranzano und Bischof Zaccaria Lilio, die Acciaiuoli ausgeschrieben, bzw. plagiiert haben; zu revidieren sein wird das Urteil von GARIN ³1966, 280 „... le sue opere erano state quasi tutte di scarso rilievo. [...] i suoi scritti, nella gran maggioranza inediti e degni di rimaner tali [...]".

Beide tragen sich mit Bedenken, einer derartigen Persönlichkeit mit den bescheidenen Mitteln der eigenen Redekunst gerecht zu werden:

**Acciaiuoli,** prooem. *Itaque si vota, si preces meae essent apud immortalem Deum locum habiturae, libenter peterem, ut in hoc homine ornando tantam mihi eloquentiam daret, quanta aut in M. Tullio aut in Demosthene Atheniensi fuit, ut possem virtuti divini hominis orationem copiamque dicendi afferre* [ed. GATTI (1981) 100].

**Hilarion,** praef. 8–9 ... *mihi tantum ignoscat necesse erit, si parem monumentis eius eloquentiam et gravitatem orationis non attulero ...*

Beide verfolgen das Ziel, die Erinnerung und Taten dieses großen Mannes dem Vergessen zu entreißen:

**Acciaiuoli,** Vita Caroli *Cuius vitam et mores et res egregie gestas litteris mandare constitui, ut memoriam tanti viri tamque praeclare de nostra patria meriti, quantum ego possem, ab oblivione hominum atque a silentio vindicarem* [ed. GATTI (1981) 102].

**Hilarion,** praef. 6–8 *At vero Carolus ipse tibi quantum debebit, qui eius facta tanto iam tempore sepulta atque obruta et nimia pene vetustate obsoleta in lucem extuleris posteritatique legenda transmiseris ...*

Acciaiuolis Karlsvita nimmt Giovannantonio Campano (1429–1477) in seine 1470 in Rom bei Ulrich Han erstmals gedruckte Sammlung von lateinischen Übersetzungen verschiedener Plutarch-Viten auf, die – wohl kaum zufällig – ebenso Fr. Tedeschini-Piccolomini gewidmet war![147]

Daraus ergibt sich nun der paradoxe Befund, dass der Kardinal von Siena (spätestens) im Jahre 1470 von der Karlsvita des Humanisten Acciaiuoli Kenntnis hat, diese liest (oder auch nicht!), einige Jahre später eine Einhard-Vita in seine Hände bekommt, diese aber inhaltlich und stilistisch für misslungen befindet, einen Gelehrten aus seinem Umfeld mit der Aufgabe betraut, diese neu zu schreiben und dieser wiederum ein mittelmäßiges, antikisch aufgeputztes Flickwerk aus Acciaiuoli und Einhard zusammenzimmert.

## Andere lateinische Autoren und antike Reminiszenzen

Neben dem römischen Geographen Pomponius Mela und dem Epiker Vergil (Z. 17/8; 273; 352) zitiert Hilarion auch aus den Geschichtswerken *Ab urbe condita* des Titus Livius (Z. 198) und aus den *Historiae Alexandri Magni* des Curtius Rufus (Z. 234–36) sowie aus Ciceros staatspolitischer Rede *De lege Manilia* (Z. 384–86). An anderer Stelle erwähnt der Mönch Alexander und Pompeius, die wie sein Held Karl

147 GIUSTINIANI 1961, 4–5, 10–11, 39, 44.

den Beinamen *Magnus* (Z. 71/2) tragen. Ein andermal meint er, Karl habe wie ein *alter Caesar* gehandelt, wenn er die Gelehrten seiner Zeit mit Ehrenbezeugungen überhäufte (Z. 497–98) – eine persönliche Tendenz ist hier nicht zu überhören.

Wie schon in der Vorrede spielen auch in der Vita die Beispiele, *exempla*, öfter eine Rolle, da sich an ihnen jedes mustergültige Handeln zu orientieren habe[148]. Als Karl Papst Hadrian gegen den Langobardenkönig Desiderius zu Hilfe eilte, spornten ihn weniger die Bitten des Papstes oder die Gefahr an, in der sich die römische Kirche befand, als vielmehr die *paterna domesticaque exempla*, die sein Vater Pippin und Karl Martell in der Vergangenheit gegeben hatten (Z. 93). Karls Handeln selbst hingegen war in Kriegs- und in Friedenszeiten Hilarion zufolge von solcher Güte und Menschlichkeit geprägt, dass er allen dafür ein Beispiel (*benignitatis humanitatisque exemplum*) war (Z. 476). Die großen Taten von Königen, Fürsten und Kaisern versuchte er ebenso eifrig nachzuahmen (Z. 487/88) wie die Römer bei der Einrichtung seines Staatswesens (Z. 525/27).

Wie zahlreiche andere Geschichtsschreiber des Renaissance-Humanismus[149] auf verschiedene Weise an griechische oder römische Historiker anknüpften und sich damit bewusst in die Tradition der antiken Historiographie stellten, erhält auch Hilarions Karlsvita durch die antikisierenden Reminiszenzen jenes Gepräge, das für Geschmack und Stil der Zeit so charakteristisch ist.

## 2.10 Beobachtungen zur Arbeitsweise und Versuch einer Bewertung

Hilarion greift auf antike, mittelalterliche und zeitgenössische Autoren als Quellen für seine Vita zurück. Während er von den antiken Autoren Pomponius Mela, Cicero, Curtius Rufus, Livius und Vergil zitiert, schöpft er für den Hauptteil des Werkes ausgiebig aus der mittelalterlichen Karlsvita Einhards und aus Donato Acciaiuoli. Inhaltlich und strukturell folgt Hilarion weitgehend der Darstellung Acciaiuolis, der selbst dem Darstellungsschema Einhards verpflichtet ist. Acciaiuoli beginnt mit den Ursprüngen der karolingischen Dynastie, beschreibt ausführlich die von Karl geführten Kriege und in der Folge die außen- und innenpolitischen Entscheidungen. Er setzt seine Darstellung fort mit Karls Privatleben, seinem äußeren Erscheinungsbild, seinen Gewohnheiten und Eigenheiten und endet mit der Beschreibung der Todesumstände

---

148 Über diese für die Renaissance bezeichnende und aus der Antike stammende Form der Geschichtsbetrachtung handelt erhellend Gilbert ²1970.

149 Zur Geschichtsschreibung im Zeitalter des Humanimus vgl. Baron 1933; Buck 1957; Chastel/Klein 1963; Burke 1969; Cochrane 1981; Fryde 1983; Kelley 1988; Buck/Klaniczay/Németh 1989; Buck 1991; Muhlack 2001; Völkel 2002; Helmrath/Muhlack/Walther 2002; Fubini 2003; Helmrath 2003.

und des Testaments. Aus der *Vita* Acciaiuolis übernimmt Hilarion auch die legendären Züge, die in der volkstümlichen Karlstradition des Mittelalters fest verankert waren[150]. Dazu gehören die Abschnitte über die *renovatio* der Stadt Florenz nach den Wirren der Völkerwanderung durch Karl[151], die Gründung der ersten Universität von Paris[152], die Ereignisse um den Paladin Roland bei Roncisvalle[153] und die sagenhafte Reise Karls nach Jerusalem[154]. Kein Interesse hingegen zeigt Hilarion an den von Acciaiuoli in seine Darstellung eingefügten Exkursen über die Völkerwanderung[155] und über die „*imperatoria dignitas*"[156].

Im ersten Teil seiner Lebensbeschreibung folgt Hilarion relativ getreu der Darstellung Acciaiuolis, flicht in diese jedoch immer wieder Textabschnitte aus Einhard ein. Erst im letzten Viertel des Werkes zieht er Einhard als Hauptquelle vor. In diesem Abschnitt handelt Hilarion über Karls Frauen, Töchter, die Erziehung der Kinder, die Verschwörungen gegen ihn, Ess- und Lebensgewohnheiten, Erziehung und über seine wissenschaftlichen Interessen. Diese vorwiegend das Privatleben Karls betreffenden Aspekte hatte der Florentiner überhaupt nicht oder nur am Rande beachtet.

Wie in anderen Schriften[157] orientiert sich Hilarion nicht nur an seinen Vorbildern, sondern schreibt sie ohne Bedenken aus. Den Verfasser der zitierten Quellenschrift erwähnt er gewöhnlich nicht. Dennoch nimmt der Mönch an seinem Quellentext häufig Änderungen vor. Dem Stilprinzip der *variatio* gehorchend ersetzt er sehr oft Verba, Substantiva, Adjektive, Präpositionen etc. durch Synonyme, wobei manchmal eine Tendenz zum Pretiösen erkennbar wird:

| | |
|---|---|
| *Carolomano humanis rebus excedente* (Z. 68/9) | *defuncto Carolomano* (Acciaiuoli) |
| *contendit* (Z. 133) | *pervenit* (Acciaiuoli) |
| *ampliorem redderet* (Z. 221) | *extolleret* (Acciaiuoli) |
| *sponte se dedidere* (Z. 238) | *sponte deditionem faciunt* (Acciaiuoli) |

---

150 Vgl. dazu SHORT 1972.

151 GATTI 1972/73, 265–67; Text bei GATTI 1981, 117.

152 GATTI 1972/73, 272; Text bei GATTI 1981, 122.

153 GATTI 1972/73, 268–70; Text bei GATTI 1981, 110–11.

154 GATTI 1972/73, 270–71; Text bei GATTI 1981, 118.

155 GATTI 1972/73, 261–63; Text bei GATTI 1981, 106–07.

156 GATTI 1972/73, 263–64; Text bei GATTI 1981, 115–17.

157 Für das hexametrische Epos *Crisias* konnte ich den Gebrauch zahlreicher antiker Dichter nachweisen, wobei nicht immer eindeutig zu entscheiden ist, ob eine gewollte Nachahmung, also *imitatio*, vorliegt oder ob dem Dichter antike Wendungen gewissermaßen unbeabsichtigt in den Vers gleiten. Inhaltlich bezieht sich der Mönch für die Ausgestaltung der Antichrist-Vita auf Adsos Traktat *De ortu et tempore Antichristi*. In seinen Prosaschriften (Vorreden zu Übersetzungen, Briefe, politische Tendenzschriften ...) übernimmt er *exempla* von Valerius Maximus, aber auch Textabschnitte aus anderen Schriftstellern wie Homer, Platon, Diogenes Laertios, Plautus, Terenz, Cicero, Horaz, Plinius d. Ält., Cornelius Nepos, Aulus Gellius oder Hieronymus.

| | |
|---|---|
| *bella ciebant* (Z. 300/1) | *bella … gerebant* (Acciaiuoli) |
| *coniurarunt* (Z. 348) | *coniurationem ineunt* (Acciaiuoli) |
| *subiectae fuere* (Z. 393) | *parebant* (Acciaiuoli) u.a. |
| *fluminibus* (Z. 12) | *fluviis* (P. Mela) |
| *caduceatores* (Z. 98) | *legatos* (Acciaiuoli) |
| *ad montis cacumina* (Z. 246) | *in summi montis vertice* (Einhard) |
| *per nota diverticula* (Z. 258) | *per nota itinera* (Acciaiuoli) u.a. |
| *summam* (Z. 51) | *maximam* (Acciaiuoli) |
| *graviter* (Z. 83) | *vehementer* (Acciaiuoli) |
| *piratica classe* (Z. 337) | *praedatoria classe* (Acciaiuoli) |
| *glaucis oculis* (Z. 407) | *vegetis … oculis* (Acciaiuoli) u.a. |
| *tanquam* (Z. 53) | *veluti* (Acciaiuoli) |
| *propter* (Z. 62) | *apud* (Einhard) u.a. |

Oft begnügt er sich mit einer einfachen Umstellung der Wortfolge:

| | |
|---|---|
| *regni opes atque potentia* (Z. 35/6) | *opes ac potentia regni* (Acciaiuoli) u.a. |

Mitunter begegnet auch die Umstellung einer Gedankenfolge:

| | |
|---|---|
| *… ut Gallos nil tale opinantes … adoriretur. Finimitas igitur gentes sollicitare Hunnos, qui eam Bavariae partem … incolunt* (Z. 281/3) | *Hunnos, qui ea parte, qua Bavaria in orientem spectat … ut Francos nil tale opinantes … adoriatur* (Acciaiuoli) u.a. |

Gelegentlich kleidet er einen Gedanken des Originals in einen völlig neuen Satz:

| | |
|---|---|
| *At non parum maturatio tanta retardata est …* (Z. 118/9) | *Sed multa huic suae festinationi adversabantur* (Acciaiuoli) |
| *adhibita militum circumquaque custodia* (Z. 457/8) | *… quarum agmen extremum ex satellitum numero ad hoc ordinati tuebantur* (Einhard) u.a. |

Auf syntaktischer Ebene ersetzt er *Abl. Abs.*-Konstruktionen in der Vorlage durch Partizipialgruppen oder Nebensätze:

| | |
|---|---|
| *post perfectum bellum Aquitanicum* (Z. 65) | *finito Aquitanico bello* (Einhard) |
| *dum gereretur hoc cum Saxonibus bellum …* (Z. 216) | *durante Saxonico bello* (Acciaiuoli) |
| *Verum ubi Caroli bella et preclara gesta digessimus …* (Z. 404) | *enarratis bellicis rebus* (Acciaiuoli) u.a. |

Umgekehrt formt er aus Neben- oder Hauptsätzen *Abl. Abs.*-Konstruktionen:

| | |
|---|---|
| *dimissis legatis* (Z. 103) | *dum legati proficiscuntur …* (Acciaiuoli) |
| *restitutis … urbibus* (Z. 167/8) | *omnes civitates restituit* (Acciaiuoli) |
| *commisso prelio* (Z. 303) | *bellum confecit* (Acciaiuoli) u.a. |

Sehr häufig füllt er den Quellentext durch pleonastische Doppelung oder rhetorische Umschreibung auf:

| | |
|---|---|
| *... a regno tanquam ineptum inutilemque submovissent* (Z. 53/4) | *a dominatione veluti inutilem semovissent* (Acciaiuoli) |
| *... nulli ... aut impar aut inferior* (Z. 64/5) | *cuilibet ... par* (Acciaiuoli) |
| *in dignitate regia et potestate multa felicitate peregit* (Z. 63/4) | *regnavit ...* (Acciaiuoli) u.a. |
| *refecti sunt milites et recreati* (Z. 129) | *refecto milite* (Acciaiuoli) |
| *Saxonum gentes ... Germanorum omnium bellicosissime asperrimeque* (Z. 174/5) | *Saxonum gens bellicosissima pene Germanorum omnium* (Acciaiuoli) |
| *Demonum cultui et venerationi dediti* (Z. 179) | *cultui demonum dediti* (Einhard) |
| *ludibrio summo atque odio habeant* (Z. 180/1) | *oderant* (Acciaiuoli) |
| *perlongo et raro agmine* (Z. 245) | *cum agmine longo* (Einhard) |
| *eo prudentius, sollertius diligentiusque* (Z. 315) | *eo maiore studio* (Acciaiuoli) |
| *non nivibus, non hyemis tempestate, non montium asperitate, non sylvarum densitate, non etatis gravitate* (Z. 415/7) | *non nives, non montes silvaeque eum etiam senescentem ...* (Acciaiuoli) |

Wenn sich der Mönch grundsätzlich eng an seine Vorlage anlehnt und diese oft kürzt, finden sich immer wieder Abschnitte, in denen er seine Quelle um inhaltliche Details erweitert:

| | |
|---|---|
| *Lupus ... se cum familia omnique provincia sua Carolo permisit.* (Z. 83/5) | *Lupus ... etiam se ipsum cum provincia ... permisit* (Einhard) u.a. |
| *solita benignitate et clementia susceptos et cum lachrymis deosculatos* (Z. 152/3) | *a quo benigne excepti magnoque affecti honore ...* (Acciaiuoli) |
| *Capitur igitur Desiderius ... Caroli que triumphus fit* (Z. 163) | *Capitur igitur Desiderius ...* (Acciaiuoli) |
| *exercitum ingentem equitum peditumque quanta potest cura et diligentia comparat* (Z. 188/9) | *ingentem exercitum parat* (Acciaiuoli) |

Aus diesen Umformungen ergeben sich nicht selten Sinnverschiebungen, die gewiss nicht immer geringfügig sind:

| | |
|---|---|
| *... non ignarus in mora periculum esse* (Z. 76/7) | *nullam moram interponendam ratus* (Acciaiuoli) |
| *... si Desiderium bellorum cupiditate flagrare sentiret ...* (Z. 105) | *si Desiderium perseverare in bello cognoverit ...* (Acciaiuoli) |
| *dies aliquot in sanctarum reliquiarum veneratione consumpsit* (Z. 277) | *consumptisque ibi in sanctorum veneratione locorum aliquot diebus* (Einhard) |
| *Tassillo huiuscemodi legatione perterritus vel quod se a sociis destitutum iri formidabat* (Z. 290/1) | *Taxillo sive his mandatis conterritus sive sociorum auxilio destitutus ...* (Acciaiuoli) |

| | |
|---|---|
| *Mortem autem filiorum omnium forti animo tulit* (Z. 449/50) | *Mortes filiorum ac filiae ... minus patienter tulit* (Einhard) |
| ... *partim membris mutilati, omnes tamen in exilium missi sunt* (Z. 469) | *partim membris incolomes, omnes tamen exilio deportati sunt*. (Einhard) |
| *ubi iam Saxones damno suo didicere Carolum non superari, non fatigari bello denique posse* ... (Z. 219/20). | *ubi penitus Saxones debellati* (Acciaiuoli) u.a |

In diesem Bestreben, seine Quellenschrift abzuwandeln und vielleicht auch die Spuren zu ihr zu verwischen, unterlaufen dem Mönch auch grobe Fehler:

| | |
|---|---|
| *Grani profluentem* (Z. 339) | *Aquisgrani* (Acciaiuoli) |
| *Secundanorum* (Z. 10) | *Secundanorum Arausio* (Pomponius Mela) |

Wenn sehr viele Personen- und Ortsnamen nicht richtig wiedergegeben sind, muss es sich nicht immer zwangsläufig um einen Irrtum des Autors handeln, sondern es kann ebenso ein Schreibfehler eines Kopisten oder auch eine verderbte Textstelle in der Vorlage als Ursache für das Versehen zugrunde liegen:

| | |
|---|---|
| *Equitania* (Z. 61, 72, 75, 78, 86 u.a.) | *Aquitania* (Einhard/Acciaiuoli) |
| *Hinuldus* (Z. 78) | *Hunuldus* (Acciaiuoli) |
| *Populonia* (Z. 238) | *Pampilonia* (Acciaiuoli) |
| *Leucum* (Z. 287) | *Lecum* (Acciaiuoli) |
| *Godofricum* (Z. 549) | *Gotofrido* (Acciaiuoli) |
| *Rhuodrudemque* (Z. 445/6) | *Hruodtrudem* (Einhard) |
| *Hildrigardae* (Z. 529) | *Hildigardae* (Einhard) |
| *Maguntiam* (Z. 548) | *Mogontiacum* (Einhard) |

Schwierig gestaltet sich eine angemessene Bewertung der Arbeitsweise Hilarions. Während in der Dichtung seit der Antike *aemulatio veterum* und *imitatio* eine gewisse Nähe zum literarischen Modell zuließen und das möglichst geschickte Verbergen von Anleihen bzw. *furta* zum literarischen Spiel gehörte[158], muss in der Prosa die Übernahme fremden geistigen Eigentums ohne Angabe der Quelle als Plagiat gelten[159], sofern man berücksichtigt, dass Hilarion patchworkartig verschiedene Quellen zusammenschweißt und an diesen häufig stilistische und mitunter auch inhaltliche Verände-

[158] Aus der Fülle von Literatur zu dieser Thematik: Russell 1979; Pigman III 1980; Greene 1982; Schoeck 1983; Coppini 1989.

[159] Für die Antike grundlegend Ziegler 1950; Speyer 1971, bes. 317–20; für das Mittelalter Constable 1983. Wie die italienischen Humanisten grundsätzlich „geistiges Eigentum“ oder „Plagiate“ bewerteten, ist v.a. für Prosawerke wenig erforscht; zur Echtsheitkritik vgl. Speyer 1993; vorwiegend die Dichtung berücksichtigt die Aufsatzsammlung von Borsetto 1990; auf das italienische Cinquecento beziehen sich die Beiträge (in den Sammelbänden) von Quint (1983), Mazzacurati/Plaisance 1987, Gigliucci 1998, Cherchi 1998a, Cherchi 1998b, dort bes. Quondam 1998; vgl. auch Vandendorpe 1992.

rungen vornimmt[160]. Freilich dürfen wir dabei moderne Vorstellungen von Originalität und schöpferischer Freiheit nicht unbedacht auf das (Spät-)Mittelalter übertragen, zumal diesem derartige Vorstellungen weitgehend fremd waren[161].

## 2.11 Karl der Grosse als gallischer bzw. französischer Herrscher (rex Gallorum)[162]

Der bemerkenswerteste Zug in Hilarions Porträt von Karl dem Großen besteht in der zunächst eigenartig anmutenden Tatsache, dass er Karl durchweg als *rex Gallorum* bezeichnet und die in seinen Quellen vorgefundene Volksbezeichnung *Franci* konsequent durch *Galli* ersetzt. Diese Titulierung scheint v.a. deshalb merkwürdig, da von seinen Quellen weder Einhard noch Acciaiuoli Karl als *rex Gallorum* bezeichnen[163]. Außerdem hatte Enea Silvio Piccolomini aus kirchenpolitischen Gründen die karolingische Frühgeschichte Frankreichs umzudeuten versucht und Karl den Großen, Frankreichs Charlemagne, als rein germanischen Herrscher dargestellt[164]. Im 15. Jh. war es in

---

160 Die italienische Forschung unterscheidet zwischen Plagiat (im engeren Sinn) und *riscrittura* (Umschreibung), Begriffe, die jedoch zumeist austauschbar seien; vgl. Cherchi 1998a, 11–24, bes. 15.

161 Constable 1983, 39 will den Begriff „Plagiat" für das Mittelalter völlig verwerfen: „The term plagiarism should indeed probably be dropped in reference to the Middle Ages, since it expresses a concept of literary individualism and property that is distinctively modern"; Cherchi 1998a, 19 meint, Plagiate hätten in der Renaissance für kein größeres Aufsehen gesorgt, da Wissen für die Humanisten Allgemeingut war, das wuchs, je mehr es mitgeteilt wurde. Erasmus, der Anleihen bei Beroaldus oder Valla machte, des Plagiats zu bezichtigen, wäre für die Humanisten undenkbar gewesen.

162 Zum Thema: Folz 1950, 549–553 Kap. „L'appartenance ethnique de Charlemagne"; Lugge 1960; Gilli 1994b; Maissen 1994, 317–327 Kap. 2 „«Galli», «Franci», «Francesi» – Bezeichnungen des Wandels oder der Kontinuität?"; Werner 1995; Ehlers 2001; Conner 2004.

163 Die Bezeichnung *rex Gallorum*, bzw. *imperator Galliae* für Karl den Großen ist im Mittelalter nicht selten: Sie findet sich in der *Historia Karoli Magni et Rotholandi* des Ps.-Turpin (1130), im legendären Bericht über den Kreuzzug Karls *Descriptio qualiter Karolus Magnus clavum et coronam Domini a Constantinopoli Aquisgrani detulerit qualiterque Karolus Calvus hec ad Sanctum Dionysium retulerit* (St. Denis, Ende 11. Jh./Anfang 12. Jh.); vgl. Lugge 1960, 136–37, 182. Im ausgehenden Mittelalter ist der Bedeutungswechsel von *Gallia* als geographischer Begriff zu *Gallia* als politische Bezeichnung vollzogen. Die Volksbezeichnung *Galli* bleibt für die auf dem Territorium des antiken Galliens lebende Bevölkerung weiterhin gebräuchlich, wobei dieser jedoch oft eine gelehrt-antikisierende Note anhaftet. Italienische, nicht aber französische Autoren verwenden die Bezeichnung *Galli* und *Franchi* häufig als Synonyme. Während *rex Francorum* in der Diplomatensprache als terminus technicus für den französischen König galt, greifen die Benennungen *Gallia*, *Galli* und *Gallici* als ethnische und geographische Bezeichnungen. Diese Trennungslinie ist jedoch nicht streng schematisch zu ziehen, da der Gebrauch bei den Schriftstellern häufig widersprüchlich und uneinheitlich ist.

164 Gilli 1994a.

Frankreich und in offiziellen Schreiben nicht üblich, den französischen König als *rex Gallorum* zu bezeichnen. Diese Titulierung findet sich aber bei italienischen Humanisten wie Coluccio Salutati, Enea Silvio Piccolomini, Bartolomeo Scala und Marsilio Ficino, besonders häufig jedoch in poetischen, rhetorischen und historiographischen Texten um 1500[165]. Vielleicht will Hilarion seinem Werk durch die Evokation der *Gallia* auch einen antikischen Anstrich geben, was freilich politische Implikationen in keiner Weise ausschließen lässt.

Zu gerne wüssten wir schließlich, wie der germanophile Piccolomini-Kardinal und seine Freunde in Deutschland diese Darstellungsweise aufgenommen haben.

## 2.12 Der französische König Ludwig XI., der Heilige Stuhl und Hilarions Karlsvita

Wenn wir unser Augenmerk am Ende dieser Untersuchung auf den damaligen König von Frankreich lenken, sollte es zumindest ansatzweise gelingen, Hilarions Karlsvita in den zeitgenössischen politischen Kontext einzuordnen und glaubhaft zu machen, dass sie im Zusammenhang staatspolitischer Machtkämpfe und Interessenskonflikte entstanden ist. Zeitgeschichtliche Bezüge[166] dürften auch in diesem Geschichtswerk nicht zu leugnen sein.

Ludwig XI. (1423–1486), seit 1461 König von Frankreich[167], stand in einer äußerst gespannten Beziehung zur römischen Kurie[168]. Auch das Verhältnis zu Papst Sixtus IV. (1471–1484) gestaltete sich von Anfang an schwierig. Nach dem Abschluss des Konkordats am 13. August 1472 herrschte bis 1475 zwar ein gewisses Einvernehmen, in der Folge aber trieben gegenseitiges Misstrauen und wiederholte Feindseligkeiten den Konflikt so weit, dass der französische König dem Papst die Abhaltung eines Konzils in Lyon und damit ein Schisma androhte[169]. Der Piccolomini-Kardinal war mit der (kirchen)politischen Gefahr, die vom französischen König ausging, mit Sicherheit befasst und vertraut: Im Jahr 1476 wurde eine päpstliche Kommission eingerichtet, um die Gefahr einer möglichen französischen oder burgundischen Invasion in Italien zu bewerten. Dieser Kommission gehörte neben den Kardinälen Latino Orsini, Marco Barbo, Berardo Eroli, Jacopo Ammannati, Angelo Capranica und Oliviero Carafa auch Francesco Tedeschini-Piccolomini an[170]. Vor diesem Hintergund scheint es durchaus

---

165 Maissen 1994, 321 mit Anm. 27 und Lugge 1960, 208–213.

166 Vgl. Rall 1937.

167 Calmette 1938; Kendall 1971; Gaussin 1976.

168 Gaussin 1976, 305–324.

169 Pastor [13]1955, 547–554; Combet 1903, bes. 95–209 (krit. bespr. von Lesort 1904); Lesellier 1928; Ourliac 1944; Cerioni 1949–50, passim; Aubenas/Ricard 1951, 78–81.

170 Vgl. Somaini 2003, II, 736, Anm. 34.

denkbar, dass Francesco eine Darstellung Karls als gallischen bzw. französischen Herrscher genehm war. Gewiss war auch in Rom bekannt, dass Ludwig XI. den großen Ahnherrn und Begründer der Dynastie in besonderer Weise verehrte[171]. Damit wird auch verständlich, dass Karl als nachahmenswertes Beispiel, besonders in seiner vorbehaltlosen Treue gegenüber der römischen Kirche, porträtiert ist. Ob und wie der Kardinal von Siena von dieser Vita, etwa im diplomatischen Verkehr, jemals Gebrauch machte, lässt sich kaum mehr feststellen.

In derselben Zeit machte sich im Übrigen auch das Haus Habsburg unter Maximilian I. die fränkisch-trojanische Abstammungssage zunutze, um durch genealogische Konstruktionen die erlauchte Herkunft des Herrscherhauses nachzuweisen. Dabei spielte sowohl die Rivalität mit Frankreich als auch die enge dynastische Beziehung zu Burgund eine wichtige Rolle[172].

## 3. Zusammenfassung

Die vom karolingischen Herrscher Karl dem Großen ausgehende Strahlkraft erreicht auch die Humanisten des italienischen Quattrocento. Im Auftrag des mit dem deutschen Kulturraum eng verbundenen Kardinals F. Tedeschini-Piccolomini verfasst der Mönch und Humanist Hilarion aus Verona (Nicolò Fontanelli) im letzten Viertel des 15. Jh. eine Lebensbeschreibung Karls des Großen. Das Werk zeichnet sich weder durch Originalität noch durch die Fähigkeit zur historischen Kritik aus. Vielmehr kopiert Hilarion weitgehend die einige Jahrzehnte früher entstandene Karlsvita des Florentiner Humanisten Donato Acciaiuoli. Wo ihm Acciaiuolis Darstellung zu dürftig erscheint, flicht er Informationen aus Einhards klassischer Karlsvita in sein Werk ein und überarbeitet beide stilistisch und bisweilen auch inhaltlich. Außerdem ist der Humanist bestrebt, dem Werk einen antikischen Anstrich zu verleihen, indem er öfters Zitate römischer Autoren einfügt oder den vorgegebenen Text um antike Denk- und Vorstellungsmuster erweitert. Vielleicht ist das Werk in den Zusammenhang der machtpolitischen Auseinandersetzungen zwischen Papsttum und dem französischen König in den 70er und 80er Jahren des 15. Jh. einzuordnen.

---

171 Der König hatte im Jahr 1475 für die Hauptstadt Paris den 28. Januar als Festtag *de Saint Charlemagne* eingeführt. Ausführlicher über Ludwigs XI. Karlsverehrung: PELTZER 1903, 176–185 Kap. VI «Die Schenkungen Ludwigs XI. an das Münsterstift zu Ehren Karls d. Gr. 1481–1483: Das Armreliquiar Karls des Grossen, der goldene Teppich, die Freistellen im Collège de Navarre, die Rentenstiftung»; BRECHER 1988, 161; LAMBRECH 1988, dort 288–89. Auch das französische Königshaus machte seit dem 13. Jh. gerne seine fränkische oder trojanische Herkunft geltend – unter Ludwig XI. wurden Rollen mit Stammbäumen der königlichen Dynastien hergestellt, in denen die trojanische Herkunft betont wurde: KLAPISCH-ZUBER (2000) 189–93, bes. 192.

172 Vgl. CORETH 1950; AIKIN 1977; WIESFLECKER-FRIEDHUBER 2003.

# Literaturverzeichnis


Affortunati/Scardigli 1992
M. AFFORTUNATI/B. SCARDIGLI, La vita «plutarchea» di Annibale. Un'imitazione di Donato Acciaiuoli: Atene e Roma 37, 1992, 88–105.

Aikin 1977
J. P. AIKIN, Pseudo-Ancestors in the Genealogical Projects of the Emperor Maximilian I: Renaissance and Reformation n. s. 1, 1977, 8–15.

Amelung 1964
P. AMELUNG, Das Bild der Deutschen in der Literatur der italienischen Renaissance (1400–1559), München 1964 (= Münchner Romanistische Arbeiten 20).

André 1966
J.-M. ANDRÉ, L'otium dans la vie morale et intellectuelle Romaine des origines à l'époque augustéenne, Paris 1966 (= Publications de la Faculté des Lettres et Sciences Humaines de Paris. Série «Recherches» 30).

Anselmi 1979
G. M. ANSELMI, La Storiografia quattrocentesca; in: DERS., Ricerche sul Machiavelli storico, Pisa 1979 (= Saggi critici 9), 9–74.

Anselmi 1981
G. M. ANSELMI, Il latino del Bruni, il volgare dell'Acciaiuoli (e Livio in Machiavelli); in: DERS., Umanisti, storici e traduttori, Bologna 1981, 77–98.

Art. Acciaiuoli, Donato 1967
Art. Acciaiuoli, Donato; in: Repertorium fontium historiae medii aevi II. Fontes A–B, Roma 1967, 105.

Aubenas/Ricard 1951
R. AUBENAS/R. RICARD, L'Église et la Renaissance (1449–1517), Paris 1951 (= Histoire de l'Église 15).

Avesani 1964a
R. AVESANI, Un codice di Ottone di Frisinga appartenuto a Pio II e ai suoi nipoti Giacomo e Andrea: Bullettino Senese di Storia Patria 71, 1964 (= Miscellanea di studi in memoria di Giovanni Cecchini II), 160–166.

Avesani 1964b
R. AVESANI, Per la biblioteca di Agostino Patrizi Piccolomini, vescovo di Pienza; in: Mélanges Eugène Tisserant. Vol. VI/1 Bibliothèque Vaticane, Città del Vaticano 1964 (= Studi e testi 236), 1–87.

Avesani 1984
R. AVESANI, Verona nel Quattrocento. La civiltà delle lettere; in: Verona e il suo territorio IV/2. Parte terza: Verona nel Quattrocento. La letteratura, Verona 1984.

Backus 1987
I. BACKUS, Why was the *Compendium Aristotelis* (ca. 1240) interesting to Hilarion of Verona in the 1470s?: Journal of Medieval and Renaissance Studies 17/1, 1987, 25–40.

Bandini 1950
D. BANDINI, Memorie piccolominee in Sarteano: Bullettino Senese di Storia Patria 57, 1950, 107–130.

Barbero 2000/05/07
A. BARBERO, Carlo Magno. Un padre dell'Europa, Roma/Bari 2000; nachgedr. als: Carlo Magno, Milano 2005 (= Protagonisti della storia 8); dt. Übers.: Karl der Große. Vater Europas, Stuttgart 2007.

Baron 1933
H. BARON, Das Erwachen des historischen Denkens im Humanismus des Quattrocento: Historische Zeitschrift 147, 1933, 5–20.

Baron 1955
H. BARON, The Crisis of the Early Italian Renaissance. Civic Humanism and Republican Liberty in an Age of Classicism and Tyranny I–II, Princeton 1955.

Barth 2000
R. BARTH, Karl der Große, München 2000, Ndr. ebd. 2005.

Bastert 2004
B. BASTERT (Hrsg.), Karl der Große in den europäischen Literaturen des Mittelalters. Konstruktion eines Mythos, Tübingen 2004.

Bauer 1995
W. M. BAUER, Enea Silvio Piccolomini und die literarische Bildung der österreichischen Länder; in: P. CHIARINI/H. ZEMAN (Hgg.), Österreich-Italien. Auf der Suche nach der gemeinsamen Vergangenheit. Italia-Austria. Alla ricerca del passato comune Vol. I (1450–1796), Roma 1995 (= Atti dell'Istituto Italiano di Studi Germanici 4), 73–154.

Bauer 2007
S. BAUER, Platina e le „res gestae" di Pio II; in: M. SODI/A. ANTONIUTTI (edd.), Enea Silvio Piccolomini. Pius Secundus Poeta Laureatus Pontifex Maximus. Atti del Convegno Internazionale 29 settembre – 1 ottobre 2005, Roma e altri studi, Roma 2007, 17–32.

Baum 1996
W. BAUM, Enea Silvio Piccolomini und Österreich; in: W. BAUM/R. BÄUMER/S. MEIER-OESER/R. PALME (Hgg.), Konziliarismus und Humanismus. Kirchliche Demokratisierungsbestrebungen im spätmittelalterlichen Österreich, Wien 1996, 69–111.

Becher 1999
M. BECHER, Karl der Große, München 1999 (= Becksche Schwarze Reihe 2120).

Bernheim 1886
E. BERNHEIM, Die Vita Caroli Magni als Ausgangspunkt zur literarischen Beurtheilung des Historikers Einhard; in: Historische Aufsätze dem Andenken an Georg Waitz gewidmet, Hannover 1886, 73–96.

Berschin 1986–2004
W. BERSCHIN, Biographie und Epochenstil im lateinischen Mittelalter I–V, Stuttgart 1986–2004 (= Quellen und Untersuchungen zur lateinischen Philologie des Mittelalters 8/9/10/12.1/ 12.2/15).

Berschin 1993
W. BERSCHIN (Hrsg.), Biographie zwischen Renaissance und Barock. Zwölf Studien, Heidelberg 1993.

Berschin 1998
W. BERSCHIN, Biografie e autobiografie nel Medioevo; in: L'autobiografia nel Medioevo. Atti del XXXIV Convegno storico internazionale. Todi, 12–15 ottobre 1997, Spoleto 1998 (= Atti dei Convegni del Centro italiano di studi sul Basso Medioevo – Accademia Tudertina e del Centro di studi sulla spiritualità medievale n. s.11), 1–8.

Berschin 1999
W. BERSCHIN, Auffällige Formen lateinischer Biographie in Spätantike und Mittelalter (IV.-XII. Jahrhundert); in: W. W. EHLERS (ed.), La biographie antique, Genève 1999 (= Fondation Hardt. Entretiens sur l'antiquité classique 44), 63–78.

Bertrand 1982
C. BERTRAND, L' Histoire Auguste et son influence sur quelques auteurs du Moyen Âge, Liège 1982 (= Entretiens sur l'antiquité gréco-romaine).

Bessi 1988
R. BESSI, Donato Acciaiuoli e il volgarizzamento delle *Historiae* di Leonardo Bruni. Il frammento dell'abbozzo conservato dal ms. II II 56 della BNCF: Interpres 8, 1988, 41–102.

Bessi 1990
R. BESSI, Un traduttore al lavoro: Donato Acciaiuoli e l'elaborazione del volgarizzamento delle «Historiae»; in: P. VITI (ed.), Leonardo Bruni cancelliere della Repubblica di Firenze. Convegno di studi (Firenze, 27–29 ottobre 1987), Firenze 1990 (= Istituto Nazionale di Studi sul Rinascimento. Atti di Convegni 18), 321–338.

Bessi 1992
R. BESSI, Donato Acciaiuoli e il volgarizzamento degli *Historiarum Florentini populi libri XII* di Leonardo Bruni; in: A. DI STEFANO/G. FARAONE et. all. (edd.), La storiografia umanistica. Convegno internazionale di studi. Messina 22–25 ottobre 1987, I*, Messina 1992, 475–490; wiederabgedr. in: DIES., L'umanesimo volgare. Studi di letteratura fra Tre e Quattrocento, Firenze 2004 (= Biblioteca di „Lettere Italiane". Studi e testi 61), 137–146.

Bianca 1980
C. BIANCA, La formazione della biblioteca latina del Bessarione; in: C. BIANCA/P. FARENGA/G. LOMBARDI et. all. (edd.), Scrittura, biblioteche e stampa a Roma nel Quattrocento. Aspetti e problemi. Atti del seminario 1–2 giugno 1979, Città del Vaticano 1980 (= Littera Antiqua 1,1), 103–165.

Bianchi 1990
L. BIANCHI, Un commento 'umanistico' ad Aristotele. L' «Expositio super libros Ethicorum» di Donato Acciaiuoli: Rinascimento II. ser. 30, 1990, 29–55; wiederabgedr. in: DERS., Studi sull'aristotelismo del Rinascimento, Padova 2003 (= Subsidia Mediaevalia Patavina 5), 11–39.

Bianchi 1994
R. BIANCHI, Cultura umanistica intorno ai Piccolomini fra Quattro e Cinquecento. Antonio da San Severino e altri; in: E. CIONI/D. FAUSTI (edd.), Umanesimo a Siena. Letteratura, arti figurative, musica. Siena, 5–8 giugno 1991. Atti del convegno, Siena 1994 (= Bibliotheca Studii Senensis 9), 29–88.

Billanovich 1956
G. BILLANOVICH, Dall'antica Ravenna alle biblioteche umanistiche: Aevum 30, 1956, 319–353.

Billanovich 1958
G. BILLANOVICH, Gli umanisti e le cronache medioevali. Il «Liber pontificalis», le «Decadi» di Tito Livio e il primo Umanesimo a Roma: Italia medioevale e umanistica 1, 1958, 103–137.

Black 1985
R. BLACK, Benedetto Accolti and the Florentine Renaissance, Cambridge 1985.

Blackwell 1986
C. W. T. BLACKWELL, Humanism and Politics in English Royal Biography: The Use of Cicero, Plutarch and Sallust in the *Vita Henrici Quinti* (1438) by Titus Livius de Frulovisi and the *Vita Henrici Septimi* (1500–1503) by Bernard André; in: I. D. MCFARLANE (ed.), Acta conventus neo-latini Sanctandreani. Proceedings of the Fifth International Congress of Neo-Latin Studies.

St. Andrews 24 August to 1 September 1982, Binghamton/New York 1986 (= Medieval and Renaissance Texts and Studies 38), 431–440.

Borchardt 1971
F. L. BORCHARDT, German Antiquity in Renaissance Myth, Baltimore/London 1971.

Borsetto 1990
L. BORSETTO, Il furto di Prometeo. Imitazione, scrittura, riscrittura nel Rinascimento, Alessandria 1990 (= Contributi e proposte 9).

Borst 1967
A. BORST, Das Karlsbild in der Geschichtswissenschaft vom Humanismus bis heute; in: W. BRAUNFELS/P. E. SCHRAMM (Hgg.), Karl der Große. Lebenswerk und Nachleben. Band IV. Das Nachleben, Düsseldorf 1967, 364–402.

Borst 1994
A. BORST, Das Buch der Naturgeschichte. Plinius und seine Leser im Zeitalter des Pergaments, Heidelberg 1994 (= Abhandlungen der Heidelberger Akademie der Wissenschaften. Philosophisch-historische Klasse Jg. 1994/2).

Brecher 1988
A. BRECHER, Die kirchliche Verehrung Karls des Großen; in: H. MÜLLEJANS (Hrsg.), Karl der Große und sein Schrein in Aachen. Eine Festschrift, Aachen/Mönchengladbach 1988, 151–166.

Brunhölzl [2]1996
F. BRUNHÖLZL, Geschichte der lateinischen Literatur des Mittelalters. Erster Band. Von Cassiodor bis zum Ausklang der karolingischen Erneuerung, München [2]1996.

Buck 1957
A. BUCK, Das Geschichtsdenken der Renaissance, Krefeld 1957 (= Schriften und Vorträge des Petrarca-Instituts Köln 9).

Buck 1971
A. BUCK, Enea Silvio Piccolomini und Nürnberg; in: Albrecht Dürers Umwelt. Festschrift zum 500. Geburtstag Albrecht Dürers am 21. Mai 1971. Hg. vom Verein für Geschichte der Stadt Nürnberg und von der Senatskommission für Humanismus-Forschung der Deutschen Forschungsgemeinschaft, Nürnberg 1971 (= Nürnberger Forschungen. Einzelarbeiten zur Nürnberger Geschichte 15), 20–28.

Buck 1983
A. BUCK, Humanistische Bildung. Enea Silvio Piccolomini an Herzog Sigismund von Österreich; in: K. W. HEMPFER/G. REGN (Hgg.), Interpretation. Das Paradigma der europäischen Renaissance-Literatur. Festschrift für Alfred Noyer-Weidner zum 60. Geburtstag, Wiesbaden 1983, 394–404; in erweit. Form wiederabgedr. in: DERS., Studien zu Humanismus und Renaissance. Gesammelte Aufsätze aus den Jahren 1981–1990. Herausgegeben von B. GUTHMÜLLER, K. KOHUT u. O. ROTH, Wiesbaden 1991 (= Wolfenbütteler Abhandlungen zur Renaissanceforschung, Bd. 11), 155–170.

Buck 1991
A. BUCK (Hrsg.), Humanismus und Historiographie. Rundgespräche und Kolloquien, Weinheim 1991.

Buck/Klaniczay/Németh 1989
A. BUCK/T. KLANICZAY/S. K. NÉMETH (Hgg.), Geschichtsbewusstsein und Geschichtsschreibung in der Renaissance, Leiden/New York/København/Köln 1989.

Bullough 2003
D. A. BULLOUGH, Recycling Charlemagne in the Fifteenth Century, North and South: Early Medieval Europe 12, 2003, 389–397.

Burckhardt [10]1976
J. BURCKHARDT, Die Kultur der Renaissance in Italien, Stuttgart [10]1976.

Burke 1969
P. BURKE, The Renaissance Sense of the Past, London 1969.

Butzer/Kerner/Jongen/Oberschelp 1997/98
P. L. BUTZER/M. KERNER/H. TH. JONGEN/W. OBERSCHELP (Hgg.), Karl der Große und sein Nachwirken. 1200 Jahre Kultur und Wissenschaft in Europa. Charlemagne and his Heritage. 1200 Years of Civilization and Science in Europe. Band I. Wissen und Weltbild. Vol. 2 Mathematical Arts, Turnhout 1997(I)/1998(II).

Calmette 1902
J. CALMETTE, La légation du Cardinal de Sienne auprès de Charles VIII (1494): Mélanges d'Archéologie et d'Histoire de l'École Française de Rome 22, 1902, 361–377.

Calmette 1938
J. CALMETTE, Le grand règne de Louis XI, Paris 1938.

Calzona/Fiore/Tenenti/Vasoli 2003
A. CALZONA/F. P. FIORE/A. TENENTI/C. VASOLI (edd.), Il sogno di Pio II e il viaggio da Roma a Mantova. Atti del Convegno internazionale Mantova, 13–15 aprile 2000, Firenze 2003 (= Ingenium 5).

Carrara 1932
E. CARRARA, Da Rolando a Morgante, Torino 1932.

Cardini 1998
F. CARDINI, Carlomagno. Un padre della patria europea, Milano 1998.

Casella 1972
N. CASELLA, Pio II tra geografia e storia: la «Cosmographia»: Archivio della Società romana di Storia patria ser. III. 26, 1972, 35–112.

Cerioni 1949–50
L. CERIONI, La politica italiana di Luigi XI e la missione di Filippo di Commines: Archivio storico lombardo ser. VIII, 1–2, 1949–50, 58–156.

Chastel/Klein 1963
A. CHASTEL/R. KLEIN, Humanisme, conscience historique et sentiment national: Diogène 44, 1963, 3–20.

Cherchi 1998a
P. CHERCHI, Polimatia di riuso. Mezzo secolo di plagio (1539–1589), Roma 1998 (= Biblioteca del Cinquecento 83).

Cherchi 1998b
P. CHERCHI (ed.), Sondaggi sulla riscrittura del Cinquecento, Ravenna 1998 (= Il Portico. Biblioteca di Lettere e Arti 111).

Clough 1976
C. H. CLOUGH, The Cult of Antiquity: Letters and Letter Collections; in: C. H. CLOUGH (ed.), Cultural Aspects of the Italian Renaissance. Essays in Honour of Paul Oskar Kristeller, Manchester/New York 1976, 33–67.

Cochrane 1981
E. COCHRANE, Historians and Historiography in the Italian Renaissance, Chicago/London 1981.

Collins 1998
R. COLLINS, Charlemagne, Houndmills/London 1998.

Coluccia/Gualdo 2005
C. COLUCCIA/R. GUALDO, Le metamorfosi di Carlo. Il volgarizzamento della *Vita Caroli* di Donato Acciaiuoli; in: T. MATARRESE/C. MONTAGNANI (edd.), Il Principe e la storia. Atti del convegno Scandiano 18-20 settembre 2003, Novara 2005 (= Studi Boiardeschi 4), 307–338.

Combet 1903
J. COMBET, Louis XI et le Saint-Siège 1461–1483, Paris 1903, Ndr. Genève 1978.

Conner 2004
T. CONNER, Whose (Who's) Charlemagne? Charlemagne's Posterity and the Creation of Modern France: Studies in Medieval and Renaissance Teaching 11, 2004, 49–70.

Constable 1983
G. CONSTABLE, Forgery and Plagiarism in the Middle Ages: Archiv für Diplomatik 29, 1983, 1–41.

Coppini 1989
D. COPPINI, Gli umanisti e i classici: imitazione coatta e rifiuto dell'imitazione: Annali della Scuola Normale Superiore di Pisa ser. III, 19, 1989, 269–285.

Coreth 1950
A. CORETH, Dynastisch-politische Ideen Kaiser Maximilians I. (Zwei Studien.): Mitteilungen des Österreichischen Staatsarchiv 3, 1950 (= Leo Santifaller – Festschrift), 81–105 (1. Die Bedeutung der fränkisch-trojanischen Abstammungstheorie für Kaiser Maximilian I. [81–92]).

Cortesi 1997
M. CORTESI, Lettura di Plutarco alla scuola di Vittorino da Feltre; in: V. FERA/G. FERRAÚ (edd.), Filologia umanistica per Gianvito Resta I, Padova 1997 (= Medioevo e Umanesimo 94), 429–455.

Costa 1977
G. COSTA, Le antichità germaniche nella cultura italiana da Machiavelli a Vico, Napoli 1977 (= Istituto italiano per gli studi filosofici. Serie studi 1), 31–44.

Crescentini 2005
C. CRESCENTINI, Nymphilexis. Della poetica e dello stile di Enea Silvio Piccolomini; in: C. CRESCENTINI/M. PALUMBO (edd.), Nymphilexis. Enea Silvio Piccolomini, l'Umanesimo e la geografia. Manoscritti, stampati, monete, medaglie, ceramiche, Roma 2005, 53–69.

Crevatin 1992
G. CREVATIN, Una biografia umanistica: Il *Commentariorum liber de vita et gestis Bartholomaei Colei* di Antonio Cornazzano; in: A. DI STEFANO/G. FARAONE et. all. (edd.), La storiografia umanistica. Convegno internazionale di studi. Messina 22–25 ottobre 1987, I*, Messina 1992, 233–251.

D'Addario 1960
A. D'ADDARIO, Art. Acciaiuoli, Donato: Dizionario biografico degli italiani 1, Roma 1960, 80–82.

Dahm 1994
C. DAHM, Art. Pius III.: Biographisch-Bibliographisches Kirchenlexikon 7, 1994, 661–664.

Dales 1952
C. Dales, Aeneas Sylvius Piccolomini: His Historical Works amd his Influence on German Historiography, M.A. Thesis, Univ. Colorado 1952.

Dall'Oco 2003
S. Dall'Oco, «Mantuam ivimus ... non audiverunt christiani vocem pastoris». Fede, politica e retorica nelle «orazioni» e nelle «reazioni» mantovane; in: A. Calzona/F. P. Fiore/A. Tenenti/C. Vasoli (edd.), Il sogno di Pio II e il viaggio da Roma a Mantova. Atti del Convegno internazionale Mantova, 13–15 aprile 2000, Firenze 2003 (= Ingenium 5), 503–515.

Davie 1985
M. Davie, Biography and Romance: the *Vita Caroli magni*(sic) of Donato Acciaiuoli and Luigi Pulci's *Morgante*; in: G. S. Burgess/R. A. Taylor (edd.), The Spirit of the Court. Selected Proceedings of the Fourth Congress of the International Courtly Literature Society (Toronto 1983), Woodbridge 1985, 137–152.

Davies 1995
M. Davies, Making Sense of Pliny in the Quattrocento: Renaissance Studies 9, 1995, 240–257.

De Caprio 1988
V. De Caprio, Bartolomeo Platina: Roma nel Rinascimento 4, 1988, 14–30.

Della Torre 1902
A. Della torre, Storia dell'Accademia Platonica di Firenze, Firenze 1902, Ndr. Torino 1968.

Dengel 1932
I. P. Dengel, Eine Beschreibung Tirols aus dem Jahre 1471: Veröffentlichungen des Tiroler Landesmuseums Ferdinandeum 12, 1932 (= Festschrift Hans v. Voltelini zum siebzigsten Geburtstag, 31. Juli 1932), 207–232.

Desbordes/Callu 1989
O. Desbordes/J.-P. Callu, Le «Quattrocento» de l'Histoire Auguste: Revue d'Histoire des Textes 19, 1989, 253–275.

Diago Hernando 2003
M. Diago Hernando, La pervivencia y utilización histórica del mito: los casos de Carlomagno y Federico I Barbarroja; in: J. I. de la Iglesia Duarte (ed.), Memoria, mito y realidad en la historia medieval. XIII semana de estudios medievales. Nájera 2002, Logroño 2003, 233–261.

Di Bernardo 1975
F. Di Bernardo, Un Vescovo umanista alla Corte Pontificia. Giannantonio Campano (1429–1477), Roma 1975 (= Miscellanea Historiae Pontificiae 39).

Dihle 1987
A. Dihle, Die Entstehung der historischen Biographie, Heidelberg 1987 (= Sitzungsberichte der Heidelberger Akademie der Wissenschaften. Philosophisch-historische Klasse 3/1986).

Di Paola/Antoniutti/Gallo 2006
R. Di Paola/A. Antoniutti/M. Gallo (edd.), Enea Silvio Piccolomini. Arte, storia e cultura nell'Europa di Pio II. Atti dei convegni internazionali di studi 2003–2004, Roma 2006.

Dorey 1967
T. A. Dorey (ed.), Latin Biography, London 1967 (= Studies in Latin Literature and its Influence 5).

Dutton 2007
P. E. Dutton, Karolus Magnus or Karolus Felix: The Making of Charlemagne's Reputation and Legend; in: M. Gabriele/J. Stuckey (edd.), The Legend of Charlemagne in the Middle Ages. Power, Faith, and Crusade, New York 2008, 23–37.

Ehlers 2001
J. EHLERS, Charlemagne, l'Européen entre la France et l'Allemagne (Bibliothèque historique de la Ville de Paris le 6 octobre 2000), Stuttgart 2001 (= Conférences annuelles de l'Institut Historique Allemand publiées par la Société des Amis de l'Institut Historique Allemand 7).

Ehlers 1999
W. W. EHLERS (ed.), La biographie antique, Genève 1999 (= Fondation Hardt. Entretiens sur l'antiquité classique 44).

Enenkel 1994
K. A. E. ENENKEL, Die humanistische vita activa/vita contemplativa/Diskussion: Francesco Petrarcas *De vita solitaria*; in: R. SCHNUR/A. MOSS/P. DUST et.all. (edd.), Acta conventus neolatini Hafniensis. Proceedings of the Eighth International Congress of Neo-Latin Studies. Copenhagen 12 August to 17 August 1991, Binghamton/New York 1994 (= Medieval and Texts and Studies 120), 249–257.

Enenkel/De Jong-Crane/Liebregts 1998
K. ENENKEL/B. DE JONG-CRANE/P. LIEBREGTS (edd.), Modelling the Individual. Biography and Portrait in the Renaissance. With a Critical Edition of Petrarch's *Letter to Posterity*, Amsterdam/Atlanta 1998 (= Studies in Literature 23).

Erkens 1999
F.-R. ERKENS (Hrsg.), Karl der Große in Renaissance und Moderne. Zur Rezeptionsgeschichte und Instrumentalisierung eines Herrscherbildes, Berlin 1999 (= Das Mittelalter 4, 1999, Heft 2).

Erkens 2001
F.-R. ERKENS (Hrsg.), Karl der Große und das Erbe der Kulturen. Akten des 8. Symposiums des Mediävistenverbandes Leipzig 15.–18. März 1999, Berlin 2001.

Ewig 1956
E. EWIG, Das Bild Constantins des Großen in den ersten Jahrhunderten des abendländischen Mittelalters: Historisches Jahrbuch 75, 1956, 1–46.

Farenga/Miglio 1984
P. FARENGA/M. MIGLIO, Giovanni Filippo de Lignamine: «Vita et laudes Ferdinandi regis»; il monaco Ilarione e il «Dialogus ad Petrum s. Xysti cardinalem»; in: Cultura umanistica nel Meridione e la stampa in Abruzzo. Atti del convegno, 12–14 novembre 1982, L'Aquila 1984, 119–138.

Farenga 1994
P. FARENGA, Il sistema delle dediche nella prima editoria romana del Quattrocento; in: A. QUONDAM (ed.), Il libro a corte, Roma 1994 (= Biblioteca del Cinquecento 60), 57–87.

Fasoli 1967
G. FASOLI, Carlo Magno nelle tradizioni storico-leggendarie italiane; in: W. BRAUNFELS/P. E. SCHRAMM (Hgg.), Karl der Große. Lebenswerk und Nachleben. Band IV. Das Nachleben, Düsseldorf 1967, 348–363; wiederabgedr. in: DIES., Scritti di storia medievale, a cura di F. BOCCHI, A. CARILE, A. I. PINI, Bologna 1974, 891–916.

Fasoli 1968
G. FASOLI, Carlo Magno e l'Italia Vol. I. Dalle lezioni tenute nella Facoltà di Magistero dell'Università nell'anno accademico 1967–68, Bologna 1968.

Favier 1999
J. FAVIER, Charlemagne, Paris 1999.

Ferguson 1948
W. K. FERGUSON, The Renaissance in Historical Thought. Five Centuries of Interpretation, Cambridge/Massachusetts 1948.

Field 1988
A. FIELD, Donato Acciaiuoli's Commentaries on Aristotle; in: DERS., The Origins of the Platonic Academy of Florence, Princeton 1988, 202–230.

Fischer-Fabian 2004
S. FISCHER-FABIAN, Karl der Große 747–814, Wien 2004.

Folz 1950
R. FOLZ, Le souvenir et la légende de Charlemagne dans l'Empire germanique médiéval, Paris 1950 (= Publications de l'Université de Dijon 7), Ndr. Genève 1973.

Fryde 1983
E. B. FRYDE, Humanism and Renaissance Historiography, London 1983 (= History Series 21).

Fubini 2003
R. FUBINI, Storiografia dell'Umanesimo in Italia da Leonardo Bruni ad Annio da Viterbo, Roma 2003 (= Storia e Letteratura. Raccolta di Studi e Testi 217).

Fuchs 2007
F. FUCHS (Hrsg.), Enea Silvio Piccolomini nördlich der Alpen. Akten des interdisziplinären Symposions vom 18. bis 19. November 2005 an der Ludwig-Maximilians-Universität München, Wiesbaden 2007 (= Pirckheimer Jahrbuch für Renaissance- und Humanismusforschung 22, 2007).

Fueter ³1936
E. FUETER, Geschichte der neueren Historiographie, München/Berlin ³1936 (= Handbuch der mittelalterlichen und neueren Geschichte. Abteilung I Allgemeines), Ndr. Zürich/Schwäbisch Hall 1985.

Fuiano 1984
M. FUIANO, Un compendio di Aristotele del Quattrocento: Atti dell'Accademia di Scienze Morali e Politiche di Napoli 95, 1984, 7–22; wiederabgedr. in: DERS., Scritti minori, Napoli 1988 (= Quaderni della Facoltà di Scienze Politiche 32), 103–128.

Fumaroli 1978
M. FUMAROLI, Genèse de l'épistolographie classique: rhétorique humaniste de la lettre, de Pétrarque à Juste Lipse: Revue d'histoire litteraire de la France 78, 1978, 886–905.

Fumaroli ²1984
M. FUMAROLI, L'âge de l'éloquence. Rhétorique et «res literaria» de la Renaissance au seuil de l'époque classique, Genève ²1984 (= Centre de Recherches d'Histoire et de Philologie V. Hautes Études Médiévales et Modernes 45).

Gaida 1932
G. GAIDA (ed.), Platynae historici *Liber de vita Christi ac omnium pontificum* (AA. 1–1474), Città di Castello 1932 (= Rerum Italicarum Scriptores. Raccolta degli Storici Italiani dal cinquecento al millecinquecento III/1).

Galletti/Roda 1987
A. I. GALLETTI/R. RODA (edd.), Sulle orme di Orlando. Leggende e luoghi carolingi in Italia. paladini di Francia nelle tradizioni italiane. Una proposta storico-antropologica, Padova 1987.

Gallo 1966
I. GALLO, La *Vita di Euripide* di Satiro e gli studi sulla biografia antica: La Parola del Passato 21, 1966, 134–160.

Ganz 2005
D. GANZ, Einhard's Charlemagne: The Characterisation of Greatness; in: J. STORY (ed.), Charlemagne. Empire and Society, New York 2005, 38–51.

Ganz 1979
M. A. GANZ, The Humanist as Citizen: Donato di Neri Acciaiuoli, 1428–1479, Ph.Diss., Syracuse University 1979.

Ganz 1982
M. A. GANZ, Donato Acciaiuoli and the Medici: A Strategy for Survival in '400 Florence: Rinascimento II. ser. 22, 1982, 33–73.

Ganz 1984
M. A. GANZ, Ambition and Accomodation in Medicean Florence: Agnolo and Donato Acciaiuoli: Stanford Italian Review 4, 1984, 41–54.

Ganz 1990
M. A. GANZ, A Florentine Friendship: Donato Acciaiuoli and Vespasiano da Bisticci: Renaissance Quarterly 43, 1990, 372–383.

Garbini 1994
P. GARBINI, Pio II e Agostino Patrizi epitomatori di storici medievali; in: E. CIONI/D. FAUSTI (edd.), Umanesimo a Siena. Letteratura, arti figurative, musica. Siena, 5–8 giugno 1991. Atti del convegno, Siena 1994 (= Bibliotheca Studii Senensis 9), 171–183.

Garin 1950/³1966
E. GARIN, La giovinezza di Donato Acciaiuoli (1429–1456): Rinascimento 1, 1950, 43–70; eine erweiterte Fassung erschien als: E. GARIN, Donato Acciaiuoli cittadino fiorentino; in: DERS., Medioevo e Rinascimento. Studi e ricerche, Bari ³1966, Ndr. Roma/Bari 1984 (= Biblioteca Universale Laterza 124), 211–287 [= DERS., Portraits from the Quattrocento, New York/Evanston u.a. 1972, 55–117].

Garin 1959
E. GARIN, La prima traduzione latina di Diogene Laerzio: Giornale critico delle filosofia italiana ser. III. 13, 1959, 283–285.

Gatti 1972/73
D. GATTI, «Vita Caroli» di Donato Acciaiuoli: Bullettino dell'Istituto Storico Italiano per il Medio Evo e Archivio Muratoriano 84, 1972/73, 223–274.

Gaussin 1976
P.-R. GAUSSIN, Louis XI. Un roi entre deux mondes, Paris 1976.

Gentile 1990
S. GENTILE, Art. Acciaiuoli, Donato; in: Letteratura italiana. Gli autori. Dizionario bio-bibliografico e Indici. Vol. I. A–G, Torino 1990, 15.

Gentili/Cerri 1983
B. GENTILI/G. CERRI (edd.), Storia e biografia nel pensiero antico, Roma/Bari 1983 (= Biblioteca di cultura moderna 878).

Gigante 1988
M. GIGANTE, Ambrogio Traversari interprete di Diogene Laerzio; in: G. C. GARFAGNINI (ed.), Ambrogio Traversari nel VI centenario della nascita. Convegno internazionale di studi (Camaldoli – Firenze, 15–18 settembre 1986), Firenze 1988 (= Istituto Nazionale di Studi sul Rinascimento. Atti di Convegno 17), 367–459.

Gigliucci 1998
R. GIGLIUCCI (ed.), Furto e plagio nella letteratura del Classicismo, Roma 1998 [= Studi (e testi) italiani 1 (1998)].

Gilbert ²1970
F. GILBERT, The Renaissance Interest in History; in: C. S. SINGLETON (ed.), Art, Science, and History in the Renaissance, Baltimore/London ²1970, 373–387.

Gilli 1994a
P. GILLI, Éléments pour une histoire de la gallophobie italienne à la Renaissance: Pie II et la nation française: Mélanges de l'École Française de Rome/Moyen Âge 106, 1994, 275–311.

Gilli 1994b
P. GILLI, L'histoire de France vue par les Italiens à la fin du Quattrocento; in: Y.-M. BERCÉ/P. CONTAMINE (edd.), Histoires de France, historiens de la France. Actes du colloque international, Reims, 14 et 15 mai 1993, Paris 1994, 73–90.

Gilli 1997
P. GILLI, La légende au service du politique: la «Vita Caroli» de Donato Acciaioli; in: DERS., Au miroir de l'humanisme. Les représentations de la France dans la culture savante italienne à la fin du Moyen Âge (c. 1360–c. 1490), Rome 1997 (= Bibliothèque des Écoles Françaises d'Athènes et de Rome 287), 322–338.

Giorgetti 2006
L. GIORGETTI, Alcuni fascicoli dispersi della *Expositio super decem libros Ethicorum Aristotelis* di Donato Acciaiuoli: Medioevo e Rinascimento 17, 2006, 415–423.

Giustiniani 1961
V. R. GIUSTINIANI, Sulle tradizioni latine delle 'Vite' di Plutarco nel Quattrocento: Rinascimento II. ser. 1, 1961, 3–62.

Giustiniani 1982
V. R. GIUSTINIANI, Francesco Filelfo (1398–1481) e la conoscenza del tedesco in Italia durante il Quattrocento; in: P. WUNDERLI/W. MÜLLER (Hgg.), Romania historica et Romania hodierna. Festschrift für Olaf Deutschmann zum 70. Geburtstag, 14. März 1982, Frankfurt/Bern 1982 (= Studia romanica et linguistica 15), 93–106.

Giustiniani 1991
V. R. GIUSTINIANI, Gli umanisti italiani e la Germania; in: L. ROTONDI SECCHI TARUGI (ed.), Pio II e la cultura del suo tempo. Atti del I convegno internazionale – 1989, Milano 1991, 229–241.

Gobry 1999
I. GOBRY, Charlemagne. Fondateur de l'Europe, Monaco 1999.

Goldbrunner 1984
H. GOLDBRUNNER, Rez. L. Gualdo Rosa, Ilarione. Copia Idruntine expugnationis: Quellen und Forschungen aus italienischen Archiven und Bibliotheken 64, 1984, 467–468.

Gormley/Rouse/Rouse 1984
C. M. GORMLEY/M. A. ROUSE/R. H. ROUSE, The Medieval Circulation of the *De chorographia* of Pomponius Mela: Mediaeval Studies 46, 1984, 266–320.

Grau 1938
A. GRAU, Der Gedanke der Herkunft in der deutschen Geschichtschreibung des Mittelalters (Trojasage und Verwandtes), Diss. Leipzig, Würzburg 1938.

Greco 1985
A. GRECO, Valore e significato delle biografie nell'età umanistica; in: DERS., La memoria delle lettere, Roma 1985 (= L'Ippogrifo 35), 9–25.

Greene 1982
T. M. GREENE, Imitation and Anachronism; in: DERS., The Light in Troy. Imitation and Discovery in Renaissance Poetry, New Haven/London 1982 (= The Elizabethan Club Series 7), 28–53.

Grosse 2003
R. GROSSE, Charlemagne et ses biographes au Moyen Âge et aujourd'hui: Revue d'Histoire de l'Église de France 89, 2003, 113–120.

Gualdo Rosa 1973
L. GUALDO ROSA, Le lettere di dedica delle traduzioni dal greco nel '400. Appunti per un' analisi stilistica: Vichiana. Rassegna di studi filologici e storici n.s. 2, 1973, 68–85.

Gualdo Rosa 1982
L. GUALDO ROSA, Ilarione. Copia Idruntine expugnationis; in: L. GUALDO ROSA/I. NUOVO/D. DEFILIPPIS (edd.), Gli umanisti e la guerra otrantina. Testi dei secoli XV e XVI, Bari 1982 (= Nuova Biblioteca Dedalo 5), 19–41; ergänzter Ndr.: DIES., Una lettera di Ilarione da Verona sulla presa di Otranto; in: C. D. FONSECA (ed.), Otranto 1480. Atti del convegno internazionale di studio promosso in occasione del V centenario della caduta di Otranto ad opera dei Turchi (Otranto, 19–23 maggio 1980), vol. I, Galatina 1986 (= Università degli Studi di Lecce. Dipartimento di Scienze Storiche e Sociali. Saggi e ricerche 21), 257–279.

Gualdo Rosa 1984
L. GUALDO ROSA, Art. Hilarion Veronensis: Repertorium fontium historiae medii aevi primum ab Augusto Potthast digestum, nunc cura collegii historicorum e pluribus nationibus emendatum et auctum V. Fontes Gh–H, Romae 1984, 478–479.

Guerrini 2001
R. GUERRINI (ed.), Biografia dipinta. Plutarco e l'arte del Rinascimento 1400–1550, La Spezia 2001 (= Parádeigma 1).

Guthmüller 2000
B. GUTHMÜLLER (Hrsg.), Deutschland und Italien in ihren wechselseitigen Beziehungen während der Renaissance, Wiesbaden 2000 (= Wolfenbütteler Abhandlungen zur Renaissanceforschung, Bd. 19).

Hägermann $^{2}$2003
D. HÄGERMANN, Karl der Große. Herrscher des Abendlandes. Biographie, München/Berlin $^{2}$2003.

Hampton 1990
T. HAMPTON, Writing from History. The Rhetoric of Exemplarity in Renaissance Literature, Ithaca/London 1990.

Harth 1983
H. HARTH, Poggio Bracciolini und die Brieftheorie des 15. Jahrhunderts. Zur Gattungsform des humanistischen Briefs; in: F. J. WORSTBROCK (Hrsg.), Der Brief im Zeitalter der Renaissance, Weinheim 1983 (= Mitteilung IX der Kommission für Humanismusforschung), 81–99.

Hartung 2004
S. HARTUNG, Karl der Große in der italienischen und frankovenetischen Literatur des Mittelalters; in: B. BASTERT (Hrsg.), Karl der Große in den europäischen Literaturen des Mittelalters. Konstruktion eines Mythos, Tübingen 2004, 53–78.

Hay 1959
D. HAY, Flavio Biondo and the Middle Ages: Proceedings of the British Academy 45, 1959, 97–127.

Hecker 1990
H. HECKER (Hrsg.), Der Herrscher. Leitbild und Abbild in Mittelalter und Renaissance, Düsseldorf 1990 (= Studia humaniora 13).

Hellmann 1932
S. HELLMANN, Einhards literarische Stellung: Historische Vierteljahrschrift 27, 1932, 40–110; wiederabgedr. in: DERS., Ausgewählte Abhandlungen zur Historiographie und Geistesgeschichte des Mittelalters, Weimar/Darmstadt 1961, 159–229.

Helmrath/Muhlack/Walther 2002
J. HELMRATH/U. MUHLACK/G. WALTHER (Hgg.), Diffusion des Humanismus. Studien zur nationalen Geschichtsschreibung europäischer Humanisten, Göttingen 2002.

Helmrath 2002
J. HELMRATH, *Vestigia Aeneae imitari*. Enea Silvio Piccolomini als «Apostel» des Humanismus. Formen und Wege seiner Diffusion; in: J. HELMRATH/U. MUHLACK/G. WALTHER (Hgg.), Diffusion des Humanismus. Studien zur nationalen Geschichtsschreibung europäischer Humanisten, Göttingen 2002, 99–141.

Helmrath 2003
J. HELMRATH, Die Umprägung von Geschichtsbildern in der Historiographie des europäischen Humanismus; in: J. LAUDAGE (Hrsg.), Von Fakten und Fiktionen. Mittelalterliche Geschichtsdarstellungen und ihre kritische Aufarbeitung, Köln/Weimar/Wien 2003 (= Europäische Geschichtsdarstellungen 1), 323–352.

Helmrath 2005
J. HELMRATH, Enea Silvio, Plinius und die ‚*inventores rerum*'. ‚*De diversarum scienciarum arciumque origine*' in der Nürnberger Handschrift Cent VI App. 14 – (k)ein unbekannter Traktat Pius' II.; in: F. FUCHS (ed.), Osmanische Expansion und europäischer Humanismus. Akten des interdisziplinären Symposions vom 29. und 30. Mai 2003 im Stadtmuseum Wiener Neustadt, Wiesbaden 2005 (= Pirckheimer Jahrbuch für Renaissance- und Humanismusforschung 20), 97–107.

Herbers 2004
K. HERBERS, Karl der Große – vom Vorbild zum Mythos; in: H. ALTRICHTER/K. HERBERS/H. NEUHAUS (Hgg.), Mythen in der Geschichte, Freiburg i. Breisgau 2004 (= Rombach Wissenschaften. Reihe Historiae 16), 179–202.

Hofmann 1927
J. HOFMANN, Die Leipziger Stadtbibliothek 1677–1927; in: DERS. (Hrsg.), Die Bibliothek und ihre Kleinodien. Festschrift zum 250 jährigen Jubiläum der Leipziger Stadtbibliothek, Leipzig 1927, 9–21.

Ijsewijn 1983
J. IJSEWIJN, Die humanistische Biographie; in: A. BUCK (Hrsg.), Biographie und Autobiographie in der Renaissance. Arbeitsgespräch in der Herzog August Bibliothek Wolfenbüttel vom 1. bis 3. November 1982, Wiesbaden 1983 (= Wolfenbütteler Abhandlungen zur Renaissanceforschung, Bd. 4), 1–19.

Imhof/Winterer 2005
M. IMHOF/C. WINTERER, Karl der Große. Leben und Wirkung, Kunst und Architektur, Petersberg 2005.

Janson 1964
T. JANSON, Latin Prose Prefaces. Studies in Literary Conventions, Stockholm 1964 (= Acta Universitatis Stockholmiensis. Studia Latina Stockholmiensia 13).

Jarnut 1964
J. JARNUT, Karl der Große – Mensch, Herrscher, Mythos: Ein Rückblick nach 1200 Jahren, Paderborn 1999 (= Paderborner Universitätsreden 66).

Kapfhammer 1993
G. KAPFHAMMER, Sagenhafte Geschichte. Das Bild Karls des Großen durch die Jahrhunderte, München 1993.

Karl der Große 2004
Karl der Große und Europa. Symposium. Herausgegeben von der Schweizerischen Botschaft in der Bundesrepublik Deutschland, Frankfurt a.M. u.a. 2004.

Kelley 1988
D. R. KELLEY, Humanism and History; in: A. RABIL, JR. (ed.), Renaissance Humanism. Foundations, Forms, and Legacy. Vol. 3 Humanism and the Disciplines, Philadelphia 1988, 236–270.

Kendall 1971
P. M. KENDALL, Louis XI, London 1971, dt. Ausgabe: Ludwig XI. König von Frankreich 1423–1483, München 1979.

Kerner 2000
M. KERNER, Karl der Große. Entschleierung eines Mythos, Köln/Weimar/Wien 2000.

Klapisch-Zuber 2000
C. KLAPISCH-ZUBER, L'ombre des ancêtres. Essai sur l'imaginaire médiéval de la parenté, Paris 2000.

Klebs 1935/36
A. C. KLEBS, Incunable editions of Pliny's Historia Naturalis: Isis 24, 1935/36, 120–121.

Kleinclausz ²1977
A. KLEINCLAUSZ, Charlemagne, Paris ²1977.

Koller 2004
A. KOLLER, Pio III, papa toscano: Bullettino Senese di Storia Patria 111, 2004, 319–328.

Krali 1995
A. KRALI, «La Germania» ovvero *De situ, ritu, moribus et conditione Germaniae descriptio* di Enea Silvio Piccolomini e l'Umanesimo tedesco; in: Il concetto di amicizia nella storia della cultura europea. Der Begriff Freundschaft in der Geschichte der Europäischen Kultur. Akten der XXII. internationalen Tagung deutsch-italienischer Studien. Meran, 9.–11. Mai 1994, Meran 1995, 612–622.

Kramer 1931
H. KRAMER, Untersuchungen zur „Österreichischen Geschichte" des Aeneas Silvius: Mitteilungen des Österreichischen Instituts für Geschichtsforschung 45, 1931, 23–69.

Kramer 1949
H. KRAMER, Agostino Patrizzis Beschreibung der Reise des Kardinallegaten Francesco Piccolomini zum Christentag in Regensburg 1471; in: L. SANTIFALLER (Hrsg.), Festschrift zur Feier des zweihundertjährigen Bestandes des Haus-, Hof- und Staatsarchivs. I. Band, Wien 1949 (= Mitteilungen des Österreichischen Staatsarchivs. Ergänzungsband II), 549–565.

Kraus/Pabst 2003
T. KRAUS/K. PABST (Hgg.), Karl der Große und sein Nachleben in Geschichte, Kunst und Literatur, Aachen 2003 (= Zeitschrift des Aachener Geschichtsvereins 104/105, 2002/03).

Krejs 1937
P. KREJS, Aeneas Silvius Piccolomini am Hofe Friedrichs III. und die Anfänge des österreichischen Humanismus, [ungedr.] Diss. Wien 1937.

Kristeller 1967
P. O. KRISTELLER, Iter Italicum. A Finding List of Uncatalogued or Incompletely Catalogued Humanistic Manuscripts of the Renaissance in Italian and Other Libraries. Vol. II Italy. Orvieto to Volterra. Vatican City, London/Leiden 1967.

Kristeller 1991
P. O. KRISTELLER, Teorie umanistiche della Vita attiva e della Vita contemplativa; in: L. ROTONDI SECCHI TARUGI (ed.), Pio II e la cultura del suo tempo. Atti del I convegno internazionale – 1989, Milano 1991, 13–27 [= The Active and the Contemplative Life in Renaissance Humanism; in: B. VICKERS (Hrsg.), Arbeit, Muße, Meditation. Betrachtungen zur *Vita activa* und *Vita contemplativa*, Zürich 1985, 133–152].

Krüger 1998
K. H. KRÜGER, Neue Beobachtungen zur Datierung von Einhards Karlsvita: Frühmittelalterliche Studien 32, 1998, 124–145.

Labarre 1973
A. LABARRE, Diffusion de l'*Historia naturalis* de Pline au temps de la Renaissance; in: E. GECK/G. PRESSLER (Hgg.), Festschrift für Claus Nissen. Zum siebzigsten Geburtstag 2. September 1971, Wiesbaden 1973, 451–470.

Lambrech 1988
R. LAMBRECH, Charlemagne and his Influence on the Late Medieval French Kings: Journal of Medieval History 14, 1988, 283–291.

Lambrech 1993
R. LAMBRECH, Charlemagne after the Middle Ages: Forgotten Hero or Propaganda Image?: Studi Medievali III. ser. 34, 1993, 325–340.

Lanconelli 1980
A. LANCONELLI, La biblioteca romana di Jean Jouffroy; in: C. BIANCA/P. FARENGA/G. LOMBARDI et. all. (edd.), Scrittura, biblioteche e stampa a Roma nel Quattrocento. Aspetti e problemi. Atti del seminario 1–2 giugno 1979, Città del Vaticano 1980 (= Littera Antiqua 1,1), 275–294.

Lehmann 1929
P. LEHMANN, Mittelalterliche Beinamen und Ehrentitel: Historisches Jahrbuch 49, 1929, 215–239; wiederabgedr. in: DERS., Erforschung des Mittelalters. Ausgewählte Abhandlungen und Aufsätze, Leipzig 1941, 129–154.

Lehmann 1934
P. LEHMANN, Das literarische Bild Karls des Großen vornehmlich im lateinischen Schrifttum des Mittelalters, München 1934 (= Sitzungsberichte der Bayerischen Akademie der Wissenschaften. Philosophisch-historische Abteilung. Jg. 1934, Heft 9); wiederabgedr. in: DERS., Erforschung des Mittelalters. Ausgewählte Abhandlungen und Aufsätze. Band I, Stuttgart 1941, Ndr. ebd. 1959, 154–207.

Lehmann 1940
P. LEHMANN, Dr. Johannes Tröster, ein humanistisch gesinnter Wohltäter bayerischer Büchersammlungen: Historisches Jahrbuch 60, 1940, 646–663; wiederabgedr. in: DERS., Erforschung des Mittelalters. Ausgewählte Abhandlungen und Aufsätze. Band IV, Stuttgart 1961, 336–352.

Leo 1901
F. LEO, Die griechisch-römische Biographie nach ihrer litterarischen Form, Leipzig 1901, Ndr. Hildesheim 1965.

Lesellier 1928
J. LESELLIER, Une curieuse correspondance inédite entre Louis XI et Sixte IV: Mélanges d'Archéologie et d'Histoire. Mélanges de l'École Française de Rome 45, 1928, 21–37.

Lesort 1904
A. LESORT, Louis XI et le Saint-Siège: Revue des questions historiques 75, 1904, 595–602.

Lhotsky 1965
A. LHOTSKY, Aeneas Silvius und Österreich, Basel/Stuttgart 1965 (= Vorträge der Aeneas-Silvius-Stiftung an der Universität Basel V); wiederabgedr. in: DERS., Aufsätze und Vorträge III. Historiographie, Quellenkunde, Wissenschaftsgeschichte, Wien/München 1972, 26–71 [vgl. DERS., in: Anzeiger der Österreichischen Akademie der Wissenschaften, Philos.-Histor. Klasse 101, 1964 (Wien 1965), 157–160].

Lintzel 1933
M. LINTZEL, Die Zeit der Entstehung von Einhards Vita Karoli; in: W. MÖLLENBERG/M. LINTZEL (Hgg.), Kritische Beiträge zur Geschichte des Mittelalters. Festschrift für Robert Holtzmann zum sechzigsten Geburtstag, Berlin 1933 (= Historische Studien. Heft 238), 22–42; wiederabgedr. in: DERS., Ausgewählte Schriften II. Zur Karolinger- und Ottonenzeit, zum hohen und späten Mittelalter, zur Literaturgeschichte, Berlin 1961, 27–41.

Löwe 1983
H. LÖWE, Die Entstehungszeit der Vita Karoli Einhards: Deutsches Archiv für Erforschung des Mittelalters 39, 1983, 85–103.

Lugge 1960
M. LUGGE, „Gallia" und „Francia" im Mittelalter. Untersuchungen über den Zusammenhang zwischen geographisch-historischer Terminologie und politischem Denken vom 6.–15. Jahrhundert, Bonn 1960 (= Bonner Historische Forschungen 15).

Lyons 1989
J. D. LYONS, Exemplum. The Rhetoric of Example in Early Modern France and Italy, Princeton 1989.

Maissen 1994
T. MAISSEN, Von der Legende zum Modell. Das Interesse an Frankreichs Vergangenheit während der italienischen Renaissance, Basel/Frankfurt 1994 (= Basler Beiträge zur Geschichtswissenschaft 166).

Manitius 1882
M. MANITIUS, Einharts Werke und ihr Stil: Neues Archiv der Gesellschaft für ältere deutsche Geschichtskunde 7, 1882, 519–68.

Mansi 1755/57
J. D. MANSI, Pii II. P.M. olim Aeneae Sylvii Piccolominei Senensis orationes politicae et ecclesiasticae I–II, Lucae 1755/57.

Marchello-Nizia 1984
C. MARCHELLO-NIZIA, L'historien et son prologue: forme littéraire et stratégies discursives; in: D. POIRION (ed.), La chronique et l'histoire au Moyen Âge. Colloque des 24 et 25 mai 1982, Paris 1984 (= Cultures et civilisations médiévales 2), 13–25.

Marchesi 1899
C. Marchesi, Carlo Marsuppini d'Arezzo e Donato Acciajoli. Uno scandalo nello Studio Fiorentino (Per nozze Chiarenza-Fazio), Catania 1899; wiederabgedr. in: Ders., Scritti minori di filologia e di letteratura I, Firenze 1978 (= Opuscoli Accademici 13), 11–16.

v. Martels/Vanderjagt 2003
Z. v. Martels/A. Vanderjagt (edd.), Pius II 'El più expeditivo pontifice'. Selected Studies on Aeneas Silvius Piccolomini (1405–1464), Leiden 2003 (= Brill's Studies in Intellectual History 117).

Maumene 1909
C. Maumene, Une ambassade du pape Alexandre VI au roi Charles VIII. Le cardinal François Piccolomini: Revue des Deux Mondes ser. V, 52, 1909, 677–708.

Mauro 2003
J. Mauro, Praeceptor Austriae. Aeneas Sylvius Piccolomini (Pius II) and the Transalpine Diffusion of Italian Humanism before Erasmus I-III, Diss. Chicago 2003.

Mazzacurati/Plaisance 1987
G. Mazzacurati/M. Plaisance (edd.), Scritture di scritture. Testi, generi, modelli nel Rinascimento, Roma 1987 (= Biblioteca del Cinquecento 36).

McKitterick 2008
R. McKitterick, Charlemagne. The Formation of a European Identity, Oxford 2008; dt.: Karl der Große, Darmstadt 2008.

McLaughlin 1988
M. L. McLaughlin, Humanist Concepts of Renaissance and Middle Ages in the Tre- and Quattrocento: Renaissance Studies 2, 1988, 131–142.

Meuthen 1997
E. Meuthen, Ein „deutscher" Freundeskreis an der römischen Kurie in der Mitte des 15. Jahrhunderts. Von Cesarini bis zu den Piccolomini; in: R. Bäumer/E. Chrysos/J. Grohe/E. Meuthen/K. Schnith (Hgg.), Synodus. Beiträge zur Konzilien- und allgemeinen Kirchengeschichte. Festschrift Walter Brandmüller, Paderborn u.a. 1997 (= Annuarium Historiae Conciliorum 27/28, 1995/96), 487–542.

Miglio 1975
M. Miglio, *Vidi thiaram Pauli papae secundi*; in: Ders., Storiografia pontificia del Quattrocento, Bologna 1975 (= Il Mondo Medievale. Sezione di storia delle istituzioni della spiritualità e delle idee 2), 119–153.

Miglio 1979
M. Miglio, Biografia e raccolte biografiche nel Quattrocento italiano; in: P. Tuynman/G. C. Kuiper/E. Kessler (edd.), Acta conventus neo-latini Amstelodamensis. Proceedings of the Second International Congress of Neo-Latin Studies. Amsterdam 19–24 August 1973, München 1979 (= Humanistische Bibliothek. Abhandlungen, Texte, Skripten I, 26), 775–785; eine erweiterte Fassung dieses Artikels erschien in: Atti dell'Accademia delle Scienze, Istituto di Bologna. Classe di Scienze Morali. Rendiconti 63, 1974/75, 166–199.

Miglio 1986
M. Miglio, Tradizione storiografica e cultura umanistica nel «Liber de vita Christi ac omnium pontificum»; in: A. Campana/P. Medioli Masotti (edd.), Bartolomeo Sacchi il Platina (Piadena 1421 – Roma 1481). Atti del convegno internazionale di studi per il V centenario (Cremona, 14–15 novembre 1981), Padova 1986 (= Medioevo e Umanesimo 62), 63–89; wiederabgedr. in: Ders., Scritture, scrittori e storia. II. Città e Corte a Roma nel Quattrocento, Roma 1993 (= Patrimonium. Studi di storia e arte 4), 111–127.

Mikoletzky 1970
H. L. MIKOLETZKY, Über Geschichte und Biographie im frühen und hohen Mittelalter: Mitteilungen des Österreichischen Instituts für Geschichtsforschung 78, 1970, 13–26.

Milanesi 1865
G. MILANESI, Il viaggio degli ambasciatori fiorentini al re di Francia nel MCCCCLXI descritto da Giovanni di Francesco di Neri Cecchi loro cancelliere: Archivio storico italiano III. ser. 1, 1865, 7–62.

Milham 1979
M. E. MILHAM, An Introduction to the Renaissance Tradition of Pomponius Mela; in: P. TUYNMAN/G. C. KUIPER/E. KESSLER (edd.), Acta conventus neo-latini Amstelodamensis. Proceedings of the Second International Congress of Neo-Latin Studies. Amsterdam 19–24 August 1973, München 1979 (= Humanistische Bibliothek. Abhandlungen, Texte, Skripten I, 26), 786–793.

Milham 1981/82
M. E. MILHAM, A ms inventory of Pomponius Mela: Scriptorium 35, 1981/82, 319–321.

Milham 1984
M. E. MILHAM, Pomponius Mela; in: F. E. CRANZ/P. O. KRISTELLER (edd.), Catalogus translationum et commentariorum: Mediaeval and Renaissance Latin Translations and Commentaries. Annotated Lists and Guides Vol. V, Washington 1984, 257–285.

Momigliano 1971
A. MOMIGLIANO, The Development of Greek Biography. Four Lectures, Cambridge/Massachusetts 1971.

Monfrin 1964/65
J. MONFRIN, La figure de Charlemagne dans l'historiographie du XVe siècle: Annuaire-Bulletin de la Societé de l'Histoire de France 91, 1964/65, 67–78.

Montecalvo 2003
R. MONTECALVO, The New *Landesgeschichte*: Aeneas Silvius Piccolomini on Austria and Bohemia; in: Z. v. MARTELS/A. VANDERJAGT (edd.), Pius II 'El più expeditivo pontifice'. Selected Studies on Aeneas Silvius Piccolomini (1405–1464), Leiden 2003 (= Brill's Studies in Intellectual History 117), 55–86.

Morrissey 1997
R. MORRISSEY, L'empereur à la barbe fleurie. Charlemagne dans la mythologie et l'histoire de France, Paris 1997.

Morse 1985
R. MORSE, Medieval Biography: History as a Branch of Literature: Modern Language Review 80/2, 1985, 257–268.

Mouchel 1990
C. MOUCHEL, Cicéron et Sénèque dans la rhétorique de la Renaissance, Marburg 1990 (= Ars Rhetorica 3).

Muhlack 2001
U. MUHLACK, Die humanistische Historiographie. Umfang, Bedeutung, Probleme; in: F. BRENDLE/D. MERTENS/A. SCHINDLING/W. ZIEGLER (Hgg.), Deutsche Landesgeschichtsschreibung im Zeichen des Humanismus, Stuttgart 2001 (= Contubernium. Tübinger Beiträge zur Universitäts- und Wissenschaftsgeschichte 56), 3–18.

Narducci 1893
H. NARDUCCI, Catalogus codicum manuscriptorum praeter Graecos et Orientales in Bibliotheca Angelica olim coenobii Sancti Augustini de Urbe I, Romae 1893.

Nauert 1979
C. G. NAUERT, Humanists, Scientists, and Pliny: Changing Approaches to a Classical Author: The American Historical Review 84, 1979, 72–85.

Naumann 1838
A. G. R. NAUMANN, Catalogus librorum manuscriptorum qui in Bibliotheca senatoria civitatis Lipsiensis asservantur, Grimae 1838.

Nelson 2000
J. L. NELSON, Writing Early Medieval Biography: History Workshop Journal 50, 2000, 129–136.

Norden ³1915
E. NORDEN, Die antike Kunstprosa vom VI. Jahrhundert v. Chr. bis in die Zeit der Renaissance II, Leipzig/Berlin ³1915, Ndr. Stuttgart/Leipzig ¹⁰1995.

Norden ⁷1998
E. NORDEN, Die römische Literatur. Anhang: Die lateinische Literatur im Übergang vom Altertum zum Mittelalter, hrsg. von B. KYTZLER, Stuttgart/Leipzig ⁷1998.

Novembri/Prezzolini 2005
V. NOVEMBRI/C. PREZZOLINI (edd.), Francesco Tedeschini-Piccolomini. Papa Pio III. Atti della Giornata di studi. Sarteano, 13 dicembre 2003, Montepulciano 2005.

Ourliac 1944
P. OURLIAC, Le concordat de 1472. Étude sur les rapports de Louis XI et de Sixte IV, Paris 1944 (= Revue historique de droit français et étranger 4.sér. 20, 1942, 174–223 u. 21, 1943, 117–149); wiederabgedr. in: DERS., Études d'histoire du droit médiéval, Paris 1979, 399–489.

Pade 1988/89
M. PADE, Guarino, his Princely Patron, and Plutarch's *Vita Alexandri ac Caesaris*. An ineditum in *Archivio di S. Pietro H31*: Analecta Romana Instituti Danici 17/18, 1988/89, 133–147.

Pade 1991
M. PADE, The Dedicatory Letter as a Genre: The Prefaces of Guarino Veronese's Translations of Plutarch; in: A. DALZELL/C. FANTAZZI/R. J. SCHOECK (edd.), Acta conventus neo-latini Torontonensis. Proceedings of the Seventh International Congress of Neo-Latin Studies. Toronto 8 August to 13 August 1988, Binghamton/New York 1991 (= Medieval and Renaissance Texts and Studies 86), 559–568.

Pade 1995
M. PADE, The Latin Translations of Plutarch's 'Lives' in Fifteenth Century Italy and their Manuscript Diffusion; in: C. LEONARDI/B. M. OLSEN (edd.), The Classical Tradition in the Middle Ages and the Renaissance. Proceedings of the First European Science Foundation Workshop on «The Reception of Classical Texts» (Florence, Certosa del Galluzzo, 26–27 June 1992), Spoleto 1995 (= Biblioteca di «Medioevo Latino» 15), 169–183.

Pade 1998a
M. PADE, Sulla fortuna delle *Vite* di Plutarco nell'umanesimo italiano del Quattrocento: Fontes 1, 1998, 101–116.

Pade 1998b
M. PADE, A Checklist of the Manuscripts of the Fifteenth Century Latin Translations of Plutarch's *Lives*; in: I. GALLO (ed.), L'eredità culturale di Plutarco dall'antichità al Rinascimento.

Atti del VII Convegno plutarcheo. Milano-Gargnano, 28–30 maggio 1997, Napoli 1998 (= Collectanea 16), 257–287.

Pade 2007
M. Pade, The Reception of Plutarch's *Lives* in Fifteenth-Century Italy I-II, Copenhagen 2007 (= Renæssancestudier 14).

Palumbo 2005
M. Palumbo, „Teutonicus Eneas". Aspetti della fortuna tedesca di Enea Silvio Piccolomini; in: C. Crescentini/M. Palumbo (edd.), Nymphilexis. Enea Silvio Piccolomini, l'Umanesimo e la geografia. Manoscritti, stampati, monete, medaglie, ceramiche, Roma 2005, 201–227.

Paparelli 1948
G. Paparelli, La Germania di Enea Silvio Piccolomini: Italica 25, 1948, 202–216.

Parroni 1979
P. Parroni, Il contributo dei codici umanistici al testo di Pomponio Mela: Rivista di filologia e di istruzione classica 107, 1979, 157–179.

Pastor [13]1955
L. Pastor, Geschichte der Päpste seit dem Ausgang des Mittelalters II. Geschichte der Päpste im Zeitalter der Renaissance von der Thronbesteigung Pius' II. bis zum Tode Sixtus' IV., Freiburg/Rom [13]1955.

Pastor [11]1956
L. Pastor, Geschichte der Päpste im Zeitalter der Renaissance von der Wahl Innozenz' VIII. bis zum Tode Julius' II. 1484–1513. Zweite Abteilung. Pius III. und Julius II., Freiburg/Rom [11]1956.

Paul 1936
U. Paul, Studien zur Geschichte des deutschen Nationalbewußtseins im Zeitalter des Humanismus und der Reformation, Berlin 1936, Ndr. Vaduz 1965 (= Historische Studien 298).

Peltzer 1903
R. A. Peltzer, Die Beziehungen Aachens zu den französischen Königen: Zeitschrift des Aachener Geschichtsvereins 25, 1903, 133–268.

Pérez González 2002
C. Pérez González, La figura de Carlomagno en la *Vita Caroli* de Donato Acciaiuoli; in: J. M. Maestre Maestre/J. Pascual Barea/L. Charlo Brea (edd.), Humanismo y pervivencia del mundo clásico. Homenaje al profesor Antonio Fontán III.3, Alcañiz/Madrid 2002, 1485–1503.

Peron 1995
G. Peron (ed.), Strategie del testo. Preliminari, Partizioni, Pause. Atti del XVI e del XVII convegno interuniversitario (Bressanone, 1988 e 1989), Padova 1995 (= Quaderni del Circolo Filologico Linguistico Padovano 16).

Pertusi 1967
A. Pertusi, Storiografia umanistica e mondo bizantino, Palermo 1967 (= Quaderni dell' Istituto Siciliano di Studi Bizantini e Neoellenici 5).

Petersohn 1990
J. Petersohn, Die Vita des Aufsteigers. Sichtweisen gesellschaftlichen Erfolgs in der Biografik des Quattrocento: Historische Zeitschrift 250, 1990, 1–32; wiederabgedr. in: A. Buck (Hrsg.), Humanismus und Historiographie. Rundgespräche und Kolloquien, Weinheim 1991, 125–135.

Piccolomini 1899
Ae. Piccolomini, De codicibus Pii II et Pii III deque Bibliotheca Ecclesiae Cathedralis Senensis: Bullettino Senese di Storia Patria 6, 1899, 483–496.

Piccolomini 1903a
P. Piccolomini, La vita e l'opera di Sigismondo Tizio (1458–1528), Roma/Siena 1903.

Piccolomini 1903b
P. Piccolomini, La *famiglia* di Pio III: Archivio della Società Romana di Storia Patria 24, 1903, 143–164.

Pigman III 1980
G. W. Pigman III, Versions of Imitation in the Renaissance: Renaissance Quarterly 33, 1980, 1–32.

Poncelet 1895
[A. Poncelet], De codicibus hagiographicis Iohannis Gielemans canonici regularis in Rubea Valle prope Bruxelles: Analecta Bollandiana 14, 1895, 5–88.

Quadflieg 1963
E. Quadflieg, Eine Brüsseler Karls-Miniatur um 1480: Aachener Kunstblätter 27, 1963, 188–194.

Quint 1981
D. Quint, Origin and Originality in Renaissance Literature. Versions of the Source, New Haven/London 1983.

Quondam 1998
A. Quondam, Note su imitazione e «plagio» nel Classicismo; in: P. Cherchi (ed.), Sondaggi sulla riscrittura del Cinquecento, Ravenna 1998 (= Il Portico. Biblioteca di Lettere e Arti 111), 11–26.

Rall 1937
H. Rall, Zeitgeschichtliche Züge im Vergangenheitsbild mittelalterlicher, namentlich mittellateinischer Schriftsteller, Berlin 1937 (= Historische Studien 322).

Ratkowitsch 1999a
C. Ratkowitsch, Karoli vestigia magna secutus. Die Rezeption des 'Aachener Karlsepos' in der Carlias des Ugolino Verino, Wien 1999 (= Wiener Studien. Beiheft 25. Arbeiten zur mittel- und neulateinischen Philologie 5).

Ratkowitsch 1999b
C. Ratkowitsch, Das 'Aachener Karlsepos' und die 'Carlias' des Ugolino Verino; in: F.-R. Erkens (Hrsg.), Karl der Große in Renaissance und Moderne. Zur Rezeptionsgeschichte und Instrumentalisierung eines Herrscherbildes, Berlin 1999 (= Das Mittelalter 4, 1999, Heft 2), 27–38.

Resta 1962
G. Resta, Le epitomi di Plutarco nel Quattrocento, Padova 1962 (= Miscellanea erudita 5).

Rhodes 1988
D. E. Rhodes, La publication des comédies de Térence au XVe siècle; in: P. Aquilon/H.-J. Martin (edd.), Le livre dans l'Europe de la Renaissance. Actes du XXVIIIe Colloque international d'Études humanistes de Tours, Paris 1988, 285–296.

Richardson 1998
C. Richardson, The Lost(*!*) Will and Testament of Cardinal Francesco Todeschini Piccolomini (1439–1503): Papers of the British School at Rome 66, 1998, 193–214.

Ridé 1964
J. Ridé, La *Germania* d'Enea Silvio Piccolomini et la «réception» de Tacite en Allemagne: Études Germaniques 19, 1964, 274–282.

Röcke 1999
W. Röcke, Literatur und kulturelles Gedächtnis. Zur Rezeptionsgeschichte Karls des Großen im Spätmittelalter und in der Frühen Neuzeit; in: F.-R. Erkens (Hrsg.), Karl der Große in Renaissance und Moderne. Zur Rezeptionsgeschichte und Instrumentalisierung eines Herrscherbildes, Berlin 1999 (= Das Mittelalter 4, 1999, Heft 2), 5–9.

Röll 2002
J. Röll, Das Grabmonument Papst Pius' III.; in: J. Poeschke/B. Kusch/T. Weigel (Hgg.), Praemium virtutis. Grabmonumente und Begräbniszeremoniell im Zeichen des Humanismus, Münster 2002 (= Symbolische Kommunikation und gesellschaftliche Wertesysteme. Schriftenreihe des Sonderforschungsbereichs 496. Band 2), 235–256.

Romano 1892
G. Romano, Degli studi sul Medio Evo nella storiografia del Rinascimento in Italia, Pavia 1892.

Ross 1966
D. J. A. Ross, "Les trois Grands". A Humanist Historical Tract of the Fifteenth Century: Classica et Mediaevalia 27, 1966, 375–396; wiederabgedr. in: Ders., Studies in the Alexander Romance, London 1985, 266–287 u. 405.

Rotondi Secchi Tarugi 1991
L. Rotondi Secchi Tarugi (ed.), Pio II e la cultura del suo tempo. Atti del I convegno internazionale – 1989, Milano 1991.

Rouse 1983
R. H. Rouse, Pomponius Mela, *De chorographia*; in: L. D. Reynolds (ed.), Texts and Transmission. A Survey of the Latin Classics, Oxford 1983, Ndr. ebd. 1990, 290–292.

Rubinstein 1972
N. Rubinstein, Il Medio Evo nella storiografia italiana del Rinascimento: Lettere italiane 24, 1972, 431–447; wiederabgedr. in: V. Branca (ed.), Concetto, storia, miti e immagini del Medio Evo, Firenze 1973 (= Civiltà europea e civiltà veneziana. Aspetti e problemi 7), 429–448.

Ruppert 1911
J. Ruppert, Quaestiones ad historiam dedicationis librorum pertinentes, Diss. Lipsiae 1911.

Russell 1979
D. A. Russell, *De imitatione*; in: D. West/T. Woodman (edd.), Creative Imitation and Latin Literature, Cambridge 1979, 1–16.

Sabbadini 1886
R. Sabbadini, Storia del ciceronianismo e di altre questioni letterarie nell'età della Rinascenza, Torino 1886 [1885].

Sabbadini 1900
R. Sabbadini, Le edizioni quattrocentistische della S.N. di Plinio: Studi italiani di filologia classica 8, 1900, 439–448.

Sánchez Marín/Lens Tuero/López Rodríguez 1997
J. A. Sánchez Marín/J. Lens Tuero/C. López Rodríguez (edd.), Historiografía y biografía. Actas del Coloquio internacional sobre historiografía y biografía (de la Antigüedad al Renacimiento). Granada, 21–23 septiembre de 1992, Madrid 1997.

Sanfilippo 2000
M. Sanfilippo, Art. Pio III.: Enciclopedia dei Papi 3, Roma 2000, 22–31.

Santini 1922
E. Santini, Firenze e i suoi „oratori" nel Quattrocento, Milano/Palermo u.a. 1922 (= Biblioteca „Sandron" di Scienze e Lettere 77).

Satzinger 2003
G. SATZINGER, Der Stier des Pausias. Eine Anmerkung zur Wirkung Plinius' des Älteren in Malerei und Plastik der Renaissance; in: B. TAPPERT/W. JUNG (Hgg.), Heitere Mimesis. Festschrift für Willi Hirdt zum 65. Geburtstag, Tübingen/Basel 2003, 105–125.

Saurma-Jeltsch 1994
L. E. SAURMA-JELTSCH (Hrsg.), Karl der Große als vielberufener Vorfahr. Sein Bild in der Kunst der Fürsten, Kirchen und Städte, Sigmaringen 1994 (= Schriften des historischen Museums 19).

Scapecchi 1993
P. SCAPECCHI, New Light on the Ripoli Edition of the *Expositio* of Donato Acciaioli; in: D. V. REIDY (ed.), The Italian Book 1465–1800. Studies Presented to Dennis E. Rhodes on His 70th Birthday, London 1993, 31–33.

Scapecchi 1999
P. SCAPECCHI, Un nuovo codice del *Liber de vita Christi ac omnium pontificum* di Bartolomeo Platina usato come esemplare di tipografia per le edizioni veneziane del 1479 e del 1504: Roma nel Rinascimento 15, 1999, 247–252.

Scarcia Piacentini 1994
P. SCARCIA PIACENTINI, Art. Pie III.; in: P. LEVILLAIN (ed.), Dictionnaire historique de la Papauté, Paris 1994, 1325–1326.

Scardigli 1998
B. SCARDIGLI, C'è qualcosa di plutarcheo nella vita di Scipione dell'Acciaiuoli?; in: I. GALLO (ed.), L'eredità culturale di Plutarco dall'antichità al Rinascimento. Atti del VII Convegno plutarcheo. Milano-Gargnano, 28–30 maggio 1997, Napoli 1998 (= Collectanea 16), 289–297.

Schalk 1951
F. SCHALK, Il tema della „vita activa" e della „vita contemplativa" nell'Umanesimo italiano; in: E. CASTELLI (ed.), Umanesimo e scienza politica. Atti del Congresso Internazionale di Studi Umanistici. Roma – Firenze 1949, Milano 1951, 559–566.

Schalk 1971
F. SCHALK, Aspetti della vita contemplativa nel Rinascimento italiano; in: R. R. BOLGAR (ed.), Classical Influences on European Culture a.d. 500–1500. Proceedings of an International Conference Held at King's College, Cambridge April 1969, Cambridge 1971, 225–238.

Schefers 1997
H. SCHEFERS (Hrsg.), Einhard. Studien zu Leben und Werk, Darmstadt 1997 (= Arbeiten der Hessischen Historischen Kommission. N.F. Bd. 12).

Schieffer 2000
R. SCHIEFFER, Charlemagne and Rome; in: J. M. H. SMITH (ed.), Early Medieval Rome and the Christian West. Essays in Honour of Donald A. Bullough, Leiden/Boston/Köln 2000 (= The Medieval Mediterranean Peoples, Economies and Cultures, 400–1453. vol. 28), 279–295.

Schlecht 1913
J. SCHLECHT, Pius III. und die deutsche Nation; in: Festschrift Georg von Hertling zum siebzigsten Geburtstage am 31. Aug. 1913 dargebracht von der Görres-Gesellschaft zur Pflege der Wissenschaft im kath. Deutschland, Kempten/München 1913, 305–328; in erweiterter Form nachgedr. als: J. SCHLECHT, Pius III. und die deutsche Nation. Mit einem Anhang ungedruckter Briefe und dem Lobgedichte des Engelbert Funk, Kempten/München 1914.

Schmidt 1962a
A. SCHMIDT (Hrsg.), Aeneas Silvius Germania und Jakob Wimpfeling: „Responsa et replicae ad Eneam Silvium", Köln/Graz 1962.

Schmidt 1962b
A. SCHMIDT (Hrsg.), Enea Silvio Piccolomini. Deutschland. Der Brieftraktat an Martin Mayer und Jakob Wimpfelings „Antworten und Einwendungen gegen Enea Silvio“, Köln/Graz 1962 (= Die Geschichtschreiber der deutschen Vorzeit 104).

Schmidt 1997
P. G. SCHMIDT, Die *Crisias* des Hilarion von Verona; in: G. TOURNOY/D. SACRÉ (edd.), Ut granum sinapis. Essays on Neo-Latin Literature in Honour of Jozef IJsewijn, Leuven 1997 (= Supplementa Humanistica Lovaniensia 12), 53–86.

Schmidt 1891
W. SCHMIDT, De Romanorum imprimis Suetonii arte biographica, Diss. Marpurgi Cattorum 1891.

Schmidt-Chazan 1977
M. SCHMIDT-CHAZAN, Histoire et sentiment national chez Robert Gaguin; in: B. GUENÉE (ed.), Le métier d'historien au Moyen âge. Études sur l'historiographie médiévale, Paris 1977 (= Publications de la Sorbonne. Série «Études» 13), 233–300.

Schneidmüller 1987
B. SCHNEIDMÜLLER, Nomen patriae. Die Entstehung Frankreichs in der politisch-geographischen Terminologie (10.–13. Jahrhundert), Sigmaringen 1987 (= Nationes. Historische und philologische Untersuchungen zur Entstehung der europäischen Nationen im Mittelalter 7).

Schneidmüller 2000
B. SCHNEIDMÜLLER, Sehnsucht nach Karl dem Großen. Vom Nutzen eines toten Kaisers für die Nachgeborenen: Geschichte in Wissenschaft und Unterricht 51, 2000, 284–301.

Schoeck 1983
R. J. SCHOECK, 'Lighting a Candle to the Place': On the Dimensions and Implications of *Imitatio* in the Renaissance: Italian Culture 4, 1983, 123–143.

Schoeck 1991
R. J. SCHOECK, Neo-Latin Resources for Biography: A Preliminary View; in: A. DALZELL/C. FANTAZZI/R. J. SCHOECK (edd.), Acta conventus neo-latini Torontonensis. Proceedings of the Seventh International Congress of Neo-Latin Studies. Toronto 8 August to 13 August 1988, Binghamton/New York 1991 (= Medieval and Renaissance Texts and Studies 86), 101–110.

Schottenloher 1953
K. SCHOTTENLOHER, Die Widmungsvorrede im Buch des 16. Jahrhunderts, Münster/Westf. 1953 (= Reformationsgeschichtliche Studien und Texte 76/77).

Schuchard 1997
C. SCHUCHARD, I tedeschi alla Curia pontificia nella seconda metà del Quattrocento; in: S. GENSINI (ed.), Roma capitale (1447–1527), Pisa 1994 (= Pubblicazioni degli Archivi di Stato. Saggi 29), 51–71.

Short 1972
I. SHORT, A Study in Carolingian Legend and its Persistence in Latin Historiography (XII–XVI Centuries): Mittellateinisches Jahrbuch 7, 1972, 127–152.

Simon 1958 u. 1959/60
G. SIMON, Untersuchungen zur Topik der Widmungsbriefe mittelalterlicher Geschichtsschreiber bis zum Ende des 12. Jahrhunderts, Diss. Marburg 1952 – veröffentl. im Archiv für Diplomatik 4, 1958, 52–119 u. 5/6, 1959/60, 73–153.

Somaini 2003
F. Somaini, Un prelato lombardo del XV secolo. Il Card. Giovanni Arcimboldi vescovo di Novara, arcivescovo di Milano I–III, Roma 2003 (= Italia sacra. Studi e documenti di storia ecclesiastica 73–75).

Sottili 1984
A. Sottili, Il Laerzio latino e greco e altri autografi di Ambrogio Traversari; in: R. Avesani/M. Ferrari/T. Foffano/G. Frasso/A. Sottili (edd.), Vestigia. Studi in onore di Giuseppe Billanovich II, Roma 1984 (= Storia e Letteratura. Raccolta di Studi e Testi 163), 699–745.

Speyer 1971
W. Speyer, Die literarische Fälschung im heidnischen und christlichen Altertum. Ein Versuch ihrer Deutung, München 1971 (= Handbuch der Altertumswissenschaft I/2).

Speyer 1993
W. Speyer, Italienische Humanisten als Kritiker der Echtheit antiker und christlicher Literatur, Mainz 1993 (= Akademie der Wissenschaften und der Literatur. Abhandlungen der Geistes- und Sozialwissenschaftlichen Klasse; Jg. 1993, Nr. 3).

Spranger 1958
P. P. Spranger, Der Große. Untersuchungen zur Entstehung des historischen Beinamens in der Antike: Saeculum 9, 1958, 22–58.

Steidle 1951
W. Steidle, Sueton und die antike Biographie, München 1951 (= Zetemata 1).

Strnad 1964
A. A. Strnad, Aus der Frühzeit des nationalen Protektorats der Kardinäle: Zeitschrift der Savigny-Stiftung für Rechtsgeschichte/Kanonistische Abteilung 50, 1964, 264–271.

Strnad 1964/65
A. A. Strnad, Pio II e suo nipote Francesco Todeschini-Piccolomini: Atti e Memorie della Deputazione di Storia Patria per le Marche ser. VIII, 4/2, 1964/65 [Convegno storico Piccolominiano (Ancona 9 maggio 1965)], 35–84.

Strnad 1966
A. A. Strnad, Francesco Todeschini-Piccolomini. Politik und Mäzenatentum im Quattrocento, Graz/Köln 1966 (= Römische Historische Mitteilungen 8/9, 1964/65 u. 1965/66, 101–425).

Strnad 1967
A. A. Strnad, Die Protektoren des Deutschen Ordens im Kardinalskollegium (*Protectores Ordinis Teutonici S. Mariae in Ierusalem*); in: K. Wieser (Hrsg.), Acht Jahrhunderte Deutscher Orden in Einzeldarstellungen. Festschrift zu Ehren Sr. Exzellenz P. Dr. Marian Tumler O.T. anlässlich seines 80. Geburtstages, Bad Godesberg 1967 (= Quellen und Studien zur Geschichte des Deutschen Ordens 1), 269–320.

Strnad 1968a
A. A. Strnad, Studia piccolomineana. Vorarbeiten zu einer Geschichte der Bibliothek der Päpste Pius II. und III.; in: Enea Silvio Piccolomini – Papa Pio II. Atti del convegno per il quinto centenario della morte e altri scritti raccolti da Domenico Maffei, Siena 1968, 295–390 (die Arbeit erschien auch monographisch als Sonderdruck).

Strnad 1968b
A. A. Strnad, Pius III. und Österreich: Theologisch-praktische Quartalschrift 116, 1968, 175–189; wiederabgedr. in: J. Gelmi/H. Gritsch (Hgg.), A. A. Strnad, Dynast und Kirche. Studien zum Verhältnis von Kirche und Staat im späteren Mittelalter und in der frühen Neuzeit, Innsbruck 1997 (= Innsbrucker Historische Studien 18/19), 465–484.

Strnad 1996
A. A. STRNAD, Die Rezeption von Humanismus und Renaissance in Wien; in: W. EBERHARD/A. A. STRNAD (Hgg.), Humanismus und Renaissance in Ostmitteleuropa vor der Reformation, Köln/Weimar/Wien 1996 (= Forschungen und Quellen zur Kirchen- und Kulturgeschichte Ostdeutschlands 28), 71–135.

Strnad 1998
A. A. STRNAD, Der Mann, der einen späteren Papst die deutsche Sprache lehrte. Aus dem Leben des schlesischen Dekretisten Nikolaus Kreul von Wartenberg; in: W. IRGANG/H. UNVERRICHT (Hgg.), Opuscula Silesiaca. Festschrift für Josef Joachim Menzel zum 65. Geburtstag, Stuttgart 1998 (= Jahrbuch der Schlesischen Friedrich-Wilhelms-Universität zu Breslau 38/39, 1997/98), 255–288.

Strobl 2000
W. STROBL, Ein griechischer Brief eines Veroneser Humanisten anlässlich Bessarions Schrift „*In calumniatorem Platonis*“: Jahrbuch der Österreichischen Byzantinistik 50, 2000, 217–230.

Strobl 2002a
W. STROBL, Zur wiederaufgefundenen *Vita Caroli Magni* (Cod.Lips.Univ. 426) des Hilarion aus Verona (Nicolò Fontanelli) für Francesco Todeschini-Piccolomini: Römische Historische Mitteilungen 44, 2002, 299–320.

Strobl 2002b
W. STROBL, Das Epos *Crisias* des Hilarion v. Verona (Nicolò Fontanelli). Kritische Ausgabe und Übersetzung. Studien zum Antichristmythos in Spätantike, Mittelalter und Renaissance, Frankfurt 2002 (= Europäische Hochschulschriften. Reihe XV. Klassische Sprachen und Literaturen. Bd. 85).

Strobl 2003a
W. STROBL, „*imitatus Ciceronem ac Hieronymum meum*“: Zur Theorie des Übersetzens bei Hilarion aus Verona: Bibliothèque d'Humanisme et Renaissance 65, 2003, 571–587.

Strobl 2003b
W. STROBL, Der Papstneffe Pietro Riario als Antichrist – Zeitkritisches in einem apokalyptischen Epos des 15. Jh.?: Archivum Historiae Pontificiae 41, 2003, 73–81.

Strobl 2005
W. STROBL, „*movere magis exempla quam verba*“: Zur Rezeption des Valerius Maximus bei Hilarion aus Verona: Philologus 149, 2005, 133–153.

Strobl 2006a
W. STROBL, *Arma tibi sunt adversum immanissimum Teucrum sumenda.* Humanismus, Papsttum und Kreuzzugspropaganda im 15. Jh. Das Widmungsschreiben des Hilarion aus Verona an Sixtus IV. zu zwei Ps.-Chrysostomus-Übersetzungen: Wiener Studien 119, 2006, 261–298.

Strobl 2006b
W. STROBL, Ein bisher unbeachtetes Quellenzeugnis zur trojanischen Herkunft der Franken. Hilarion aus Verona, *Vita Caroli Magni*: Rheinisches Museum für Philologie 149, 2006, 413–428.

Strobl 2008
W. STROBL, Der Chronist Giovanni Villani, die trojanische Herkunft der Franken und die *Vita Caroli Magni* des Hilarion aus Verona: Italia medioevale e umanistica 49, 2008, 333–343.

Tentzel 1698
W. E. TENTZEL, Monatliche Unterredungen Einiger Guten Freunde von Allerhand Buechern und andern annemlichen Geschichten. Allen Liebhabern der Curiositaeten zur Ergetzligkeit und Nachsinnen heraus gegeben. November 1698, o.O. [Leipzig].

Thorndike 1936
L. THORNDIKE, Epitomes of Pliny's Natural History in the Fifteenth Century: Isis 26, 1936, 39.

Thurn 1995
N. THURN (Hrsg.), Ugolino Verino, Carlias. Ein Epos des 15. Jahrhunderts, München 1995 (= Humanistische Bibliothek. Texte und Abhandlungen. Reihe II. Texte 31)

Thurn 2002
N. THURN, Kommentar zur *Carlias* des Ugolino Verino, München 2002 (= Humanistische Bibliothek. Texte und Abhandlungen. Reihe II. Texte 33).

Tischler 2001
M. M. TISCHLER, Einharts *Vita Karoli*. Studien zur Entstehung, Überlieferung und Rezeption Teil 1–2, Hannover 2001 (= MGH Schriften 48, I–II).

Tischler (i.V.)
M. M. TISCHLER, Eine humanistische Neuausgabe der ‚Vita Karoli' Einharts (Vatikan, Biblioteca Apostolica Vaticana, Vat. Pal. lat. 1569, fol. 68r–80r). Edition und Untersuchung: Italia medioevale e umanistica (in Vorbereitung).

Townend 1967
G. B. TOWNEND, Suetonius and his Influence; in: T. A. DOREY (ed.), Latin Biography, London 1967 (= Studies in Latin Literature and its Influence 5), 79–111.

Ugurgieri della Berardenga 1973
G. UGURGIERI DELLA BERARDENGA, Pio II Piccolomini con notizie su Pio III e altri membri della famiglia, Firenze 1973 (= Biblioteca dell'Archivio Storico Italiano 18).

Vandendorpe 1992
C. VANDENDORPE (ed.), Le plagiat. Actes du colloque tenu à l'Université d'Ottawa du 26 au 28 septembre 1991, Ottawa 1992.

Van Heck 1991
A. VAN HECK, Amator vetusti ritus et observator diligens. Stile e modelli stilistici di Pio II; in: L. ROTONDI SECCHI TARUGI (ed.), Pio II e la cultura del suo tempo. Atti del I convegno internazionale – 1989, Milano 1991, 119–132.

Van Uytfanghe 2001
M. VAN UYTFANGHE, Art. Biographie II (spirituelle): RAC Suppl. Bd. 1, 2001, 1088–1364.

Vasoli 1973
C. VASOLI, Giovanni Nesi tra Donato Acciaiuoli e Girolamo Savonarola; in: S. I. CAMPOREALE (ed.), Umanesimo e teologia fra '400 e '500, Roma 1973 (= Memorie domenicane n.s. 4, 1973), 103–179; wiederabgedr. in: DERS., I miti e gli astri, Napoli 1977 (= Esperienze 39), 51–128.

Vecchi-Pinto 1945
E. VECCHI-PINTO, La missione del Card. Francesco Piccolomini legato pontificio presso Carlo VIII: Archivio della R. Deputazione Romana di Storia Patria 68, 1945, 97–110.

Viti 2000
P. VITI, La letteratura umanistica e le forme del ritratto. Linee per una ricerca; in: G. LAZZA/P. VITI (edd.), Immaginare l'autore. Il ritratto del letterato nella cultura umanistica. Convegno di studi – Firenze, 26–27 marzo 1998, Firenze 2000 (= Biblioteca Riccardiana 6), 9–27; mit Ergänzungen wiedergedruckt als: Ritratti e immagini di umanisti; in: DERS., Forme letterarie umanistiche. Studi e ricerche, Lecce 1999 (= Attraverso la storia 3), 231–252.

Völkel 2002
M. VÖLKEL, Rhetoren und Pioniere. Italienische Humanisten als Geschichtsschreiber der europäischen Nationen. Eine Skizze; in: P. BURSCHEL/M. HÄBERLEIN/V. REINHARDT u.a.

(Hgg.), Historische Anstöße. Festschrift für Wolfgang Reinhard zum 65. Geburtstag am 10. April 2002, Berlin 2002, 339–362.

Voigt 1856/62/63
G. VOIGT, Enea Silvio de' Piccolomini, als Papst Pius der Zweite, und sein Zeitalter I–III, Berlin 1856/62/63.

Voigt 1973
K. VOIGT, Italienische Berichte aus dem spätmittelalterlichen Deutschland. Von Francesco Petrarca zu Andrea de' Franceschi (1333–1492), Stuttgart 1973 (= Kieler Historische Studien 17).

Wagendorfer 2003
M. WAGENDORFER, Studien zur *Historia Australis* des Aeneas Silvius Piccolomini, Wien/München 2003 (= Mitteilungen des Instituts für Österreichische Geschichtsforschung. Ergänzungsband 43).

Walter 1997/98
P. WALTER, Die Gestalt Karls des Großen im Spiegel der humanistischen Literatur: Geschichte im Bistum Aachen 4, 1997/98, 61–94.

Walter 2003
P. WALTER, Das Bild Karls des Großen im italienischen Humanismus; in: T. KRAUS/K. PABST (Hgg.), Karl der Große und sein Nachleben in Geschichte, Kunst und Literatur, Aachen 2003 (= Zeitschrift des Aachener Geschichtsvereins 104/105, 2002/03), 173–196.

Walz 2002
D. WALZ (Hrsg.), Scripturus vitam. Biographie von der Antike bis in die Gegenwart. Festgabe für Walter Berschin zum 65. Geburtstag, Heidelberg 2002.

Weinig 1997
P. WEINIG, Aeneas Silvius Piccolomini in Deutschland. Beobachtungen zur Überlieferung der lateinischen Handschriften; in: S. FÜSSEL/V. HONEMANN (Hgg.), Humanismus und früher Buchdruck. Akten des interdisziplinären Symposions vom 5./6. Mai 1995 in Mainz, Nürnberg 1997 (= Pirckheimer-Jahrbuch 11, 1996), 71–82.

Weinig 1998
P. WEINIG, Aeneam suscipite, Pium recipite. Aeneas Silvius Piccolomini. Studien zur Rezeption eines humanistischen Schriftstellers im Deutschland des 15. Jahrhunderts, Wiesbaden 1998 (= Gratia. Bamberger Schriften zur Renaissanceforschung 33).

Weiss 1897
A. WEISS, Aeneas Sylvius Piccolomini als Papst Pius II. Sein Leben und Einfluss auf die literarische Cultur Deutschlands mit 149 bisher ungedruckten Briefen aus dem Autogr.-Codex Nr. 3389 der k.k. Wiener Hof-Bibliothek, Graz 1897.

Werner 1995
K. F. WERNER, Karl der Große oder Charlemagne? Von der Aktualität einer überholten Fragestellung, München 1995 (= Sitzungsberichte der Bayerischen Akademie der Wissenschaften. Philosophisch-historische Abteilung. Jg. 1995, Heft 4).

Werner 2000
K. F. WERNER, Charlemagne – Karl der Große. Eine französisch-deutsche Tradition; in: M. KRAMP (Hrsg.), Krönungen. Könige in Aachen – Geschichte und Mythos. Katalog der Ausstellung I, Mainz 2000, 25–33.

Wevers 1929
M. WEVERS, Einhards Vita Karoli Magni in der mittelalterlichen Geschichtsschreibung und Heldensage, Diss. Marburg 1929.

Wiesflecker-Friedhuber 2003
I. WIESFLECKER-FRIEDHUBER, Kaiser Maximilian I. und seine Hofhistoriographie; in: H. BRÄUER/G. JARITZ/K. SONNLEITNER (Hgg.), *Viatori per urbes castraque*. Festschrift für Herwig Ebner zum 75. Geburtstag, Graz 2003 (= Schriftenreihe des Instituts für Geschichte der Karl-Franzens-Universität Graz 14), 707–729.

Wilpert 1953
P. WILPERT, Vita contemplativa und vita activa. Eine Kontroverse des 15. Jahrhunderts; in: Passauer Studien. Festschrift für Bischof Dr.Dr. Simon Konrad Landersdorfer OSB zum 50. Jahrestag seiner Priesterweihe dargeboten von der Phil.-Theol. Hochschule Passau, Passau 1953, 209–227.

Winter 1999
D. WINTER, Karl der Große – (k)ein literarischer Held. Literarische Karls-Rezeption in Italien; in: M. KERNER/H. NELSEN (Hgg.), Der verschleierte Karl. Karl der Große zwischen Mythos und Wirklichkeit, Aachen 1999, 183–195.

Wirz 1918
C. WIRZ, Die Pontifikate Alexanders VI. 1492–1503 und Pius' III, 1503, Bern o.J. [1918] (= Regesten zur Schweizergeschichte aus den päpstlichen Archiven 1447–1513, 6. Heft).

Wijsman 1996
H. WIJSMAN, Een Italiaan in den vreemde. De rol van Aeneas Silvius Piccolomini bij de verspreiding van het humanisme in Midden-Europa: Leidschrift 12/1, 1996, 33–51.

Wodka 1938
J. WODKA, Zur Geschichte der nationalen Protektorate der Kardinäle an der römischen Kurie, Innsbruck/Leipzig 1938 (= Publikationen des ehemaligen Österreichischen Historischen Instituts in Rom. Band IV. I. Teil), Ndr. New York/London 1967.

Wodka 1944
J. WODKA, Das Kardinalsprotektorat deutscher Nation und die Protektorate der deutschen nationalen Stiftungen in Rom: Zeitschrift der Savigny-Stiftung für Rechtsgeschichte/Kanonistische Abteilung 33, 1944, 301–322.

Wolkan 1909
R. WOLKAN (Hrsg.), Der Briefwechsel des Eneas Silvius Piccolomini. I. Abteilung: Briefe aus der Laienzeit (1431–1445). I. Band: Privatbriefe, Wien 1909 (= Fontes rerum Austriacarum. II. Abt. Diplomataria et acta 61).

Wright 1976
C. E. WRIGHT, Manuscripts of Italian Provenance in the Harleian Collection in the British Museum: Their Sources, Associations and Channels of Acquisition; in: C. H. CLOUGH (ed.), Cultural Aspects of the Italian Renaissance. Essays in Honour of Paul Oskar Kristeller, Manchester/New York 1976, 462–484.

Wustmann 1906
G. WUSTMANN, Geschichte der Leipziger Stadtbibliothek. Erste Hälfte. 1677 bis 1801, Leipzig 1906 (= Neujahrsblätter der Bibliothek und des Archivs der Stadt Leipzig 2 [1906]).

Ziegelbauer/Legipont 1754
M. ZIEGELBAUER/O. LEGIPONT, Historia rei literariae ordinis S. Benedicti in IV partes distributa, Augustae Vindelicorum/Herbipoli 1754, Ndr. Farnborough 1967.

Ziegler 1950
K. ZIEGLER, Art. Plagiat: PW 20/2, 1950, 1956–1997.

Zimolo 1964
G. C. Zimolo (ed.), Le vite di Pio II di Giovanni Antonio Campano e Bartolomeo Platina, Bologna 1964 (= Rerum Italicarum Scriptores. Raccolta degli Storici Italiani dal cinquecento al millecinquecento III/3 fasc. 1–3).

Zimolo 1968
G. C. Zimolo, Il Campano e il Platina come biografi di Pio II; in: Enea Silvio Piccolomini – Papa Pio II. Atti del convegno per il quinto centenario della morte e altri scritti raccolti da Domenico Maffei, Siena 1968, 401–411.

Zippel 1981
G. Zippel, E.S. Piccolomini e il mondo germanico. Impegno cristiano e civile dell'Umanesimo: La Cultura. Rivista di filosofia, letteratura e storia 19, 1981, 267–350.

# Textausgaben

Einhardi Vita Karoli Magni. Post G.H. Pertz recensuit G. Waitz. Editio sexta. Curavit O. Holder-Egger, Hannover 1911, Ndr. 1965 (= Scriptores rerum Germanicarum in usum scholarum ex Monumentis Germaniae Historicis separatim editi 25).

D. Gatti, La *Vita Caroli* di Donato Acciaiuoli. La leggenda di Carlo Magno in funzione di una *Historia* di gesta, Bologna 1981 (= Il Mondo Medievale. Sezione di storia delle istituzioni della spiritualità e delle idee 7).

I. B. Menckenius, Scriptores rerum Germanicarum, praecipue Saxonicarum, in quibus scripta et monumenta illustra, pleraque hactenus inedita [...] I, Lipsiae 1728, 814–832.

P. Parroni (ed.), Pomponii Melae De chorographia libri tres, Roma 1984 (= Storia e letteratura. Raccolta di studi e testi 160).

G. Porta (ed.), Giovanni Villani. Nuova Cronica, vol. I (libri I–VIII), Parma 1990.